建筑与环境

——生态气候学建筑设计

建筑与环境

——生态气候学建筑设计

[英] 大卫·劳埃德·琼斯　编著
王茹　贾红博　贾国果　译

中国建筑工业出版社
中国轻工业出版社

著作权合同登记图字：01－2001－0944号

图书在版编目（CIP）数据

建筑与环境——生态气候学建筑设计 /(英)大卫·劳埃德·琼斯编著；王茹等译. —北京：中国建筑工业出版社，中国轻工业出版社，2004
ISBN 7-112-06635-2

Ⅰ.建… Ⅱ.①琼…②王… Ⅲ.建筑设计：环境设计－作品集－世界
Ⅳ.TU-856

中国版本图书馆 CIP 数据核字（2004）第053079号

Architecture and the Environment/Bioclimatic Building Design/David Lloyd Jones
本书由英国 Laurence King 出版社授权翻译出版

责任编辑：孙　炼
责任设计：刘向阳
责任校对：赵明霞

建筑与环境
——生态气候学建筑设计

[英] 大卫·劳埃德·琼斯　编著
王茹　贾红博　贾国果　译
*
中国建筑工业出版社
中国轻工业出版社 出版
新华书店经销
伊诺丽杰设计室制版
北京画中画印刷有限公司印刷
*
开本：635×965毫米　1/16　印张：16　字数：600千字
2005年3月第一版　2005年3月第一次印刷
定价：146.00元
ISBN 7-112-06635-2
TU·5791（12589）

（邮政编码 100037）
本社网址：http://www.china-abp.com.cn
网上书店：http://www.china-building.com.cn

目　录

致 谢

我很感谢苏珊娜·海根（Susannah Hagan）对本书做出的贡献。她的建议和鼓励十分珍贵，她对第一、二、三和五章初稿的意见十分有助于本书内容的紧凑和表述。苏珊娜·海根是布莱顿大学建筑和室内设计学院的高级研究员，伦敦建筑协会的客座讲师。

第四章中描述的44个项目选自一百余项建筑，而这些建筑从世界各地搜集而来以供在伦敦加以评定。我很感谢德·普瑞特（Deo Prased）博士、帕提那·E·泰勒（Partina Eiffert Taylor）博士、安塔·塞何（Atta Tahir）委员、塞吉拉·H·万达尔（Sajila Haider Vandal）博士、罗德尼·哈佰（Rodney Harber）、泰米柯·奥瓦（Tamiko Onozawa）、平井康幸（Yasuyuki Hirai）教授在研究澳大利亚、新西兰、美国、加拿大、巴基斯坦、印度、南非以及日本诸国的项目方面所提供的帮助。

我很感谢所有给本书提供项目的人们，感谢他们在提供文字资料、数据和图片中所做的工作。我同样很感谢4位专家的帮助，他们为第四章中所述的一系列项目准备了注释和应用的数据，约翰·普莱特（John Pletts）主持完成了安德列斯学院校长办公室、希德宫、森林中心、哈拉雷东门以及巴黎整修的高架桥。小山明（Akire Koyama）主持完成了东京煤气"地球港"、松下电子、艾克瑞·库素明特客房、东洋村砖瓦博物馆、渔民博物馆、森林博物馆、水寺庙及安田研究院。苏·伍尔夫（Sue Woolf）主持完成了约翰·孟纳兹总部、棕榈丛林中的住宅、妇女保护动物协会、青年教育学院宾馆、威斯敏斯特小屋、春湖公园游客中心、巴克莱卡公司总部以及BRE未来办公大楼。S·伍曼尔（Sebastian Wormell）主持完成了J·沃尔特·汤姆森（J Walter Thompson）公司总部、EDF地区总部、黑尔腾的图书馆和文化中心，在盖尔森基尔兴的科学园、比尔的公寓式住宅、RWE AG总部、杜塞尔多夫的城市之门以及商业银行总部。伍曼尔还逐一为第四章所述项目的6种建筑写了一段介绍。我同样很感谢威廉姆·鲍德斯（William Bordass）博士、柯普森·玛特森（Crispin Matson）、戴维德·尼可尔森（David Nicholson）勋爵以及约翰·费尔德（John Field）对具体章节的意见和建议。

我从众多出版书目和文章中进行了广泛的摘录，并在参考书目中列明了它们的出处。在最近出版的书目中，我尤为感谢由Butterworth 建筑与WWFUK 联合出版的约翰·法默（John Farmer）（及其同仁）的《绿色变革》（Green Shift）。"绿色概念"这一在近代建筑史的发展过程中形成的独到见解，对我的观念的发展产生了影响。卡洛琳·康斯坦（Caroline Constant）在其文章《从弗吉尼亚到昌迪加尔——勒·柯布西耶与现代景观》是分析勒·柯布西耶的昌迪加尔规划的资料；索菲娅和斯蒂芬·贝林在《太阳能（Prestel）》中关于建筑的种类起源和气象学的概论；诺伯特·凯斯（Norbert Kaiser）在《建筑和城市规划中的太阳能（Prestel）》中关于能源使用的分析；奈杰尔·海沃德在众多文章中关于潜在能源的著作；以及比尔·博达斯（Bill Bordass）和艾得安·勒曼（Adrian Leaman）的使用后评估研究与能源使用分析及建筑控制系统的著作，所有这些均为本书各章节最原始的资料来源，对此我十分感谢。我还对艾默瑞·莱温斯（Amory Lovins）、布兰达（Brenda）、罗伯特·威尔（Robert Vale）、帝恩·哈克和罗伯特·莱姆（Dean Hawks和Robert Lamb）的早期著作进行了特别摘选，对许多其他著作进行了一般摘选。我很感激约翰·洛贝尔（John Lobell）和肖姆哈勒（Shambhala）出版社允许我在前言中对《静谧与光线之间》（Between Silence and Light）一书中路易斯·康的文章中的段落进行再加工。

我的同事安德兹·库兹尔和凯泽瑞·本那斯科主任以及建筑学工作室的全部成员，在过去一年来不急不躁，为此书起早贪黑地工作，我要感谢他们的奉献与宽容。最后，我还要感谢那恩勒·摩尔为全书打字，以及校对员柯瑞斯汀·戴维斯，没有这些含辛茹苦的工作，万事不会如此顺遂。

大卫·劳埃德·琼斯(David Lloyd Jones)

序

安藤忠雄

当今世界正陷入对全球环境的焦虑和我们精神文化普遍匮乏的危机感之中。已经是重新回到我们的出发点，深入理解环境，纠正我们对待森林的虐行的时候了，应该意识到森林在我们人类精神的形成与发展中起着相当重要的作用。

20 世纪城市建设秉承功能化和合理化的宗旨，从社会结构上看，技术革新与变化使得人们与事物过多地集中在市区中。整个世界基本达成共识：经济社会正是根本和理想的方向。由于消费的驱动，人们制造出巨大的前所未有的能源动力，这是通过消耗那些不可替代的地下储藏燃料得到的，而且随之产生了大量的副产品，散播到大气和海洋中。此外，还制造了许多自然环境中原本没有的非生物化学物质。

相反，如此短的时间内使用了太阳经过数十亿年产生的产品的直接结果，就是更多地球自己无法消化的物质和能量进入环境中，而这已经使得全球的生态环境失衡。

我们终于开始意识到整个世界的气候失常、空气污染、水污染、土地污染已经威胁到文明社会。经济发展消耗有限的资源，破坏环境只能带来短暂的繁荣，束缚了后代的可持续发展甚至带来生存危机。现在是时候改变我们的意识，关注太阳能的利用，提出适当的资源利用方式（比如风、水等等）。

在改变我们行为方式的过程中，我们应该强调保证自然环境的清洁，充分利用源于森林与河流中可自然再生的动力。砍伐一座森林很容易，然而要想形成森林、恢复生态系统却很难。我们必须重新评估自然赐予我们人类的茂盛的森林资源，以及了解如何在生态原则下使用这些有限的资源。

尽管制造生物能够自然分解的产品，并且将自然能源用于日常生活有些麻烦，但并非不可能。我们已经开发了相当的技术来有效利用自然资源维持其未损的美丽。这是到了唤醒整个世界，限制我们纯物质的观点、将世界作为一个整体来改变的时候了。

前　言

“第一个洞穴的建造是神圣的建筑学的一页篇章。”托马斯·波奈特（Thomas Burnett）：《地球理论》（2卷，1684～1690年）

有人说建筑学是“艺术之母”，因此认为其必定同时具有母性的和美学的优势，若的确如此，则建筑学中的另一个母性形象：“地球母亲”，也是相当重要的，然而建筑学中的艺术，其独特之处就在于它必须既要面对复杂的使用需求，也要注重意识的传递。本书重点探讨了这两个角色的关系，即建筑学作为功能的艺术和作为环境的管理者之间的关系。

目前，由于人们认识到我们的地球正处在一种不稳定的状态中，因此绿色概念成为当务之急。一般来讲，“绿色”建筑被认为是人们在环境被破坏后，对所面临的困境做出的反应，这很大程度上类似于“有机”耕作是人们对集约型、用化学方法耕种占统治地位后所做出的反应。人们认识到它的价值，但同时认为这种新概念是无趣的、非主流的。还有一种观点，在学术界被广泛持有，这种观点认可了“绿色”建筑的改进议程，但主张它已形成了完全不同于以往的一种趋势，并试图另外赋予它一种上升到“主义”的概念：它是一个宣言，一种风格和建筑师应深思熟虑的重点。这种分类再次使之与主流分离并遭到排斥。

确实，当前我们所面临的环境危机使我们把注意力集中在了建筑对环境的影响上。现在对此命题感兴趣的人们了解到西方世界的建筑物——它们的结构和使用——其所含使地球变暖的有害物质占了全球的50%。他们同时了解到从根本上减少能源使用（从而减少二氧化碳和其他“温室”气体）的目标，进一步包括了通过对资源的利用实现可持续性平衡，这种平衡状态使得一代人对能源的利用在性质或价值上是造福下一代的。但是，必须承认建筑和自然之间的关系问题事实上与建筑本身一样古老，只是在最近的历史上，大约从第二次世界大战以来，这种本来适当的互相作用越来越不受到重视。在那之前，建筑的美学和功能性都不可避免地与自然相联系，从这一点上看，“绿色”建筑代表了对这种本应存在并一直持续的交流的重新重视和扩展。它正好是建筑学的主流，它既不是权宜之计也不是神秘的礼拜。

建筑，和其他设计行为一样依赖于一种和谐，这应是理性与直觉令人满意的和谐。一幢建筑物应既是一件如诗般美丽的作品又是一架机器，很少有建筑可以达到这种巧妙的均衡。那些对感官造成刺激效果的建筑物通常缺乏合理的建筑技术，或是未能完全达到操作要求；而那些成功地满足了实际需要的建筑物通常在传递情感方面有所欠缺，很多失败的例子就是因为缺少这两个方面。不言自明的公理就是：要在理性和感性间取得灵感的平衡必须考虑两种关系，即建筑物和当地环境之间，以及这二者和自然本身之间的关系。

在每个建筑师的创造性思维过程中，潜意识中总是深信要取得卓越的质量，必须将建筑和其地点适当地联系在一起。要在二者间取得成功的和谐，应具有情感上或智力上的素质。以现代主义者为例，他们总是力图抓住当地建筑的风格或特色——选定地点的经典特征，这会使它显得与众不同起来。而在另一方面，启蒙运动的古典主义者，倾向于把建筑的地点看作是一个白板，在那上面他们可以加上自己的艺术主题，在建筑师仔细地考虑后，这些主题将理想化的建筑与理想化的自然和谐地结合在一起。

对更广阔的自然环境来讲，建筑物和地点之间的关系再次受到直觉和理性的控制。随着人们相继做出的主观而实际的决定，集镇和本地村落有机地扩张。相反地，古代文明的人类例如埃及的法老文明（Pharonic）和尤卡坦（Yucatan）的玛雅文明（Mayan），以预言选择建筑地点并根据他们所认为的神在地球上所代表的权利和宗教仪式决定如何部署建筑。因而，建筑的艺术就同时包含了灵感和分析的部分，建筑设计由于我们遇到的环境困境所作出的反应也将反映这种二分法。

评论家对于“绿色”建筑的评论通常认为应

"在撰写一份建筑纪录时，我从一个房间和花园开始写"，那是我惟一能做的。为什么我选择房间和花园作为出发点呢，因为花园是一种对自然个性化的采集，房间是建筑的开端。

花园和自然有关，因为它指的是人们选定并要以某种方式为人所用的一块场地。建筑师成了自然的倡导者，并使每件事最大程度地尊重自然。他这样做完全没有模仿什么，也不允许自己把自己想成一个设计师——如果让我们说他在模仿鸟怎样种树。但他必须作为一个有选择有意识的人来种树。

房间不仅是建筑的开始，也是对自我的扩展，大房间和小房间、高房间和矮房间、有壁炉的房间和没有壁炉的房间，这些都成了建筑师脑海中重大的事件。你开始考虑，与其说需要什么，毋宁说可以采用什么样的建筑元素，使得这个房间的环境适合学习、居住或工作。

房间中另一个绝妙之处就是洒落在房间里并穿过房间的阳光。阳光并没有使人认识到光的美妙，而房间使它产生了这样的效果，人的创造力，表现在对房间的建造上，这可以说是一个奇迹——人竟然可以按自己的意愿得到一束阳光。"

——路易斯·康

《静谧与光线之间》，作者约翰·罗贝尔（John Lobell），（1979年）。香巴拉出版公司第二次印刷（Shambhala Publications，Inc.），波士顿马萨诸塞大街300号，马萨诸塞州02115（300 Massachusetts Ave.，Boston，MA 02115）。

以机械论的方法来补救对地球的破坏：包括技术革新、合理计划、适当的用料规范和有效的建筑管理系统。然而，通过对具有自然感觉的建筑的研究，尽管这与更加精确地研究建筑对全球生态系统的破坏截然不同，却发现直觉的反应可以与经过仔细分析和测量后的反应具有同样深远和积极的意义。

可持续性建筑物满足下个千年的需求，将不是通过对过去十年的建筑应用使建筑物理性恢复生机的修缮这样的单一物化手段。建筑和环境之间的关系毕竟不只是一个人们刚刚开始关心的事情，历史上它是至关重要的力量，这种关系的准确特征有着广泛的不同，这些不同反映了每个世纪的建筑所面临的不同的困难。现阶段的特点是：对于建筑和自然的传统论述可能不再适合当今的情况。人们将主要研究持久的可持续性建筑，这种建筑也将反映出各种各样的我们这个时代在建筑学上所关心的问题。它同时深深地反映出我们在控制论时代直觉的推动力和操作分析的严格性。它也将被政府部门和其他机构所设立的条例和衡量尺度所影响和激励，更好地保护我们的生活环境。而绿色建筑与成功建筑难以区别，也是一个挑战。

本书研究分析的是最近10年来著名的"绿色"建筑。作者在选择这些实例时，吃惊的是它们的多样性。所有这些建筑物明显受其同自然的关系强烈影响，真的就是"绿色"的？如果是，它们是建立在什么样的"绿色"标准上的呢？首先，可以看出建筑与自然的关系以及历史上它们在建筑中的应用，这似乎是敏感的话题，特别是在近期的历史上，目前人们的环境意识正逐渐加强。第二点，就是应考虑制定当代环境意识建筑的原则，因此，本书以对历史的概览开头，不过是从一个注重实际的建筑师的视角出发，而不是从历史学家的角度进行论述。这个概览之后是对可持续性建筑的设计原则的评论。

这本书的主要部分以档案的形式，评论、阐述和提供了44个近期建筑的数据，以具有说服力的和想像的风格，设法讲解了环境问题和自然的关系。在主体部分之前，首先有一个章节介绍了这些设计的影响，随后的一个章节探讨了不久的将来在这个领域中可以发展到什么程度。附录包括一个图表，概括地显示了环境合理性原则与气候地域之间的联系。

所有这些结论使我确定了我的观点："绿色"建筑是建筑学科的一个广泛的科学领域，并在很大程度上超越了任何基于环境的规范，成为一种不仅是优秀的、而且是伟大的建筑学科。资深的建筑学批评家古斯塔夫·麦兹格（Gustav Metzger），在1996年"建筑协会"讨论会上论述了建筑的可持续性：

首先我们有了自然。然后才是"环境"。"环境"是吸烟的人类带给自然的：使用拉丁文的人们并没有环境一词——他们只知道这个词：natura。

尚不完善的术语阻碍了对这个主题的继续讨论。"环境"和"绿色"这两个词都可以指很多不同的事物，当用到这两个词的时候可能已经失去了其精确的含义。我使用"环境"这个词时，表示动植物生长的和可能影响它们的发展和行为的外部条件，"自然"这个词，则表示包含不为人类直接控制的所有物质生命的力量和事件的整个体系。

在描述建筑的类型时我避免使用"绿色"这个词，因为它已成为一个容易混淆的概念，我使用更加明确的建筑术语："生态气候的"，我用这个词表示对一种研究方法，这种研究由自然激起，在工程的每个方面都应用了一种不变的逻辑，其重点在优化和利用环境。这个逻辑不仅涵盖建筑物理学，还包括环境、经济、建筑、建筑管理的状况和个体的健康与安宁。248～249页的词汇表内定义了更多技术术语。

大卫·劳埃德·琼斯

^
01

02

01>威斯敏斯特小屋(1996年)，位于英国多塞特的胡克公园，设计师：爱德华·卡里南（参照194页）

02>梅纳瑞·马斯尼亚戈(1992年)，位于马来西亚的雪兰莪州，设计师：杨经文（参照232页）

本页和前页显示的这两幢建筑完工于20世纪90年代，其设计师都秉承生态气候原则，并将其作为他们设计的动机与核心概念，难以想像的是这两幢现代建筑之间的距离竟然那么远。

威斯敏斯特小屋在英国靠近多塞特的胡克公园，在由帕海姆基金会委托建造的一系列回归基本家园建筑中，它是最新的一栋，建造与监理为约翰·梅克皮斯，他是基金会特约的家具设计教师，并且多年信奉绿色运动和承诺支持环境可持续发展战略。近来，在胡克公园具有启发意义的新建筑的试运作遵循的是自17世纪以来保护自然乡村的主线，威斯敏斯特小屋是1996年由设计师爱德华·卡里南设计的，目的是为那些来拜访设在胡克公园的森林隔离区学校的人们提供膳宿。

小屋的平面是一个圆环，玻璃顶的公共区域，四周围绕着一圈房间。结构上使用的是细木料，除了玻璃之外，几乎完全是由天然材料构成。它的外形体现了自觉地回归自然的意识，展示了一座树屋、鸟巢的森林图景。

梅纳瑞·马斯尼亚戈是在马来西亚的一所电子与商业机器公司的总部，是杨经文设计的，完工于1992年。这幢建筑是杨经文针对远东地区高密度居住城市，为企业与开发商设计的一系列塔楼中的一个。在一个经济呈指数化增长、高消费的环境中，很难把握简单手工技术与具有新时代特性的哲学概念之间的关系，杨经文的方法是，至少在表面上力图遵循流行的唯物主义的观点。他综合使用了技术革新、丰富的垂直装备，发挥了近乎完美的设计才能，最终使他的客户和使用该建筑的人们确信：生态方式在商业上也是可行的。该建筑15层高，平面圆形，毫无保留地组合了所有代表现代结构的工业化材料——玻璃、铝材和钢材，同时配上高科技的工艺，使它看起来像一个卡纳维拉尔角的太空发射台(Canaveral launch pad)。

威斯敏斯特小屋和梅纳瑞·马斯尼亚戈是在当前建筑环境设计思路上两极分化的例子。这两种思路反映了两种深刻的环境保护哲学的对立。当经济的发展不再是繁荣与安宁的万能药，当家庭与社区优先于个人，社会与文化价值观的根本性变革才能带来实质性的帮助。人们将简单社区参与的生活方式作为自己的模式——原料与人工都从本地获得，任何在世界有限资源供应中消耗掉的物质都能在回收中获得。无论如何，这是一种有用模式。尽管他们认为他们的解决方式是特定地点的，但是他们的观点是适于全球的。对于资本主义的自由市场经济，他们感到难过，因为它造成了发达国家与第三世界国家之间生活水平上的巨大鸿沟。

另外一些人看待"救助"是从技术角度出发的。他们认为要是我们学会适当地利用技术，生态危机就能够通过技术来避免。这将有助于我们克服那些肆意浪费的年代造成的后果，比如污染和资源短缺。他们认为科学研究和发明理应遵循它们的发展过程，不断提出新的成就。科学研究可以被引导，但它不能停止或改变进程。这些人在方法上是更为干涉主义的，不是去看已存在的或过去的模式，而是试图强迫社会形成新的结构和社区，他们的设计是自信的、精彩的和瞬间的。

在这些极端的观点中有许多负面因素，当然没有哪个极端观点是主流的。我们所面对的问题是如何从中找出一种一致的策略，它能使我们以足够的速度逐渐地达到环境和谐，以此平衡和制止灾难的来临。

对建筑设计和建造的规则进行彻底的重新评估，采用这种方式来保护地球，体现了对绿色运动的普遍关注。建筑设计、建造及其管理对国家能源消耗的主要影响早在20世纪70年代石油危机之时就已经被广泛认知，当时危机迫使政治家们面临原油供应的短缺，表现出工业化国家对少数石油输出国的依赖性，从而也出现过政体不稳的情况。该事件直接导致对通常来说更为昂贵的可替代资源的研究，以及如何降低能源消耗的研究。

同一时期，吸收了那些激进的哲学家与科学家的学说，20世纪60年代的所谓"离弃"(drop out)社会转而变成70年代的"可替代"(alternative)社会。因为这些和其他因素的影响，以及对首次地球环境监测的科学研究结果的担忧，绿色运动诞生了。同时各国政府采纳一系列的办法，对灾难进行预测并采取一个个有力的保障。工业国家的建筑师，开始对工业建筑浪费的危险性的警告持怀疑态度，而当结果不再被质疑时态度就转变了，但他们的措施通常只限制了建筑设计的实施方面。

能源保护问题就是个好的例子。在20世纪70年代和80年代，由于政府一系列的建议，从而促进了能源保护的实施，例如，他们同样希望提供残疾人出口。在欧洲，政府及时地发起一系列的研究，还被写入实施手册，有时是法律。这实际上导致环境问题引入建筑行业。然而，根本上还是存在瓶颈的。政府的主体是宣传措施，这意味着在多数建筑设计上，环境问题被当作是要去面对的设计实施问题，还要与从前的设计概念结合起来。因此，由于这些新的因素的参与，大多数建筑师对建筑设计的根本含义还持观望的态度。

在20世纪90年代初，绿色环保问题作为法令式文件提上了国际议程。在1996年，针对气候变化的政府间协谈小组（Intergovernmental Panel for Climatic Change）证实：由于燃烧地下蕴藏的可燃物，大气中二氧化碳的浓度增高，导致全球变暖。最后，建筑师们不得不重新衡量适当的环境措施对建筑的影响。渐渐地，这些措施对建筑设计的积极影响逐渐明显起来，对朝向、自然通风、日照、太阳能控制和热容的考虑将产生有效的设计元素。这些综合到一起，将触发一种新的建筑语言。为了找到一种新的方法，克服20世纪80年代多数建筑设计中的贫乏状况，这种刺激是相当吸引人的；同时它还具有利他主义的气氛和吸引人的技术革新的必然。并不令人奇怪的是：20世纪最后10年中先驱性的国际设计大师们并不因为他们对环境问题的关注而出名，而是因为他们关于此类问题所提出的更为精心的绿色设计。其他不具有可见的令人鼓舞性（而具有更多问题）的措施，比如资源的重复利用问题，包含能源问题（生产制造的消耗和材料与部件运输期间的消耗）、废物利用等等，则未采纳得如前者一般快。

“绿色建筑”其实是个不太恰当的称呼，它暗示着一种基于经验和实效的原则，脱离于主流建筑。而且因为绿色运动从政治上和理论上往往被赋予边缘的概念，那么绿色建筑也就随之成为外围学科。

任何建筑都是考虑过气候、技术水平、文化环境和场所状况之后进行设计的。当有了灵感，而且对这4种因素的充分思索达到平衡，接着物质上的实体被建造，如此一幢建筑就诞生了。对全球可持续发展和能源保护的考虑直接影响这4个因素，由此深入建筑设计的灵魂，结果生态气候学建筑——是建筑学在有意识地、提上议程地抗击环境破坏的派生形式，没有明确的对错，也不属于外围的。对环境措施的评价、思索和集成相当重要，等同于规划、结构、服务、空间和外形的问题，而且实际上它还影响了这些问题的最终形式。因此，绿色问题在任一建筑设计当中都是必须考虑的，并且在创造有灵感的建筑时是难以把握的“精心平衡”的关键环节。

在所有建筑设计中，对环境问题的考虑是基本要素，尽管通常并不能达到令人满意的实现或者公开的表现。同样就绿色美学来说，很难分辨出它是属于后现代主义、解构主义还是其他什么“主义”。而且我们将看到在一个建筑上的高度环保措施包括：表现在意识上、物理形式和细节处理上，或者象征内容上的自然敏感性。然而它却没有提供美学上的处理，例如对空间、光线、数量和比例的处理，就像哥特式、巴洛克式、现代主义或者任何其他完全成熟的建筑运动。

建筑师们已经开始意识到加入环保措施的重要性，当前有个趋势：就是将这些措施公开成为建筑设计富有表现力的元素（许多情况下，环保因素不是别的而实质上非常明显的，比如利用太阳能电站）。然而，功能要素或者要素集的组成并没有构成一种建筑美学或行为。它们仅仅是一种基础哲学的外在表现，包括社会的、环境的、文化的和精神的需要。

由于气候、技术、文化与场所是建筑的基本组成部分，而且环保设计包括对这些要素的特殊倾向，因此在创造进程中，建筑设计的环境意识应该是固有的。环境的利害关系不是新的；我们与自然的关系（或是与自然环境的关系）整个建筑史上一直是决定性的因素，虽然过去并没有像现在那么有危机感。因此，生态气候学建筑有一个旺盛而清晰的血统。

人们对环保的普遍认识是这样的：当我们的地球处于危机之中，要尽可能地由专门团体和学者进行预防性讨论来预警。对大多数人来说，这无疑就像是去郊外收集瓶子、试验接触反应的转炉、选择无污染的汽油、用有颜色标记的箱子将垃圾归类、两面使用纸、每年给地球和绿色和平的朋友们发放捐款等。事实上，理应采取更为深刻而全面的措施来保护地球。这依赖于科学的发展、实施规划和乡村的发展，它们普遍关联到国家的经济、政治和社会。另一方面，它们也影响到我们生活的方方面面，假如要完成全球的可持

03

04

05

续发展和生存目标，这里每一方面都要保持一致和齐备。

基于这些社会危机，建筑同样需要考虑得全面些，它必须反映并直接支持不断变化的社会需求。解决方式不仅仅在于能源的利用效率和材料与构件的适当规范，更重要的是采用"全盘"的或"全包"的方式。

建筑史上的绿色观念

人类在开始的时候只有庇护所，原始人为了建造这些庇护所，运用手边的材料和基本的建筑技术，然后代代相传，建造过程没有太多的变化。随着人造物品一天天地增多，有很多庇护所的外表面被做了更多的装饰和象征性物件，就像一张张的"画布"。

本土的和民间的建筑，例如在尼日利亚和阿尔卑斯山脉所见的那些建筑，给我们展现了世界不发达地区的状况。许多年来，这类建筑多少被建筑施工所忽略，直到受伯纳德·鲁多夫斯基(Bernard Rudofsky)在1964年纽约现代艺术博物馆的展览——"没有建筑师的建筑"的影响，本土建筑才得到应有的地位。正如鲁多夫斯基在展览后的著作中指出：西方建筑史的传统因素和它自身的文化有密切的关系，而这种文化并没有提供更多的选择（按鲁多夫斯基的观点，这就像把交响乐团的出现之日断言为音乐的诞生日一样）。他也关注人们对建筑史所持的社会偏见，他声称"建筑史等同于谁是建筑师谁就拥有权利和财富一样；建筑文献由权威撰写或是为权威服务的——更多的是皇帝的宫殿、贵族和富贾的住所等等——极少提及普通老百姓。"

建筑历史通常为权力和财富服务，究其原因是实用与建筑的结合创造了一种转变——从建造到建筑的转变，即建筑是一种智慧和美学上的概念，而不仅仅是为了实际所需。当社区逐渐结构化、系统化和繁荣起来，它们的建设才能够更加精致和具有纪念性。人们为其统治者建造宫殿和陵墓；为神建造庙宇和神殿，这类建筑有纪念意义和耐久性。财富和统治使他们有权力利用更多种类的材料和人工（常常是奴隶）资源。他们能够从很远的地方运送所需的材料，采用更高的技术进行加工。而且开发新的技术以增加舒适感，装备一些设施从而不必离开建筑物，如洗涤、排泄、洗澡等等。这一过程需要专业工人完成；建造方法从现场中分离，开始有了专业咨询技师。就这样，开始了包括提炼、加工和即时的污染一个周期——这导致了对生态环境的破坏。这一过程还有一个结果就是造成了建筑的使用者与建造者之间的脱离，随之，也会使某一方产生某种程度的反感并引起两方之间的不理解。

鲁多夫斯基引起我们对简易的乡土建筑的适当关注，这类建筑一直还发挥着传统作用。当然他并不是第一个这么做的人。勒·柯布西耶从北非和希腊的本土建筑中得到了灵感，沃伊齐(C. F.A Voysey)和贝利·斯科特(Baillie Scott)从英国村舍中得到灵感，密斯从美国中西部平原的谷仓中得到灵感。

毫不夸张地说，原始和本土的建筑以及那些

03> 尼日利亚，乔斯高原(Jos plateau)，原始的本土建筑。

04> 尼日利亚，扎里亚(Zaria)，有装饰的本土建筑。

05> 瑞士，卢加诺(Lugano)木屋，简单、灵活、有效的本土建筑。

06> 巴格达，建在传统房屋上的风塔，将空气直接引入建筑内部的中心。

07> 日本，京都，桂离宫，敞开的屏风和推拉门形成良好的通风。

^
06

^
07

天然设施实际上是建筑史的主调。回顾一下时代变迁，从普通民间建筑一路跟随建筑发展的足迹，在社会与文化改变的时间，建筑受到日新月异的建造方式及自然形态的鼓舞，建筑与自然之间持续进行着对话，这对话中就贯穿了当今对环保问题敏感性的定义。

建筑和环境无法避免地交织在一起，它们的关系复杂而多变。为了能抓住建筑上敏感的绿色环保问题，依次考查不同的要素会有所帮助。首先，要考虑到自然力的作用：阳光、风、雨和雪。接着，评价建筑物的建造方式。最后，考虑建筑与周围环境的历史关系，更加广泛地回顾在这个关系中属于自然、宇宙和原始的含义。

气候

自从人们建造庇护所以来，气候已经成为重要的因素。在整个建筑史上，本地建造者已经学会运用聪明智慧建造更为舒适的场所来适应当地气候。在热带地区，采用蒸发降温技术，加速空气的流动；避免太阳直接射入建筑以保证温度的平衡；大型结构的建筑物像蓄热器，白天用来隔离和吸收热量，晚上天气变冷再释放出来。

在寒冷地区，采用保温材料并鼓励利用太阳能采暖。建筑设计者找到一些方法来提高和利用自然光，设计出能够躲避冷风的庇护所。在气候温和的地区，可以综合采用这些方法，经过特定的综合来适应本地气候的特点。

这样，在中东地区我们有了风塔对建筑内部降温；采用大型遮阳篷来保护罗马的圆形大剧场；在开罗采用mushrabeyeh遮挡内部（防止女性被窥看）；日本用屏风和百叶窗使家里保持良好的通风，而且较为灵活；中国的圆楼不仅保护里部，而且防御外来掠夺者。这些例子表明，建筑设计者所面临的问题再也不是单纯考虑如何能够更舒适，还有其他更紧迫的要素。举个例子说，如果罗马圆形大剧场来了很多的人，为了体现出古罗马社会的民主政体，就必须满足所有的人，让每个人都有良好的观看点。中国有防盗功能的

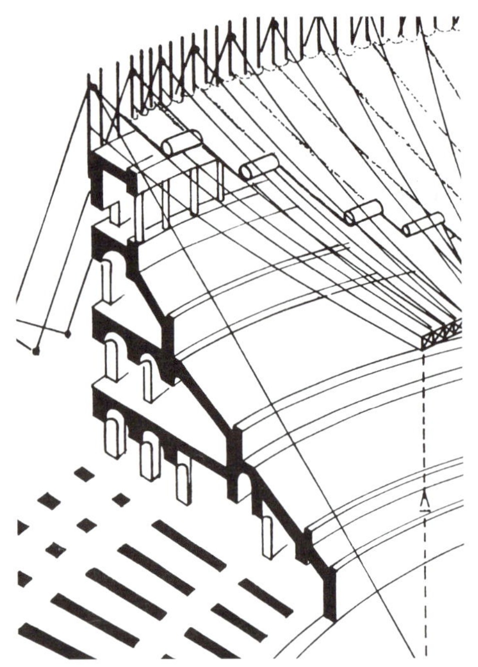

08>

09

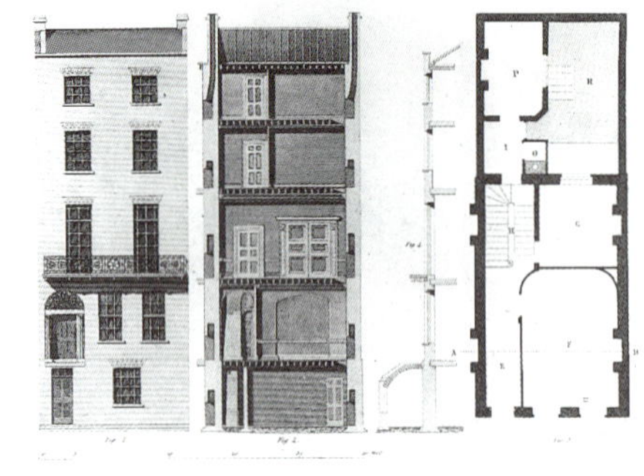

10

11

圆楼对于建立联合的、保持安定的社区是极为重要的。每种解决方式都是对气候、文化、技术和场所的回应。

并非所有的建筑都将气候因素看得如此重要，那些具有复杂功能的、浸透了高度象征性内容的大型建筑，并不把利用自然力而获得舒适看得很重要。比如，庄严建筑的目标是为了加强精神上的而不是物质上的体验，宫殿是些正式的建筑，增强所有者与统治者的威信和身份是极为重要的。再来看看当前那些复杂而多功能的建筑物，比如购物中心和机场更注重的是技术的力量，而不是用自然的力量来让用户感到舒适。

资源

伴随着气候问题，资源也影响到本土与纪念性建筑之间的差异，在过去的本土建筑中，除了使用本地资源再没有其他选择，而且还要通过节约达到最佳效果。作为统治者权力与财富以及强大社会的象征，建造者与建筑师从远处调用更多的资源（包括人力、知识与材料）。纵观历史，财富与权力一直决定任何建筑工程中的资源可用性，乔治时期的伦敦一排房屋的建造就是一个有效利用资源的例子：合理利用的土地，狭窄的临街立面，地下室上面有4层楼高的大房子。地下被挖空作为地下室、花圃和马棚。整体规划与细节的设计都是按照模数进行的，施工也是标准化的。由于在贝德福德郡，当地没有石头和施工用的砖，砖是在离那儿最近地方的合适的黏土层中挖出土、再用模具定型烧制的。工匠与贵族的房子都是同样的模式，区别仅仅在于规模和细节。

与此相对比，在同一时期，建造一所典型英国风格的乡间府邸就大不一样了。在那里居住着不同级别的人，展现着财富，进行着王室的娱乐活动并配备有随行人员等等，这些地方建造得相当精致，而且往往占用大量土地。大理石或许是从意大利进口的，工匠们来自低地国家，周围的自然景观也许已经被完全改变了。

原料的再循环对当今的资源保护不仅是个重要问题，同时也是一种历史现象。埃及金字塔的外部保护被拆掉运到开罗建造阿尤布和玛木路克（Ayyubid and Mamluke Cairo）；罗马广场的石材被用来建造后来的城市建筑物；为了建造清真寺，北非的希腊罗马式的神庙受到掠夺。

早期建筑材料的加工受到规模的限制。砖坯通常在阳光下晒干，用谷物的皮与茎燃烧它们，石灰石与白垩烘烤成水泥和石膏。铁与其他金属的使用受到限制，假如用得多些，那么一般是用在装饰物上面。这种情形到19世纪发生了变化，因为大规模的工业化进程带来建筑材料技术上的巨大革新，同时工业化也意味着广泛的社会灾难、污染与浪费。

正如建筑师罗伯特和布兰达·威尔（Robert and Brenda Vale）指出的："真正的"建筑与资源的关系应该归结于建筑的起源（《绿色建筑》1992年）。建筑史学家J·J·库林（J. J. Coulion）表示：用于纪念与保存目的、非功能性的纪念性建筑，在公元前17世纪的希腊就已经出现了（《希腊建筑作品》1977年）。从一开始，建筑就是对

12

08> 古罗马圆形大剧场里为观众设置的遮阳篷。

09> 中国南部厦门的圆楼，3层住屋围绕着一座庙宇和其他建筑物。

10> 第二等级乔治亚城镇住宅，新进步建造者与工匠同盟，彼特·尼科森（Peter Nicholson），1823年。

11> 科德斯顿会堂（Kedleston Hall），1758年，英国德比郡，罗伯特·亚当（Robert Adam）。

12> 普埃夫洛·博尼托（Pueblo Bonito）的大地穴地基，新墨西哥州查科峡谷（Chaco Canyon）的阿纳萨孜“城区”之一。

13> 另一个阿纳萨孜城区，查绸科蒂（Chetro Ketl）的鸟瞰图，查科峡谷。

13

结构上非单纯构架的探索和完美性：“基本体系大致是柱梁结构，装饰了石块。结构上的保守性可能根源于希腊对建筑概念的理解——首先要关注外部形式而不是内部空间。”

尽管希腊人了解拱形结构的原理，然而他们并不将其用于建筑。除非地下室和地下室拱顶，他们甚至很少使用石头来建造任何规模的围栏。后来，特别是罗马人在很长时间的建筑中（不包括宗教建筑），罗马式或哥特式都采用了拱门与拱形的结构和内部空间，但是这并不是出于经济上的考虑，而是寻求美学与象征性的效果。

多数建筑受到技巧、人力与材料预算的限制，因此，在资源有效利用方面是相对的。当建筑传达一种象征性的内容时，无论是庄严的还是亵渎的，考虑所采用方式的经济性完全受制于所追求的表现内容。我们现在所遇到的情况和古希腊、中世纪是一样的。

人与自然

绿色环保敏感性的第三个要素是要充分考虑到社会对自然的定义和自然现象的看法，以及在历史上这些方面对建筑、定居点与地形的影响。要按年代顺序收录。

在早期社会中，人们的生活与自然关系紧密，被自然季节的变化所左右，他们依赖于季节的良性循环，通过自身的努力维持生存。自然既有实际影响也有超自然的影响，建在查科（Chaco）的阿纳萨孜（Anasazi）印第安人定居点就是个很好的例子。

公元900～1200年间，新墨西哥州西北角的圣胡安河流域（San Juan River basin）建立的查科文明相当繁荣。在那段时间，一个复杂而成熟的社会诞生了，代表着美国西南部首次出现了集社交、政治、经济为一体的实验性区域。阿纳萨孜的印第安人居住区不是自给自足的社会。社区的大小与范围需要与外界进行必要的贸易活动。与其他社会的交流起着相当重要的作用，往往导致他们的文化、科学与建筑的混合。这种社区包含13个城邦，每个的典型建筑形式是多层的石头外墙，居住房间朝南，背对临近河谷的崖边。单人房间外面看呈直角方形，里面有半凹陷的圆形大地穴（美国西部和墨西哥等地印第安人用作会堂的一种建筑）。居民们充分利用气候、地貌和本地资源，并且通过占星术观测，他们拥有精确计算季节的能力，而且从考古发现可知，他们对宇宙、气候和地形之间关系的认识是动态的、富于灵感的。

这种紧紧围起的建筑，直觉地将社会、自然与超自然联系起来，是所有早期建筑的共同特征，包括埃及、美索不达米亚（西南亚地区）、拜占庭和哥特时期。这种联系更为明显的表现之一就是“风水”。

风水是古代中国科学中用于定义建筑地点的词汇，并以此来决定建筑是否有好兆头、建筑本身的外形与特征。判定因素主要基于自然特点，比如地形、风向、水系，还有超自然因素（形式的内在品质、外形和布置）。“风水”的实际应用在远东地区一直延续至今，然而在欧洲，自然、

14 >

文化与建筑结合的共同体只持续到文艺复兴时期。

希腊哲学家普罗塔哥拉（Protagoras）写道：人类是万物的尺度。这一观察结论凝聚了文艺复兴的精神，它突出赞美了人类居于万物之中的首要地位，宣扬了人类的智慧和才能。宗教力量已经不那么固有和普遍深入人们的日常生活。这种观念已经成为美学原则并为大家所认可，随着国家、科学与贸易的发展有了自己的定位。

人文主义时期复兴了古典建筑语言，并承认其具有潜在的造就文明的性质，和它所具有的凝结了人类智慧的传统。其基础是建立在数学比例、秩序与协调上的，明确体现了时代精神与渴望。在第一个例子中，古典建筑体现了从对神的膜拜发展到对后来的统治者、军政要员的权力。它从小而简单的结构发展而来，至少有部分采用非石块的材料。艾贝·鲁格的《论建筑》（Essai sur l'architecture）（1753年）中关于古典建筑来自"原始小屋"的进化观点，古典的和现在的绿色倡导者们对其在字面上的解释是错误的。鲁格的文章是美学和建筑语言发展的论述，而不是对建筑语言物理上进化的描述。

古典建筑的基础是建立在数学与几何学上的，而不是自然形式上的，是与自然和有机物分开的。而建筑地点的象征意义在希腊与罗马时代具有极为重要的作用，自然环境的重要性在于所具有的建筑风格上。古典传统依赖于一个对比：自然是什么？人类能做什么？目的是找到这样一个平衡点，从而把两者协调起来。文艺复兴时期的建筑采用了古典主义的手法，寻求对自然的适应及对自然环境的操控，创造一种和谐、完整与令人惊叹的人造实体。接下来的风格主义（Mannerist）、巴洛克与洛可可时期，更进一步地要求重新布局和改善景观。

古典主义增大了政府建筑与平民建筑之间的差距，后者必然与资源的充分利用相关，并且尽可能地体现它的功能性，古典主义建筑正是这样表达它的独立性，而并不管它在人道主义时期所受到的影响。文艺复兴风格起先只涉及宫廷范围——佛罗伦萨、乌尔比诺（Urbino）、曼图亚（Mantua）等地的少部分人，后来它逐渐在良好的风格与修饰方面流行起来。这些特点在建筑上有特别的体现，它使不朽的希腊罗马式（Greco-Roman）的古典风格适应人类合理的需求，尽管

15>

这些适度的、雅致的建筑物是人类尊严的体现，但却是远离自然的。文艺复兴理念最终取得胜利是在欧洲的17世纪和18世纪。神权让步于经验、实践、观察和数学结论，在这个所谓的启蒙时代，科学思想和发明创造经历了一个苏醒的时期，这一时期以笛卡儿和牛顿的学说为基石。基督教堂作为一种创造性和宗教的力量，它的减少促进了新道德观念的发展。它的基础是自然法则、公正和宽容。

就像文艺复兴的继承者一样，启蒙时代的哲学家们回首过去的古典时期时，从罗马共和国的

14> 帕齐小教堂（Pazzi Chapel），位于佛罗伦萨的S.Croce，由菲利波·伯鲁乃列斯基（Filippo Brunelleschi）设计（1429年）。

15> 暴风雨，（c.1505，威尼斯），吉津（Giorgione）创作。这是一个不大可能的情节，它将利用自然与自然现象作为内容，并且采用人形与建筑创造一种平衡的组合。

16> Arc - et - Senans，法国盐厂（1775～1779年），由克洛德－尼古拉·勒杜（Claude - Nicolas Ledoux）设计。厚重的立面墙唤起了人们对地下盐矿的联想。

17> Newton's Cenotaph（1784年），由艾提安－路易·部雷（Etienne - Louis Boullée）设计。图中显示出夜晚的天空是如何在几分钟内，在这个巨大的圆形屋顶中重现。

^
16

^
17

斯多葛学派（stoic）的道义中获得了灵感。与文艺复兴时期不同的是，这种新的道义试图包括所有的人和自然世界。卢梭提升了普通人作为美德的化身，他认为我们如果完全沉浸在自然中，我们的特性在整体上就会消失，因而我们会得到更强烈的人的意识。按照卢梭的观点，自然应当被定义为可见世界的部分，所谓可见世界并非是由人创造的，但可以被感觉感知。

在18世纪后期，与自然的和谐、对个人的权利和健康的关心以及技术发展的功效等，诸如此类的观点开始成为前沿问题。按照这些原则，以我们目前所知的理论，似乎那个时期应该正是绿色运动的萌芽期。而实际上，当时却很少有人注意到：科技的进步会产生一系列今天我们工业发展中面临的诸多问题，例如污染与掠夺。

工业革命的巨变造成的一个有趣结果是产生一个分界线：纪念式的建筑更为不朽，而其他的（不适应需求的）建筑趋向于腐朽。新兴资产阶级需要能够适应他们身份与财富的建筑。在一些商业城市，如布鲁日、阿姆斯特丹和伦敦，这类的建筑都很大、很亮丽也很舒适，还很经济。除了住宅，新兴中产阶级还需要城市会馆、学校、俱乐部、剧院、市场与商业中心，这都需要测量师、建筑师、建造师和技工。

然而，18世纪的建筑师并不仅仅关注为新兴中产阶级建造实用的房屋。他们思索以什么形式体现卢梭"高贵而原始"（Noble Savage）的实用建筑，并且怎样将其转变为古典神庙的风格。具有讽刺意味的是，18世纪关于原始的思索使早期古典主义风格复活并流行起来，特别是多立克柱式，补充了罗马共和国信奉简朴的价值观，也使一种"原始小屋"流行起来，它们建造在公园的醒目地点和富家花园中。它们有各种各样的作用，像林中小屋、寺院和风雨棚。洞穴也被复原。未加修饰的石表面、自然堆积的石头，表达出一种自然要素和原始状态的暗示，同人工制作的仿造品并置在一起。

富于幻想的法国建筑设计师克洛德－尼古拉·勒杜和艾提尼－路易·部雷几乎不能从"原始小屋"的风尚中摆脱出来，然而他们以自己的方式，在绿色环保敏感性的决定中起到了关键性作用，他们用建筑语言表达了设计观念。新古典主义从广义的巴洛克理念中剥离了它的古典主义因素，找到了创新的表现力来反映真实的世界。在某种意义上讲，一幢建筑的形式象征它的功能，这一思想演化成现代形式追随功能的观念，建筑物的形式更多地表达它的用途和构造。实际上，法国新古典主义被许多人看作是现代运动中清教主义的先驱。

因此，启蒙哲学以不同的方式影响着下一代。一条分支直接导致现代主义的产生，另一分支引发了乡村田园风格的产生。这条线从18世纪90年代延续到19世纪60年代，从简单建筑发展到贵族式的有装饰的建筑（法国凡尔赛，马里·安东尼特村），拥有田地的贵族们（约翰·纳什的牛奶场，英国靠近布里斯托尔的布雷兹城堡），特别在英格兰，具有现代思想的大方的农场主建造了雇工的住所，其建造目的不是为自己而是为

^ 18

^ 19

别人，是现代意义上的房东。

可是，这些建筑物一直倔强地按照本国的实际用途进行设计，利用本地建筑技术与材料。形象化地选址，进行精心的装饰，在不对称中融合了自然要素，使用天然材料，选择适应地形的建筑场地。

更深入一些来看人与自然的关系，在美国作家亨利·大卫·梭罗（Henry David Thoreau）的作品中可见一斑。他用抒情的笔触描述了他在马萨诸塞州康科特的瓦尔登湖，自建的一所小屋中独自生活了两年，他隐居于此是为了"思考解决不仅是理论上而是实践上的生活问题"。这个小屋的构造被作者详细地描述（它不同于阿比·劳吉尔的关于原始小屋的纯美学上的描述），由此，人们能够清楚地意识到如何细微地适应和对待自然，以及对今天环境保护论者所说的天然材料的使用。他声称："真正的艺术表达出我们对自然的热爱"。他的观点对美国家庭式建筑发展有深远的影响，而这个建筑设计在弗兰克·劳埃德·赖特的著作中被特别提及，并影响了整个世界。

19世纪中叶的欧洲，工业化正在加速，达尔文，赖尔和其他人的科学发现延伸并形成了人类对自然的理解。建筑与建造技术有了重要的进步，特别是钢材与玻璃的使用，以及在采暖、人工照明与卫生设施方面的发展。约翰·拉斯金（John Ruskin）预见到工业发展的失控会导致无法避免的危险发生。拉斯金提出的工艺思想与随之而来的社会改革方案，是第一份我们现在称为环保的系统性方案。拉斯金写道："上帝将地球借给我们生活，这是一个伟大的遗产。它更多地属于我们的子子孙孙，对我们来说，他们的名字已经写在了本书当中，我们没有权利因为我们做错任何事情或疏忽大意而使他们受到不必要的惩罚，或者用我们的权利剥夺他们本应继承的利益。"（1849年，《建筑的七盏灯》中的《记忆之灯》）。拉斯金的主张包括道义与美学两方面。他支持工匠和尊敬技工，他分析工业的病症，给社会变化施压，为清除污染做尝试性的试验。他赞成哥特式建筑，部分原因是他觉得这种风格在使用的材质上和装饰上更为协调地反映自然世界（由于它较暗、更模糊和良好的适应性），另外在他看来，它适应北部气候的能力更胜于起源于地中海的古典主义。

^ 20

然而，拉斯金并没有意识到，采用经济性的方式和适当的技术能够辅助他达到目标。与他同时代的英国人布律内尔、特尔福德和帕克斯顿，美国的博加德斯都看到新科学发现的能力，特别是对铁的加工处理，以及改变结构设计的能力。浪漫主义和道德主义者如拉斯金、格雷（Gray）、华滋华斯（Wordsworth），他们将技术发展看作是工业的产物，是刻薄劳工、产生剥削的产物。

18> 法国凡尔赛，马里·安东尼特村（Marie Antoinette）（1782年）。

19> 英国汉普郡，休顿旅馆的房屋（c.1800）。

20> 英国牛津博物馆，本杰明·伍德沃德（1855年）。约翰·拉斯金支持这座建筑胜过同期的任何一栋新建筑。比较欧洲哥特风格的大杂烩，这栋建筑以它的铸铁饰边的构造和手工的结构著称。它同欧洲中世纪的大教堂，在长期内和科学基础上的具有同样重要的意义，神圣的肖像被自然的形式所取代。

21> 英国海德公园的水晶宫西北角，约瑟夫·帕克斯顿（Joseph Paxton）（1850～1851年）。

22> 英国萨塞克斯，小塞克海姆的布莱克伯恩住宅，爱德温·勒琴斯爵士（Sir Edwin Lutyens）（1902年）。

23> 菲利浦·魏布（Philip Webb）设计的红屋，伦敦拜克斯里·海兹（1859年）。

^
21

^
22

^
23

如果约翰·拉斯金是第一位公开表达关注绿色环保的个人，那么英国的工艺美术运动（the Arts and Crafts movement）则是第一个这么做的团体。工艺美术运动的先驱威廉·莫里斯（William Morris）将拉斯金的评论与理论转变为现实，并从呆板的19世纪建筑的主流意识转变到一种更朴素的、更"有机的"建筑设计上来，——一种宣扬地方性的风格、细节、材料与适当的布局，无轴线的安排可以影响布局与整体。菲利浦·魏布（Philip Webb）为莫里斯设计的红屋（Red House）不仅体现了自由的建筑设计方法，而且体现了一种生活风格，艺术家们与朋友们在此聚集一堂，并创造性地使工作与家庭生活和谐共存。工艺美术运动的建筑设计几乎全部是住宅与家庭生活方面，其基础是建立在对民间传统建筑的实际研究上，采用本地的材料与技术。针对工业化产物优于手工产品的论调，工艺美术运动则表现了一种革新，在雷蒙德·昂温（Raymond Unwin）、C.F.A.沃伊齐（C.F.A. Voysey）、贝利·斯科特（Baillie Scott）的领导下，并综合了埃比尼泽·霍华德（Ebenezer Howard）的设计原则，工艺美术运动提供了一种有吸引力的、能提高生活质量的、有选择性的住宅，来对抗那些在城市扩张中毫无人性化的联立式住宅群。

工艺美术运动的影响是广泛的，加利福尼亚的格林兄弟建造了大规模的日式住宅；澳大利亚的建筑师们，如瓦尔特·伯里·格里芬（Walter Burley Griffin）在郊区用木料框材建造的别墅；在达姆施塔特（德国）的艺术家组织横跨欧洲到奥地利和德国。这个运动的观念遍及社会经济领域，影响了中上层资产阶级的住房设计，设计师爱德温·勒琴斯爵士（Sir Edwin Lutyens）和诺曼·肖（Norman Shaw）等，以及由花园城市的工匠设计的社会性用房，及早期的伦敦郡委员会等其他事务性建筑。

尽管发源于回归自然的怀旧观念，工艺美术运动仍然是打破旧习的先驱。具有一定的工艺美术运动思想的包豪斯建筑学派的现代主义，更多地吸收了该运动的哲学观念。在世纪交替之际，更能感受到工艺美术运动的深远影响，直接由自然和自然的形式引发大量具有特殊风格的建筑灵感。新艺术运动（Art Nouveau）重新发现由植物、动物与地质学启发的装饰相当出色和具有灵动性。不像18世纪的洛可可风格，那时大量的建筑

24> 比利时布鲁塞尔博物馆陈列的维克多·霍尔塔（Victor Horta）住宅（1890年）。

25> 西班牙巴塞罗那古埃尔公园（1900～1914年），安东尼·戈地设计。

26> 玻璃亭子，布鲁诺·陶特（BrunoTaut）1914年设计，展出于德国科隆的达特斯特·沃克巴德展览会。

^
24

设计都局限于建造一些像盒子一样的建筑，或者至多表面上有些点缀，新艺术将自然形式完整应用于建筑本身和结构。维克多·霍尔塔（Victor Horta）与赫克托·吉马德（Hector Guimard）是这一方法的杰出代表。

有些维也纳建筑师，如奥托·瓦格纳也呼吁将自然要素应用于他们建筑中的连接与装饰。在苏格兰，查理斯·雷尼·麦金托什（Charles Rennie Mackintosh）也不断将植物形式引入其设计中。然而这些建筑师源于自然的灵感实际上仅仅是作为对建筑物的修饰。他们认为这样能够增加建筑的生命表现力，而建筑本身则保留了静态和四方形。不久之后，安东尼·戈地做了一种改变：将仅用于修饰的自然形式（森林、神、青翠、金属丝边）转变为令人惊异的建筑想像。

德国表现派建筑师，特别是布鲁诺·陶特（Bruno Taut），他们的灵感并不是与生俱来的，而是从地质学和地壳中得到的。当代对水晶结构的研究激发了他们对几何排列的兴趣，并为之着迷。水晶结构的规则性，有限形态范围的形体多样性，决定了形式的几何定律，这些都加深了表现派艺术家们通过几何规则使自然能够更好地被

< 25

^
26

人们所感知的愿望。大陆漂移学说的发现，山体的上升和地质形态正在进行的变化过程，似乎使表现派艺术家们分辨不出有机物与无机物、生物与非生物的区别。

伴随着冶金学的发展（铸铁能变成高效能的钢的原理）和钢筋混凝土（既有钢材的抗拉性，又有混凝土的抗压性，二者结合的合成物）的发现，建筑家们开始意识到玻璃和玻璃装配技术潜在的价值。陶特是首先开展这方面工作的人之一，他带着他的玻璃亭参加了1914年的科隆展览会，这个玻璃亭仿照了水晶的形态，在后来的应用中，现代化运动用玻璃作为消除内外分界的手段。

现代主义和自然

现代主义通常被认为是和自然相对立的，自然的世界和人类地区之间存在着差异。纯粹主义者支持自然主义，也是大多数人对技术和社会的普遍反应。建筑师更多以机械论和“古典主义”为重点的设计实践来自德国－美国这条线，这一点或许是真的[倡导者沃尔特·格罗皮乌斯（Walter Gropius）、密斯·凡·德·罗（Mies Van de Rohe）、马赛尔·布劳耶（Marcel Breuer）；发扬者菲利浦·约翰逊（Philip Johnson）、Skidmore Owings and Merrill（SOM）以及美国其他一些大型建筑设计事务所，并且最终成为世界普遍的设计风格。这一点就像建在郊区的工艺美术运动的住宅，都会有公式化的红色线条装饰]，然而，它却不能应用于勒·柯布西耶、阿尔瓦·阿尔托、F·L·赖特的更加直观、单一和有机的方法，或者是埃里克·门德尔松（Eric Mendelsohn）和陶特的表现主义。事实上，现代主义运动中的建筑同样可以体现出绿色建筑中诸如对本土建筑的敏感性和对自然的模仿等要素，虽然它们隐藏在复杂的建筑学语言和一些联系当中。或许应当专门著书描述它全部的本意来涵盖这些复杂性。但是，我们简单回顾一下现代主义运动中的四位大师，在他们对建筑学不同的处理方式中确定敏感性的明确分支，这些敏感性体现了走不同的路反映当代建筑学中绿色运动的背景。

勒·柯布西耶

勒·柯布西耶（1887～1966年）也许是现代主义运动中最有代表性的典型，他的天才展现在辩证、诗歌和艺术上。他的建筑都是这些智慧的产物。

在勒·柯布西耶的作品中，自然是永恒的话题，经常渗透在半宗教的言谈中。他惯于用这些强有力的反对人类的作品，来提倡混沌或者对庄严浪漫的看法。在另一些时候，他从本质上把自然描述成一个系统，在这个系统中，人类是一个部分。后者反映了他唯理论的思维方式。他的经典名言：“住宅是居住的机器。”这使他对当代的技术奇迹产生了尊敬，就像轮船、汽车和飞机。

自然的主题同样集中在他的社会目标上。柯布西耶在瑞士的一所大学里读了艾考因·拉斯金（Echoing Ruskin）的作品，书中把自然看成人类精神重生的代名词，能够重新点燃在工业化社会里丢失的人道主义价值观。在《未来的城市》（1967年的巴黎）中他宣布：“人类是自然的产物，是按照自然规律被创造出来的。如果他能充分意识到这些规律并遵守它们，如果能把自己的生命融合在自然永恒的潮汐中，那么他将意识到（为他自己）有益的和谐。”

但是，柯布西耶同样宣布：“没有什么能像原始的人类，（仅仅）拥有原始的资源。这个观

27

点从开始到整个的思想摇摆中一直都没有变过。”对于柯布西耶来说，从理性规律演变而来的原始自然美和人道主义有着解脱不了的关联。运用这三个方面的观点，柯布西耶将原始的象征主义融入现代的唯理主义中，从而探索在他的建筑中包含普遍和永恒的价值观。

柯布西耶对现代建筑学语言的早期研究，完全是从充满智慧的思考以及本能的、超自然的感觉中发展而来。他的理论原则体现在对包豪斯艺术风格的反应中。他早期的别墅都不受地形的限制，正如帕拉第奥的做法——白色、不受约束，并且独特，用这些来衬托和加强建筑的特色（与之相应，在柯布西耶的别墅中，体现的是机械时代的美学）。然而柯布西耶取代使用乡下的地基，用梯形建筑和一些辅助的建筑（有时在帕拉第奥别墅中的农场建筑）给建筑打基础，调节居住的规则性与乡村的无序性。在多层别墅中提供了一个连续的地面平台。一个实例就是在普西的萨伏伊别墅（1929～1931年）。从建筑中独立出来的自然风景和建筑的内部空间、屋顶一起成为思考的对象。这个建筑从远处看像是一个奇异的起重机器。“花园”建在屋顶，并且设置在一个露天敞开的空间内。在柯布西耶的市内住所中，戏剧性的屋顶平台提供了一个与风景分离和切入的组合，就像他的乡下住所。它们创造性地发挥了风景的魅力，超越了基本的理论，证明了他对原始价值的追求。屋顶花园给了柯布西耶自由设计的机会，让他纵情运用雕塑的手法，使这个建筑充满了多种含义、技巧和隐喻，并且显现出在他后期作品中所表现出的对折衷主义和灵性的倾向。

后来，柯布西耶背弃了用自然来复兴人类的目标，就否定了在屋顶上建造现代花园的概念。他在马赛公寓（1947～1952年）内，使用屋顶空间来暗示古代的审美观，运用原始的造型，刻意地、含糊地夸大悬挑在半空中的平台。柯布西耶把屋顶平台和它的直接环境分开，这个效果是为了修复与自然融合的感觉，就像雅典卫城里的年轻人的品质一样。

二次世界大战对柯布西耶的影响很大，使他从以前追求机械美学转变到利用自然要素的设计手法上来。那些有关猛烈的城市轰炸、核灾难威胁的记忆一定在某些方面起了作用，柯布西耶把战前那种白色的、轻飘飘的、有机械味道的建筑变成了战后单纯简洁、有安全感、用结实

28

粗糙的材料浇筑的色彩单纯的建筑。在Maisons Jaoul（1954～1956年）和圣玛丽－图列特修道院（1957～1960年）中，钢筋混凝土不是作为一个比承重墙节省空间的途径，而是作为一种重的、粗的、未加工的材料，给人们一种安全耐久的感觉，现在这一方法已经得到继承，并控制将光线引入建筑的内部空间。

以上这些建筑中虽然包含了从不同来源提取出的建筑语言，但还是挖掘出了本土文化的传统。这种传统与钢筋混凝土、钢材和镀膜玻璃的技术一起发展，体现了另一个时代和文化在精神和内在需要上的转变。然而地球的富饶，阳光的温暖，光线的明亮很明显地在柯布西耶的后期作品中外形、细节、色彩和结构的设计中体现出来。

27> 萨伏伊别墅，法国普西（1929～1931年），勒·柯布西耶设计。

28> 帕拉第奥设计的沙拉塞努别墅（1560～1566年）。

29> 勒·柯布西耶设计的靠近法国里昂的圣玛丽－图列特修道院教堂（1957～1960年）。

30> 勒·柯布西耶规划设计的印度昌迪加尔模型（1951～1956年）。

31> 勒·柯布西耶设计的昌迪加尔政府模型。

29

31

30

柯布西耶第一次为印度北部的昌迪加尔首府做的设计，直到他生命的最后时刻才完成，可能是现代大规模建筑和景观融合的一个最令人信服的例证。受莫卧儿（Mughal）天堂花园的象征性的外在型制的影响，他通过对屋顶景观神奇的处理完成了建筑和地形的融合。在昌迪加尔，他区分了三种不同的景观尺度：居住城市实际的景观，首府复杂而巨大的景观和政府大楼强烈并具象征性的风景。

柯布西耶的网格设计，从河流的不规则性和条状公共花园的束缚中解放出来，体现的是非常经典、非常令人惊奇的包豪斯风格。他采用的是首府总体的集中设计，但是事实上是分开进行的，并且周围有小道和一些人工堤坝。这些堤坝是一种ha－has形式，就像屋顶带栏杆的效果一样，缩小了中间的距离，增强首府的独立性，提供了一种精致、昂贵但富于象征和想像力的建筑平台。

通过这个组合，柯布西耶用宇宙作为参考来确定自然和人类意识的统一。许多昌迪加尔的纪念碑和具体表面上的象形文字都提到每日太阳的路径和光辉。像古代文明一样，勒·柯布西耶认识到太阳是支配生命的原始力量，是一种人和自然和谐的象征。

柯布西耶的政府大楼设计可以说是对依于风景的建筑的一种回归，它还用了很多方式去强调两者之间的关系。这个建筑被设计成方形的，总共3层。从一个大的底层开始建造，在屋顶上安装了一个倒月牙形状的设备，侧面轮廓正对喜马拉雅山脚，同时可以用作观察平台、遮荫设施和雨季时使用的水槽。它发源于天空，暗示着新月和神圣的牛角，花园设置在4个边上。它们的形状和布局，像建筑结构本身设计美感受多种因素的影响：Chahar Bagh或者莫卧儿天堂花园屋顶空间的创作；通过地表面的挖掘、雕刻唤醒古老的遗韵。柯布西耶将莫卧儿象征主义的典型形式和象征性的空间与经典建筑理念融合起来，把印度传统里关于神圣的观念和现代超自然主义、宇宙的文化结合起来。

柯布西耶的工作是深奥的、相互矛盾的和令人激动的。他的工作中针对人与自然关系的直觉的神话编写，具有诗意的特征，在随后的努力中被贬低和忽略。这些努力是现代主义在创造差异中得到一致认同的体系；也就是后来逐渐被大家熟知的国际风格。直到今天他工作的复杂性、风格来源的多样性、特别是从自然而来的灵感，还在被新一代的建筑师们认识并深深地影响着他们。

阿尔瓦·阿尔托

芬兰建筑师阿尔瓦·阿尔托（Alvar Aalto）（1898～1976年）的成就同样是独一无二的，他有自己的关于人、技术和自然关系的看法。阿尔瓦·阿尔托的方法与勒·柯布西耶的相比较而言是独特的、奔放的、具有自我影响力的，虽然拥护功能完善的现代主义原则，但他还是避开了简约主义的抽象教条，并且找到了与它的精神所不同的坚定信念。

在理解现代主义的基础上，阿尔瓦·阿尔托逐渐进入建筑设计的舞台。他不像柯布西耶为思

32> 芬兰帕米欧肺结核疗养院，阿尔瓦·阿尔托1929～1933年设计。

33> 芬兰诺尔马库(Noormarkku)，阿尔瓦·阿尔托1938～1939年设计的市政厅。这所建筑体现了阿尔托的人文主义和对现代主义的理解，白色的墙是砖砌石灰石的，像树一样的细木柱支撑着门廊。

34> 阿尔瓦·阿尔托1949年设计的麻省理工学院公寓楼大厅，这所建筑表现了他对查理斯河的外形的灵活应用，间接带给学生们一些自然的气息，而不仅仅是一所平淡的校园。

^
32

想的纯粹论和表达早期运动的特征而改变其信仰。建筑学的现代主义语言——它是一种标准化、一种构造的新方法和一种不可预测的对空间的新认识，在1930年得到了全面的发展。它立足于使每个人都有能力使用它，在那个时候，艺术家琼·墨尔（Joan Miro）和鲍·科勒（Paul Klee）涉及有机物和反理性的作品越来越受到欢迎。

在芬兰，同样的事情也发生在建筑学上。阿尔托敢于从理性的功能型向非理性的有机型转变，这种转变不仅是对现代主义原则的回应，更是对它的一种扩展与丰富。正如装饰主义和巴洛克的观点是从早期的文艺复兴建筑中发展而来的一样，更广泛的语言和松散的规则在某些现代主义的发展中起了相同的作用。与此同时，西方世界从欧洲扩展开，穿越大西洋，关于文化、气候和技术的争端已经成为一个要素。

芬兰对于阿尔托就像西班牙之于毕加索，它提供了一个内在力量的源泉，这在其工作中明显体现出来。从刺激中产生的材料、想像力和建筑风格，是芬兰与众不同的特征。当欧洲和东方的科技进步正在进行的时候，芬兰还没有跟上。这个地区在冰河时期被冰川覆盖了更长时间，文明到达这个地区的时间明显晚于欧洲其他国家，不像挪威、中世纪的丹麦和17世纪的瑞典，芬兰从来不是一个强大的国家，在历史上的大部分时间它都是被邻国所统治而成为其他民族实施"游戏"的工具。芬兰的基本特征是广阔而荒凉的地域，巨大的森林和湖泊，让人想起了创世纪的景象，那时水和陆地才第一次分开。金属、木材和鱼是其主要资源，事实上芬兰人的祖先是森林居民。也许是芬兰的闭塞、原始的广漠和人民的淡泊，现代主义通过阿尔托，给芬兰印上了不可磨灭的烙印。

阿尔托早期的建筑通常被认为是位于帕米欧的肺结核疗养院。这是一栋置于白桦树和松树之中的优雅的、六七层的白色复杂建筑，从它整齐匀称的设计和充分体现人道主义的风格看，它和现代的理念联系很紧密。它通常被认为是现代派兴起的标志性建筑物之一，它也是阿尔托建筑风格发展的一个转折点。尽管阿尔托在国际上有很高的声望，并且他是麻省理工学院的教授，但是他接下来的作品越来越局限于地域主义和国家与私人的事务之中。

在疗养院建筑之后，阿尔托的作品以错综复杂的不规则曲线，分散的平面及流畅的空间为标志，这些看起来和工业化规则的需求恰好相反，但是他充分注意到了经济的合理化和标准化，并且在有利的时候运用了这些规则。作品中的这些格调、形式和韵律以其蜿蜒的湖水、被水冲滑的岩石和摇曳的森林体现了对芬兰风景的热爱。它们也可以说来源于将建筑置于一个高低起伏的乡村风景上的灵感，阿尔托能够将这些形状和格式建造得如此经济实用，大部分是因为广泛地使用了木材。现代主义运动将木材贬为一种结构性的材料，因为它不能达到钢铁和混凝土的性能，而且需要人力来完成。在阿尔托的手中，木材被转化为一种多用途的、灵活的、高性能的材料，发挥了不同于工业化产品的性能以及人性和温暖感。他不仅将其运用于建筑的所有部分，而且将木料加工后制造成简单的古典家具，这种家具在市场上现在还在出售。

阿尔托的建筑设计和小镇规划，不仅向现代意识形态引入了一种地域性的敏锐感，而且使它们显著地表达了人类对现实和精神的需求。阿尔托的建筑并没有违背现代主义的概念。它们展现了人类谦逊平和的胸怀和充满情感的性格，以及

^
33

^
34

由此带来快乐和安定的感觉。柯布西耶把建筑的顶部作为设计的重点，是他的作品值得尊崇和赞赏的地方；而在阿尔托那里，却把重点放在顶部以下，以使它们能更好地融入自然风景和自然环境中。

因此，虽然阿尔托在本质上应该是一个现代主义者，但他却从他家乡的某些特别之处获取灵感，塑造和构建他的建筑作品，并获得了成功。这种将作品依赖或是重视某种特定气候、文化和经济，是当代建筑师思考环保问题的基本要素。

弗兰克・劳埃德・赖特

生长于威斯康星州的美国建筑师赖特（Frank Lloyd Wright），没有被欧洲现代主义的原则所局限，他在自己的风格中稳步前进，思考自己的本色。他设计的建筑通常被认为是"有机的"。"有机的"被不同的引用者运用于不同的时代，表示一种物理状态，也表示一种建筑上的氛围。赖特在1914年是这样解释的："说到有机建筑，我认为就是建筑从里到外的和谐，它的形成条件区别于那种没有和谐感的建筑物。"有机建筑物的概念也是时间化的，赖特的老板和导师路易斯・沙利文说道："有机主义不是直接存在于有机物中，它是逐渐形成的。"赖特使用了"有机"这一术语，在里面加入了不同的含义，使它成为自己的概念，作为一位资深的演说家和倡导家，他试着在许多场合解释他对"有机"这一术语的看法。

在建筑上，有机的方法是指一种对自然直觉的、诗意的反映，并随着时间的推移而加深。哥特式的天主教堂建筑在形式和表达上可以看作是"有机的"——部分是因为它相对自由地对各种可能性的组织，区别于古典主义的对称原则，但更重要的是因为这些天主教堂花了几十年来建造，而且在很多情况下，是许多人集体智慧的结果。从传统上说，看起来极为"有机的"建筑物是那些随着时间形成、改变、成长或收缩的建筑物。一栋建筑物很多年来，在其形式、外形和内部布置上没有改变，它看起来像融于自然风景中。这种融入一种环境中的现象是熟悉的结果：可能是建筑下意识地成为一个特定地方的记忆和识别标志。另外还有物理上的吸纳、材料变形、植被的生成、邻近建筑物的加进、边界的重新划分。

最近几年变革的速度随指数化增长，除非最后建筑本身被认为具有"遗产"价值而成为一种历史的凝固；或者成为建筑设计上的成功范例；是一个"列出的"保留建筑，一般建筑更有可能在它变旧自然死亡之前就被拆毁了。这种趋势激励了建筑界各种有机的反应，它能预测和有利于更多的变革，并能够发展和适应变革而没有削弱创新的规则。现代生态气候办公建筑就是这样一个特殊的例子，本书后面章节介绍了它的很多特点。然而对于赖特来说，建筑通常只有有限生命期的这种趋势则激励了另一种反应。

赖特的建筑很明显不属于现代主义。它不是白色、立方体或透明玻璃的，而且也不是底层架空的柱式结构，不用钢材作为框架。从表面上看，他更类似于英国工艺美术运动的沃伊齐、肖、魏

35>

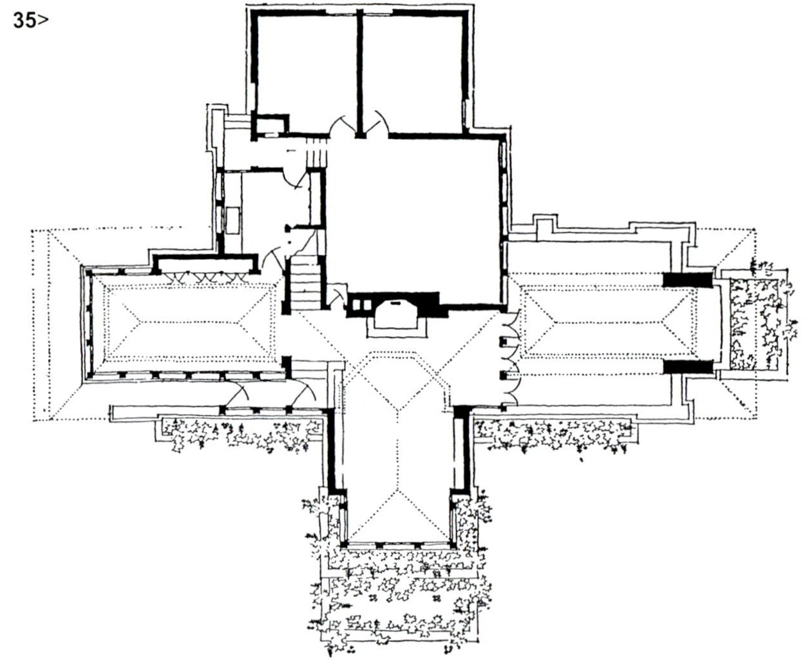

<36

37

35> 弗兰克·劳埃德·赖特设计的，位于伊利诺伊州，森林之中，伊萨贝尔·罗伯特住宅的平面图（1908年）。

36> 弗兰克·劳埃德·赖特设计的，位于亚利桑那州，斯科茨代尔，西塔里埃森（1938年）。

37> 弗兰克·劳埃德·赖特设计的，位于宾夕法尼亚州，"流水别墅"。

布，部分像麦金托什。赖特被认为是现代主义大师，而并非是工艺美术运动的代表人物，这主要是因为他把握空间的方式不同。他设计的住宅不像工艺美术运动那样，是由门厅、营业室、台球室组成的，赖特的设计是一个独立的空间，常常围绕着家庭生活中心进行组织与操作，这一点正是现代主义运动的特点。毫无疑问，他在建筑设计上的革新，特别是对于光与空间自由流动的处理上独具特色。另外，他不喜欢受到城市方格规划的限制，在郊区与乡村，则少有此约束。"草原别墅"（Prairie Architecture）的称谓不是暗指那么多的水平线条，而是指住宅内开敞的感觉和人们需要的空间。

无论是不是现代运动的先驱，赖特肯定以传统建筑为基础，再运用自然与环境给予他的灵感。作为一位生长于美国中西部的设计师，他不必背叛欧洲文化与历史，他继承了欧洲的家庭观念，然而又有着对外面世界的好奇与憧憬。他早期受到日本建筑特别是日本传统住宅的影响，并将其植根于自己的建筑设计生涯中，不仅包含了日本特殊的灵活设计，而且还表现在对所使用材料的尊重与准确评价上。他使用的材料完全从实用角度出发，在满足实用的原材料中发现它们的表现力与潜质。当然，对自然材料的关注也是一个现代可持续性设计的重要特点。

赖特把对当地风景、地形与地质构造的理解作为其灵感的源泉。从早期的哥伦比亚遗址中，他领悟到对自然的完整感觉、建筑物从地面慢慢生长（这不是孤立地、在虚无中存在的）以及人类天生的与自然和季节的和谐感。1937～1939年他为匹兹堡百万富翁爱德加·J·考夫曼设计的"流水别墅"——周末度假别墅，常常被赞誉为他源于自然环境的代表作。"流水别墅"盘旋在宾夕法尼亚河的一条小瀑布上，具有一系列平稳的水平面，对抗着崎岖的地形。这所建筑的效果来源于人工与自然的对比，而不是这两者的共生。森林与大石点缀的环境烘托出大胆的混凝土悬挑。在这一点上，确实是欧洲现代主义的灵魂——新技术和清晰的线条与自然融合。

在亚利桑那州沙漠中的西塔里埃森（Taliesin West），赖特有自己的住宅和工作室，那是一个非同寻常的住所。建筑蜷伏在一个相对恶劣的环境中，周围点缀着石头，突立着仙人掌；它的外形就像是广阔沙漠的缩略图。看起来就像是从地面长出来的，大石头墙消失在一种随意布局之中，而它的巨大的、直立的木制横梁看起来就像是荒凉沙丘的脊梁，每个都经受着沙漠阳光的炙烤。

要描述赖特的建筑，不可忽略的一点是活力。这些建筑"栖息"在自然中，它们与周围环境"相拥"，它们"吸引"注意力和"诱惑"人们的感觉。这种神人合一的感觉是他灵感的直接源泉，也是一条现代生态气候建筑发展的线索。

理查德·巴克敏斯特·富勒

现代主义的第四位先驱——理查德·巴克敏斯特·富勒（Richard Buckminster Fuller）（1895～1983年），其作品影响了生态气候学建筑的发展。富勒有点独来独往，应该说是从观念上继承了文艺复兴的思想，他是一个天才，而其重要性却仅仅被学院派之外接受。他并不被看作是现代运动的领袖与建筑可持续性发展的重要发起者。他的作品包括设计、美术、科学与人文学科，由于兼顾数门学科，使得他能够将它们联系起来思考，而专于某一领域研究的人们则不能够如此。从各门学科中获得的营养使他有了一系列超模型化的

38> 网格穹顶(1960年),位于密苏里州圣路易斯的生态公园,理查德·巴克敏斯特·富勒

方案,包括最大限度利用能源(Dymaxion)的住宅、汽车、浴室和世界地图、可测量的圆屋顶,以及一系列有灵感的演说与理论。

最应特别指出的是,他使我们关注整个宇宙环境中的微小泥土,以及全球体系和社会的相关性。他的世界城市规划比马歇尔·麦克卢汉(Marshall McLuhan)的"全球村"早了35年。他通过想像了解到随着国际上反对财富集中与强权的呼声渐高,随着旅行速度的加快,随着世界范围的快速通讯的到来,地球将不再能够承受资源的过度消耗,地区发展不再相对孤立地沿着它们自己选择的道路前进,交流也不再仅限于他们自主创作的艺术、文化及教育。

38>

富勒的第一本书《去月球的九条链》(Nine Chains to the Moon)(意思是说如果全世界的人们一个站在一个的头顶接起来将会是月球到地球的9倍距离),该书出版于1938年,说明了人与世界的相关性、多样性与和谐性的方方面面。经过一系列的评论与演说,他的方法用来检验特殊性和提炼普遍性。他对仅在一个战略发展的视角范围内研究本地、区域和惟一性感兴趣。因此他并不像梭罗(Thoreau)所说的那样是个自然的人。他倡导技术导致了人口增长、城市重建与家庭便利。然而他却从来没有明确指出日益迫近的生态危机,很明显他想依靠技术来减轻与避免这种危机。他应该被看作是第一位世界公民,他的看法是:全球可持续发展的思想就是为更有效和平等地利用和分配资源,有意识地将世界作为一个精致而平衡的生态有机体对待。

富勒的目标是"少费多用"(accomplish prototyped capabilities of do more with less),实际上借用了密斯的格言"少就是多"。然而密斯从根本上参考了美学的方法,可是富勒将其简化为严格的科学与工程语言。他的发明与构造都基于一种工程方法,通过几何计算与材料的想像,削减到一种绝对小的资源需求,用于制造、装配与运营。

也许富勒最革新的作品是对一个结构体系的

开发，这被称为"无一定尺寸限制的结构（性质）"，结构上可借压力和拉力用于支柱与弦的几何布局，这样就能够承担临时出现支撑不足中的双重负载。他最为不朽的创造是"网格穹顶"（Geodesic Dome），其中达到了一种类似几何的平衡。但是又具有标准的支柱与连接部件能够抵抗拉力与压力，依赖于任何特定时间内结构的荷载。

正如富勒所预见的，建筑工业传统的低投入、高劳动密集、地区隔离、建造上不精确的作业等等，都不宜于采纳他所倡导的高工程化、交互式的方法。在另一个领域，如船坞、航空、航天等精度要求较高的工业，"少费多用"的方法得到了应用与发展。

尽管将其观点应用于传统建筑工业有相当的困难，然而富勒的影响仍然被建筑与结构工程专家所接纳。其代表人物有让·普鲁韦（Jean Prouve 1901～1984年）和弗赖·奥托（Frei Otto）（1925年～），他们各自的新作品中采用轻型预制和隔膜结构。他也为高科技信徒追随着，例如，诺曼·福斯特（Norman Foster）和简·卡普里茨基（Jan Kaplicky）为科技导致环境恶化和社会机能不良的论点找到了证据之后，现代运动的建筑师们的思想并不绝对为社会工程化、工业化和机械美学信条的观念所占据。

再来看看这4位先驱的作品，虽然处于非常不同的环境中，并且没有在所有包含的学说中得到证明。从中我们能够看出所有问题的根源，这些问题在当前建筑学环境运动中都变得如此严重。在勒·柯布西耶的作品中，我们能够感到原始的、有象征意义的与自然的交流，起初是平和的、超现实的，最后是博大精深而神秘的。在阿尔瓦·阿尔托的作品中，我们看到冷静的、教条主义的建筑语言逐渐转变为精致而敏感的地方主义。在赖特的作品中，一开始便出于对材料、地点和与原始本土的重视。而在富勒那儿我们洞悉了全球困境与适当有效地利用科技与资源的倡议。第四章中的44个近期作品表明：他们对当今生态气候学建筑产生了方方面面的影响。

尽管这里讨论的作品是受到相当尊敬的并与战后（西方）世界贸易重建与经济发展有关的建筑，却是一种天生不能容纳诗歌与直觉、虚浮与虚构的事物。新建筑采用了现代主义的特点，能够最方便地回应加速城市化与商业的需求。采用一些材料来提高整体声誉而不是表现"真实"。这些建筑物表现出来的特点，有城市的方格式规划，有新的结构化技术、工业化的组件，以及从神秘美学中的剥离。这是代替"纯粹论"者的现代主义建筑——沃尔特·格罗皮乌斯、密斯·凡·德·罗和马歇尔·麦克卢汉——而不是那些仅用地方性的和敏感性的设计，那些作品如果说是为了创造现代主义的本地化则是最合适的。现代主义最有争议的问题是减少了对下列因素的关注：空间、经济手段和建筑与自然环境之间象征性和实质关系的敏感度。它波及全世界，甚至现在，由于那些突然发迹的城市与国家的行为，它又成为一种都市化的图腾象征。它遭遇一系列能源危机，而且毫无疑问，人类实际上正在影响地球的气候，危害地球居民和生态环境，后代将如何面对恶劣的环境，以及如何创造性地与自然交流，将成为一个重要的社会问题。

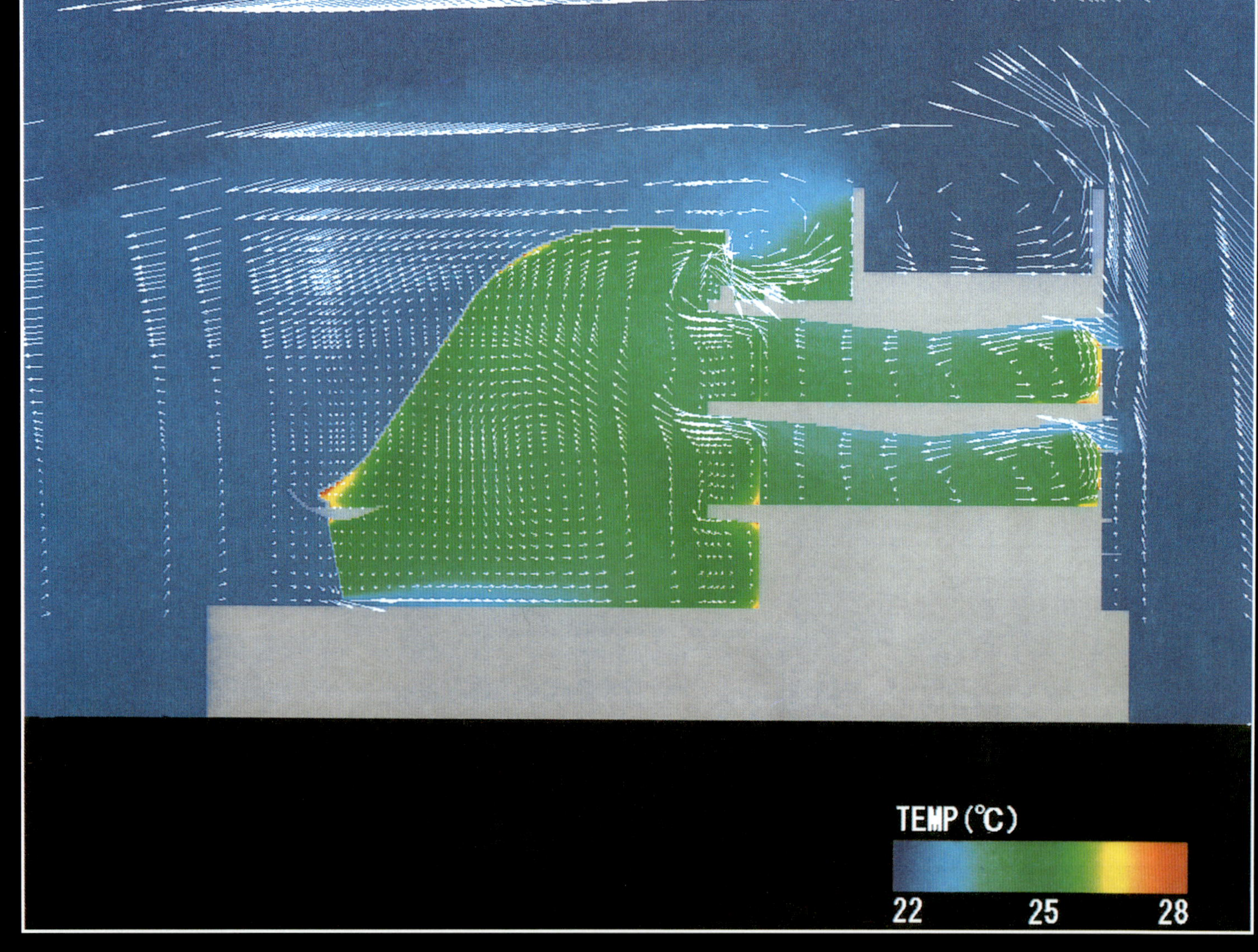

∧
01

02

01>预测温度与空气流向。东京煤气的"地球港"可测流向动态图（CFD）划分（参见67页）。

02>沐浴着阳光的那弗提。埃及新王国时期18王朝泰尔·耶·阿马那（Tell el Amarna）的石灰石石碑。

太阳的益处最显而易见的就是它的光和热。它给人以美感和放松的时候，莫过于当你伏案阅读、写作及作画之时，太阳温暖地抚摸你的后背，而此时太阳的光线恰好滑落于你的书本、写字本或画布上。不仅如此，太阳是地球上任何一种生命赖以生存的能量来源和基础。地球因为太阳而诞生，并只能依赖太阳而生存。太阳是最根本的能源，是一个核反应堆，是最大的人造反应堆的几百万倍。可是它却比宇宙中某些星球小。

太阳是由许多层发热气体组成的，其中主要是氢和氦。它的核心温度高达14000000℃，表面温度约有6000℃。氢原子核熔合在一起发生反应生成氦原子，这个过程产生了大量光与热，这就是太阳能。太阳的光与热抵达地球大概需要8分钟的时间。

地球的大气层反射和吸收了几乎一半的太阳能和大多数具有杀伤力的有害射线，到达地球表面的那些能量中，有超过90%被海洋及地表生物吸收，剩下的大部分由植物的光合作用吸收，相对来说，直接作用于人类的太阳能实在微乎其微。地球的存在已经超过了28亿年，其环境一直遵循一种持续进化的模式。物质与气体混合起来造就了微生物得以繁衍的生态环境，这些微生物再通过不断地进化形成更为复杂的生命形式，随着时间的推移，形成我们目前的环境。

地球表面的主要元素是由于太阳射线的照射而显现，海洋与陆地以不同的速率占有和释放能量，而且由于地球的球面形状和它的自转，不同的部分在不同的时刻有不同的温度。不同的温度向大气移动，由此产生了复杂的气流运动，我们称之为"风"。大量的冷热空气遭遇并相互作用形成降雨。

植物、藻类和细菌都是依赖太阳而生存的。通过光合作用，它们将太阳能转化为能够储存的化学能。植物是支撑能量循环的一部分，由于其多数具有平衡二氧化碳的能力，意思是它们吸收的二氧化碳比它们分解时释放的二氧化碳要多。几百万年前煤、石油、天然气吸收了二氧化碳，然而时至今日，随着它们的开采与燃烧，二氧化碳释放出来，产生了碳元素（生物圈中碳元素的积累）的不平衡。

我们的生态系统是由三个营养学集组成的。

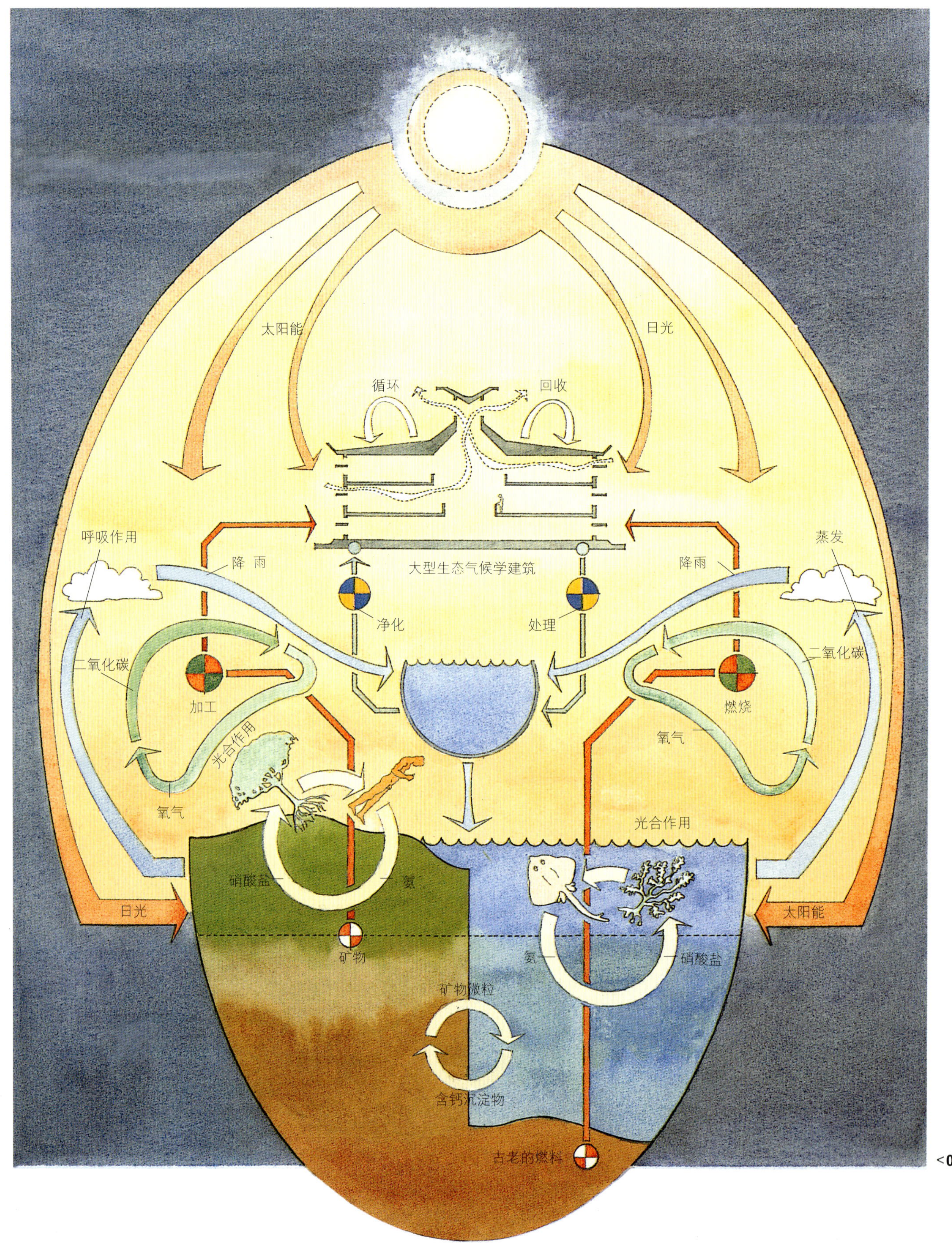

<03

生物圈(Bio - cycles)

03> **生物圈。**整个地球被相关的生物圈支配着，这些生物圈在任何时刻都应广泛地达到平衡，而从长远来看又是进化和变化的。从生态气候学建筑的角度意识到这些循环，并且通过设计来支持它们，而不是破坏它们来满足自己的生活需要。

一是生产者，如植物；二是消费者，如多数动物；三是分解者，如细菌和真菌。通过光合作用，生产者给消费者供应其所需的有机物，分解者分解转化尸体、粪便及其他生产者和消费者的废物，以供给生产者所需。生物圈是由许多生物链构成的，这些生物链在任何一个时刻都是平衡的，而从长远来看又是进化和变化的。人口增长、人类活动密度以及强加于自然生态的变化节奏，是我们目前面临的具有毁灭性的因素。

就我们的方便与舒适而言，太阳的缺陷在于其不持续性和不一致性。它晚上消失，而且有云的时候又会无法预见地消失。长期以来，在世界的大部分地区要么太热要么太冷，我们人类有衣服的帮助来适应气温的变化，但我们仅仅生活在地球表面上非常小的一个区域。由于其不连续和不一致性，产生了各种替代品和补偿品，用以人工供暖、制冷和照明。为此，需要大量的燃料和必要的用品，比如运输及工业所需，我们正在开采和消耗那些在地壳内蕴藏了几百万年的有限的燃料资源。我们用这些资源来生产动力来使我们生活舒适，但是代价却是极度浪费和毁灭性的。我们开发、提炼，将那些不可再生的资源变成复杂的零件、装配线和设备，再由那些消耗汽油的运输工具把货物、食品和我们自己运送到世界的各个角落。

人类的行为已经开始将太阳对气候良好的效能转变为使人不适的甚而破坏性的作用。我们害怕，甚至坐在阳光下也会担心得肿瘤，假如十年内我们利用能源方面没有根本性变化，随着全球温度的升高、海平面上升，将会发生空前的灾难。

显然，在整个人类能源利用的发展史上，动用这些地下资源可以说是不费太多力气，但却足以造就毁灭。直到工业革命，人们需要的满足还是由源自太阳的能量提供，无论其是否通过燃烧生物（有机物，例如木材、稻草和动物的废物）、风力发电还是水力发电。尽管地下燃料开采时代可能会超过我们的预期，但由于新发现和更大的能源需求，一切可开发利用的能源将被消耗殆尽。当这些资源丧失，并且在我们知道如何收集太阳能并散播它到地球之前（或者创造一种安全、经济且社会能够接受的核裂变形式），陆地利用太阳能理应被再次广泛应用，并且应更有效与合理。

由此，引出生态气候建筑的概念：生态建筑从自然中获取灵感，具有明确的致力于减小环境破坏并创造安康生存环境的策略。设计当代生态气候建筑基本上包括三方面：能源、健康与安全、耐久性。下面依次进行探讨。

能源的利用及其形式

建筑设计中的能源概念包括两个方面：如何有效地利用能源，以及以何种方式利用。能源的节约不仅意味着节省能源，更重要的是要在恰当的时候选择恰当的能源形式。在现代建筑中，能源通常以电能的形式，一般由国家控制其供应，可通过燃烧地下蕴藏的可燃物发电，也可以采用涡轮发电机或核反应发电；或者以气体的形式，可以采用天然气，直接来自地下蕴藏或通过燃烧地下可燃物获得。除了核能与涡轮发电，其他都依赖于地下可燃物的提取加工，这一转化处理过程会有大量的碳氢化物挥发到大气中。

就太阳能而言，在其转化利用的过程中一般都不会有污染，并且数量上也没有限制，所

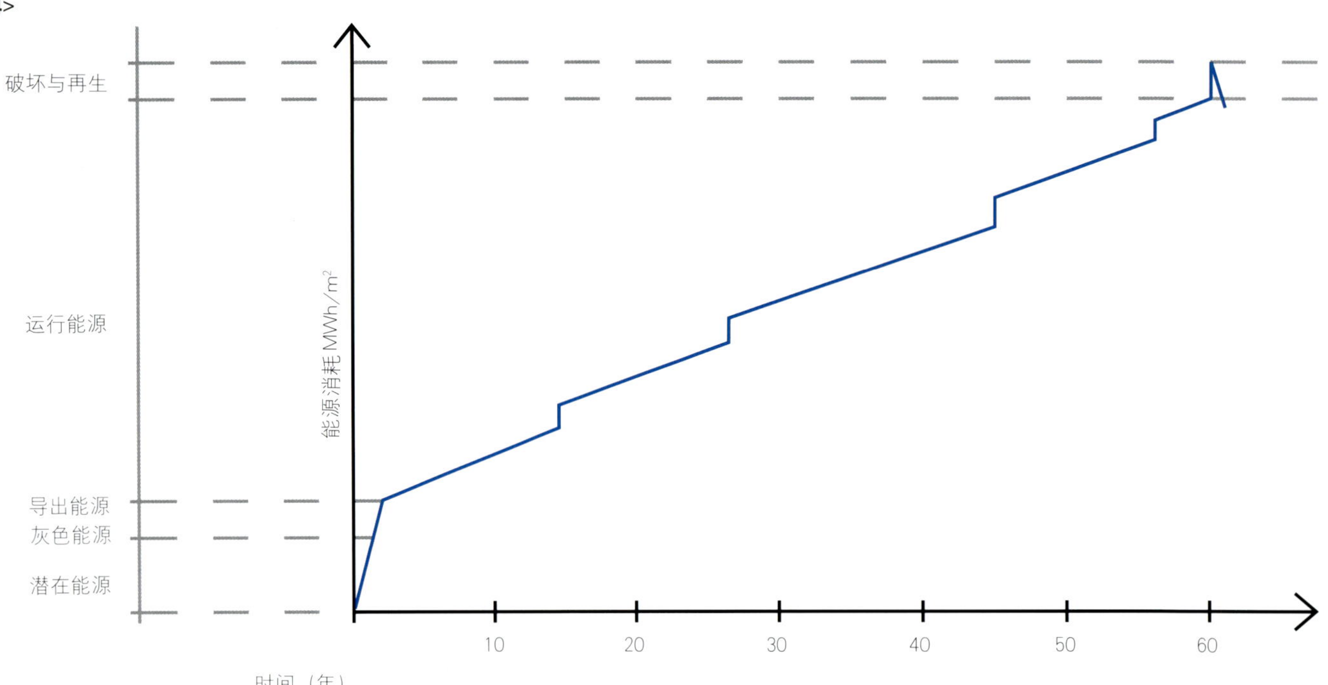

以说太阳能是可再生的资源。太阳光能直接给建筑物带来温暖，经由热收集器以热能的形式聚集在一起，而且能由细胞（光电模块组）以电的形式聚集。太阳光的天然转化物存在于生命体、风和水中，经采用人工技术，诸如燃烧植物、利用涡轮和热泵，就可以产生电力。

在建筑物的建造中，与利用能源有关的因素随地理位置、政治与经济的因素变化而变化。在瑞士，大部分地区都采用水力发电，有了本地制造业这个基础，日常的能源效率问题就不如怎样选择材料与零部件来得重要了，而进口的优质能源则用于其制造业和运输业。而在日本，其能源基本来源于进口的地下可燃物，这样在每一个阶段能源的利用方面都需要节约，以及尽量在各方面采用可再生的能源替代物。

一个建筑物在很多方面都要消耗能源，这包括：在建筑材料、零部件和体系生产中，称为"潜在能源"；在建筑材料和零部件的装配和运输到建筑地点的过程中，称为"灰色能源"；在建筑物的建造过程中，称为"导出能源"；在建筑物的运转与其居住者的设施与装修中，称为"运行能源"；建筑物在其维护、改建与最终的解体过程中也会消耗能源。一座有效利用能源的建筑物要保证在各个方面都能减少能源的消耗，因为在材料的处理与制造过程中，有效利用能源能够降低产品成本，所以从逻辑上来讲，对制造商有商业利益。可是，事实上这一结论不是那么简单。尽管在引进节约能源的措施应用于工业方面有相当的进步，但是有很多其他因素减缓了甚至有可能颠倒这一动因。投入用于新的有效利用能源的工厂和进行相应处理的资本常常不能稳定提供；减少浪费和降低污染的措施有时反而需要消耗更多的能源；工业上的能源消耗常常有一些特殊的折扣和关税，这就给人以印象是公司"非常合算"的；还有就是一些建筑供应行业的生产商，比如玻璃生产、复合墙与幕墙，需要经机器高度打磨制成漂亮、复杂的产品，这些是实现进一步装饰的关键。其他要考虑的因素是，比如使重复利用原料更为容易和有效，以及实际作用于建筑物的原材料的数量。行业的整体趋势是高效、更为程序化并且经常在制造之前和之后更多地传送能源。

当考虑采取使"潜在能源"最小化的措施时，建筑师必须估计一系列问题。首先，对建筑材料要选择能源使用少的材料。这些材料要么尽量使用其原始状态，比如石头、木材和土；要么是可重复利用的材料，比如碎砖块、混凝土、坚固的可再用的钢梁等；要么是其他处理过程中产生的废料，包括来自发电站那些研成粉末的燃料灰烬，以及芯片生产厂剩下的硅晶片。除硅外，这些材料蕴涵相当稳定的结构，而且其传统处理技术的可靠性比那些需要精确设计的复杂技术要好。

现在我们再度回到设计思路的话题上。绿色建筑运动的核心争论点是：究竟设计节俭的、满足可维持性的建筑，还是设计有创造性、耐用的建筑。这一两极化问题我们在第一章中就有介绍，而且近来在那些基于能源利用与环保的建筑设计上也有所体现。第四章的图片也显示了这两个极端，而在那些最为成功的案例我们应该能找到这两者之间细微和恰当的结合点。

"灰色能源"——材料和零部件从采集与制造地点往建筑工地的运输过程中消耗的能源。如果生产与开采本地化，则消耗最低。在没有合适的本地资源的情况下，就要仔细评估运输

04> 建筑物寿命期的能量消耗。左图所示，能源在60年的建筑生命中怎样被消耗掉。倾斜度越小，建筑的能源利用率越高。

距离和运送方式。通常情形，这种评估是相对简单直接的。

"导出能源"——用于建造建筑本身的能源，与"潜在能源"与"灰色能源"相比，它的消耗不大，因此通常也没有给予更多的重视。然而它却是一个建筑施工项目的整体管理与运作的重要环节，因而也要有效地操作，采用健康和安全的措施进行。在项目投标的时候，建筑师就应该确保施工者有一个全面的能源利用计划，这包括：避免浪费（当前有5%～10%的建筑原料都会被浪费掉），节约用水和环保地处理废料，并且建筑师也要保证在整个建造过程中使这一计划顺利执行。

这一过程，立法能够起到作用。在某些国家有关于噪声与污染的约束条例，比如噪声级限制以及规定允许施工的时间段，还有禁止在工地燃烧可燃的原料。另一些规定是关于危险废料的处理，例如石棉和近来常见的要从工地清除的瓦斯。

最后，任何一个建筑项目在选择原料和系统时，都应该均衡分析考虑这些建筑所需：在制造与处理原料与零部件时，评估"潜在能源"（通常可用信息是有限的）和"灰色能源"的消耗，其中包括原材料的确定和计算原料与零部件运送到工地的消耗的能源成本以及采取措施重复利用和使用废料。

"运行能源"是这样一种能量形式，它需要研究人员、设计师和立法人员多作考虑，是在建筑物运行期实际发生的能量消耗，这种消耗将持续到建成及可能长达几百年的使用期（由于"运行能源"这个问题很容易推及现有的有关节能与环保的建筑实践与理论模式，所以它也是个焦点问题）。

因为建筑的能源利用与当地的生态环境密切相关，所以采取的能源消耗最小化措施在各地区是不同的（请看244页附录有关措施的概要），但是基本要素还是相当一致的。多数的建筑都有季节性的取暖和降温要求，而且大多数的建筑为满足室内活动需要良好的采光效果。

设计一座生态建筑的关键在于看它是否符合"舒适的标准"，这并不像表面看上去那么简单。对于舒适的理解，人与人不一样，而且不同地域和民族之间也不一样。还有就是在建筑物中进行的活动也有影响，比如人们是坐着的多还是走动的多，以及使用者的心理因素等都会有影响。在某些情况下，比如娱乐场所和实验室，这些建筑的空间大小或其中一系列的活动对环境的要求则更为敏感，那么标准就看情况而定了。

节约能源的最有效的方式是设计建筑时，使它尽可能充分利用自然资源如太阳光、风和天然光。直接利用气候的特性产生动力而不求助于机械系统，称为"被动式太阳能设计"（Passive Solar Design）。

任何一座建筑都是由不断变化的外部环境和相对稳定的内部环境共同组成的。一座建筑需要小心权衡这两种因素，在气温过高时降低温度，同时在天气寒冷时充分利用太阳能。既保证建筑物的充分采光，但又要防止眩目、过度的太阳照射和过度的热能损失。建筑师要保证当气候过于炎热和潮湿时，保持通风；在人工供暖时，保证建筑物的密封和适当的通风。最后，建筑物内部的材料应该能够在每日空气交换周期内吸收和释放热量（夜晚与白天的温度有较大差异时），同时，又能隔热而保持热稳定。

05+05A> 办公建筑的能源使用。温和的气候下，一座成功的低耗能写字楼每平方米将消耗约70～80kW/h的能量。右图是比较英国不同类型写字楼耗能的柱状图（数据提供：BRECSU）。

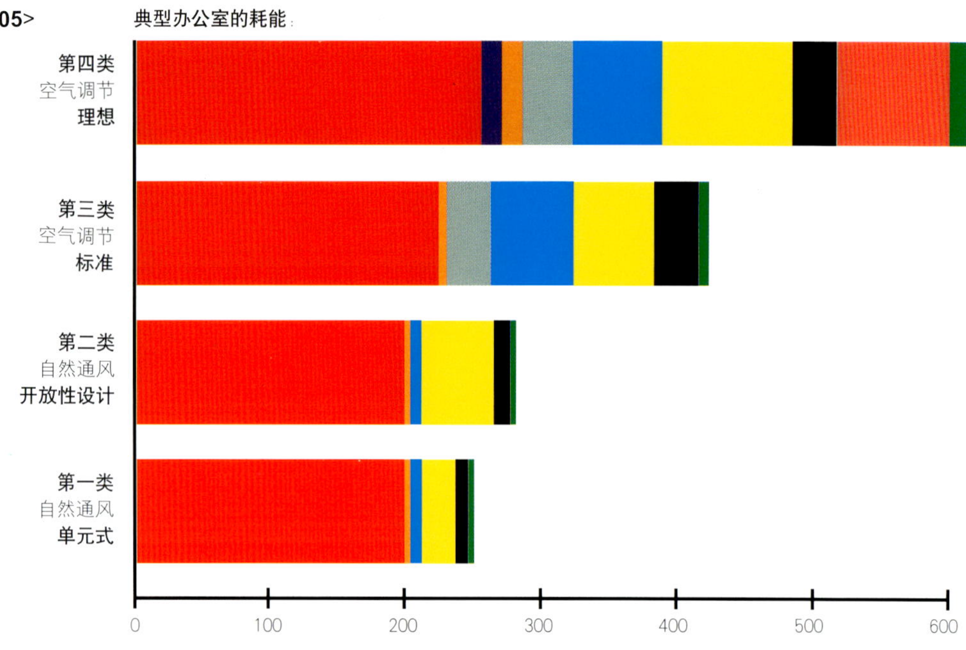

建筑师可用的办法是那些一直有效，然而却在19世纪的建筑学中普遍被忽视的办法。他们必须处理好最佳朝向；找到避光和采光的平衡点；安装窗户，打开时达到最佳效果，关闭时又足够紧密；绝缘性强；保证自由贯通的结构。他们也应该了解材料的热工性能，通过调整内部结构来减轻过度的热带来的波动影响，以及做一些加工来弥补外部环境的不足。

只有一些相关条件适当建筑物才能仅仅依靠被动式供暖和通风。当建筑物使用率高、使用密度大、处于污染的环境中或需要容纳复杂大型的活动时，就需要采用相应的积极措施来补救。采用措施的范围，根据建筑物所处环境的状况而定，主要是它的地理位置、使用和占用情况。假如一座建筑物结合了自然力的开发利用和综合使用了人工办法，那么这样的建筑物可以称之为"混合模式"建筑。所有的建筑物都需要人工照明，而大多数较大的建筑物在白天也需要一定数量的照明。那种没有空气调节装置的非家庭用建筑，最大的耗能成本就是照明。能充分利用天然光的建筑物，它们照明装置的布局与规划就是有效率的，由那些简单、稳固和容易操作的控制件组成，由此，在能源有效利用方面就已经迈出了重要的一步。

许多大型建筑在人工降温方面会需要增大自然通风和蒸发的效果。最简便的方式是：在整栋建筑物里布置风扇来保证在无风和燥热的天气里满足通风和空气流通的需要。然而，自然通风和风扇的作用仅仅能使空气流通，不能起到冷却的作用，要达到冷却的效果必须使空气蒸发。要想使建筑物温度明显降低，空气则必将穿过更冷物体的表面。一旦内部温度比外部温度低，那它就非常宝贵了，因为为了达到这样的效果，就要消耗相当多的能源和费用。实现这一功能，保持温度在一定水平，则不能有任何泄漏。因此，那些具有人工制冷功能的建筑物，必须是密闭的。密闭的环境使温度、湿度和空气质量完全依赖于一个机械的系统，这个系统职能的执行依赖于维护、控制与管理。任一环节的不足，都可能导致居住者的不适和工作上的不利，而最终可能使人得病。

不采用人工降温，并不意味着能源消耗就有效率、环境设计就合理了。这意味着人工降温的使用在一定程度上是重要的。引入辅助的降温办法可以采用一些对环境敏感的措施，这包括用能够吸收热量的纺织品以保持夜晚的凉爽；空气循环降温；完全依靠机械制造周围空气的流动来降温；利用自然的降温功能比如蓄水池、湖泊和海洋。

当我们在考虑一定气候条件下建筑物的能量消耗时，我们通常首先会想到怎样供热。在使用炉子的时代，火炉不仅是热源而且是通风器，因为大量的暖空气都通过烟囱散失了，而冷空气则由室外进入室内。靠近炉火的地方辐射热很强烈，而远离炉火的地方则很不舒适。随着"集中"供热系统的产生，所有地方的供热量都会很接近，而且达到一种较为舒适的状态。在冬季，热量扩散至房屋的每个角落。然而，热量维持的概念是指相对缓慢地分配热量。

一座建筑物的保温效果好是说它能够保证最小限度的能量失散，它的供暖系统可以说是很经济的。必须具有供暖系统，比如一些商业建筑在工作日需要提供此类服务，而其他时间，只有当热量逐渐散失时，才加以补足。

如同夏季需要降温，在冬季供暖也意味着良好的密封性，密封性好的建筑物在窗户周围

05A>

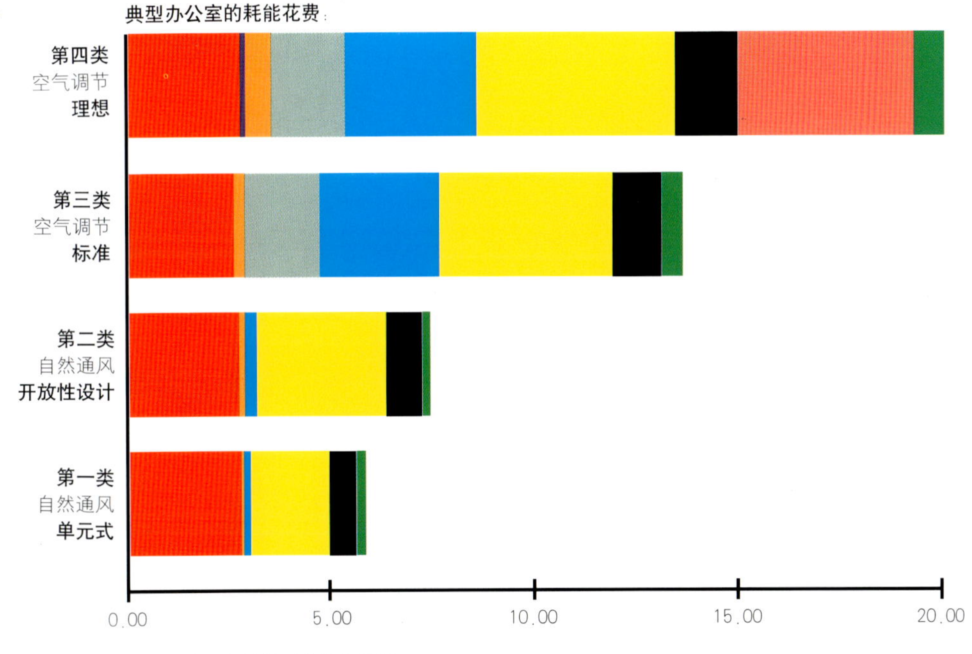

有双重的密封，不仅保证气流的运动，还要有通风的构造。这种高度保温的建筑，需要采用一些外部空气流通的方法，理想的状态是能够保证在建筑物内部流通之前忽略一个热源。对建筑师的考验在于当通风不良，空气变得污浊而且远远不能满足供暖系统时，如何提供新鲜空气。

再来看看不同形式的能源利用和消耗最小化的方法。一整座建筑从最初的构想、设计到实施都需要考虑怎样保证能源的高利用率。看看那些能够反复使用的能源，如太阳，形容词"被动的"(passive)，用于解释"被动式太阳能设计"的概念，实际上有些误导。它只是描述一种建筑设计的方法，通过对建筑元素（构件）的静态处理，由当地的气候因素产生能源动力。当建筑物通过采用机电法获得了与"被动"相同或相似的效果，则是"主动"形式。

有时有人认为采用"被动式太阳能设计"的建筑物肯定要比"主动"(active)的还要主动。所谓"主动"的建筑，一般由内部变化的建筑物外壳构成，内部包含由预先安排好的提供舒适服务的装置（尽管部分是可移动的部件）。一般说来，这类建筑仅有的"主动"因素，就是该建筑经营者日益迫切地想尝试让使用者觉得各方面都舒适，包括人各种喜怒哀乐的状况都可以得到缓解。

"被动式太阳能"（被动利用太阳能）或者生态气候建筑不是材料和部件的简单静态的组装。它至少必须具有仿生和有机（mimic，the attributes of an organism）的性能。与那些完全依靠电力和机械工程师娴熟的技巧保证其运转的建筑不同，生态气候建筑中所用的结构应该能够不断地加以调整。由于建筑物的使用依赖于当地的气候，所以也必须适应气候的变化。如同所有的建筑一样，生态气候建筑也必须满足使用者需求的不断变化，并且在一定范围内满足将来可能的需求。但是，不像那些电力机械驱动的建筑，生态气候建筑必须在没有复杂的人工装置配备下能完成所有功能，而且要不断反复地运作。它必须适应温度、阳光和气流速度的瞬间、每天和季节的变化。它还必须适应某些特殊情况发生时减少使用和其他情形的增大使用。考虑到内部分区和服务的偶然变化，还有更频繁的重置、替换、添加供暖设备。一幢具有令人满意的密封和空气调节的建筑，是依靠不断地调整其系统和装置，而生态气候建筑则依靠不断调整其外围护结构。混合模式的建筑二者兼有。实质上，围护结构的调整意思是指建筑墙面约四分之一的部分必须能够开和关，三分之一的部分都能够引入不间断的阳光，三分之一的部分在某时刻允许日照，而其他时刻被遮蔽且程度不一，并且这还不能影响到外观效果。

这种方法，包括调整机器设备的输出，以及调整建筑的外围护结构，能够加强建筑物立面和顶部的效果，——这种效果受制于幕墙因素和初次安置的内部设备对屋顶的要求。此外，该办法还迫使（并非完全认可）那些外围护结构组成部分的制造商，开发出新产品（特别设计的玻璃窗和特别的窗户开启法）来满足可变的调整和实现多功能化。玻璃制造商为此已经作出了相当的改良，制造出的产品不仅保持透光，而且保证热绝缘、控制光线和与不同的具体操作进行同步调整。目前有迹象表明：窗户制造商不仅已经生产那种用于观望和通风的窗户，而且正在生产能够与特定环境兼容的组件

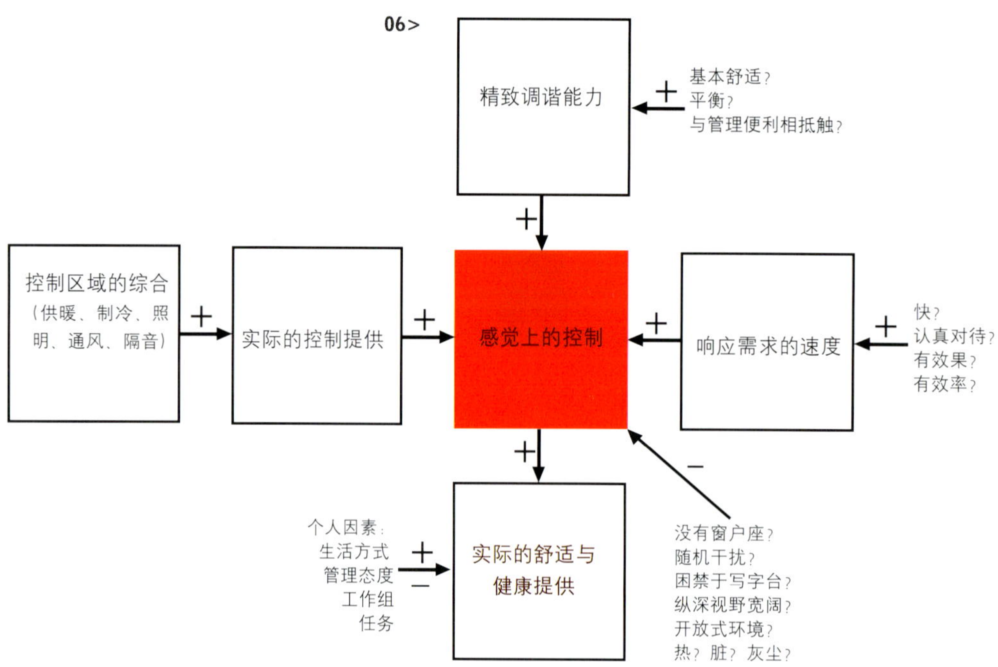

体系。这包括控制日光增强日照；保证在窗户和户外之间有效的构造接口，——采用这种产品是由建筑物的立面朝向、立面结构、建筑的使用和项目预算决定的。

为了适应气象条件和运营模式的变化，建筑的构造和服务体系的调整可以适应气候变化的，甚至是针对变化的预测而作出的。如果做到了这一点，那么就可以称之为“智能”（intelligent）建筑。这一构想不必费力控制使用者或经营者的相反行为，而是能引导建筑达到一个经验的控制水平，这就像在当前为很多人所喜欢驾驶的汽车，整个车辆操作控制的关键实际上是完全自动的，定期由专家进行维护。而直接影响到驾驶者的舒适和健康的因素如空调、音响系统、顶棚可开合的孔、座位、方向盘的配置，每个功能排列，都可以按意愿控制、精确地调整和预先设计好。

当许多以自制产品或系统形式的开发有可能在2000年的建筑中应用时，建筑与汽车的类比就不能成立了。这不仅因为汽车行业和建筑行业在财务结构方面有差异，并且其报废和置换周期也有明显不同。当汽车旧了、车型不流行了，会被卖掉或当垃圾扔掉，可大多数建筑物经过改造、变化、重新装修、粉刷，会更为耐用。汽车只是个消费品，而住宅则是家。事实上，有大量的证据表明人们更为寻求个人对自己住所的管理，对待机器的操纵更为宽容，只要大致定位则可，无需太精确。

当就要发生一些改变时，这包括集中在设备间的建筑管理控制，以及覆盖在建筑周边部分的控制，设计者和用户可以有一个选择：自动中心控制或使用者的控制。大多数生态气候建筑的成功案例是采用两者兼顾的策略。

有些情形下，装有常规密封措施的空调建筑，会造成部分使用者工作和生活的不舒适，因为他们会有种与世隔绝的感觉。如果是写字楼，使用者基本上是坐着，并且他们的工作常常是重复而琐碎的。他们无法使所处空间更为舒适。久坐、不断地日常作业和缺乏个体对环境的决定性连在一起，这促使一个相对舒适的条件将不能为人们所忽视。那些研究能源利用和使用行为的先驱比尔·鲍德斯（Bill Bordass）、安德伦·范新伯（Adrien Fainsilbèr）和斯蒂文·威利斯（Steve Willis），他们指出现代控制与能源管理系统有能力使人增加舒适感，并且能同时降低能源消耗（《用于建筑的控制策略：用户的角色》，1994年）。然而当前有证据表明：完全的自动化控制也并非完整的答案。具有高级控制系统的建筑有时也不能避免服务运行中的不必要浪费，也可能影响建筑管理的效率。

教科书和一些手册中说，设计、安装建筑服务控制只要达到一种规定的运行水平就行了，但是建筑物运营的方式则需要从一个更广、更有经验的角度来看。要考虑到控件应用的环境，不同类型控件同步运行时的相互作用，还要考虑到使用者可能会对建筑物作的那些调整。

这一问题的核心在于对个人舒适感与方便性的考虑。对一个建筑师来说，一个不好的设计就有可能使其声名狼藉，因为用户对舒适的要求会变来变去，而舒适的定义也随着季节和个人因素的影响而变化。后面这个因素在生态气候建筑中表现得特别明显。“舒适”的最佳定义是“少有不适”，然而，有趣的是建筑设计师更倾向于直接传达“舒适”，而不是尽快减轻不适。建筑使用者通常只有在觉得特别不适的时

07

06>建筑物内部舒适度与对使用者提供的设施。威廉·博达斯协会的比尔·博达斯（Bill Bordass）和阿迪安·理曼建筑用户研究有限公司所作的研究认为：建筑物对人生理和心理的影响与他们的感觉能够控制自我舒适的程度。图表显示了属于这种感觉的一些组成部分。

07>公共图书馆，西班牙巴塞罗那的Pompeu Fabra，Mataro，1997年米格尔·布鲁雷特设计（Miguel Brullet I Tenas）。在建筑的南立面和屋顶有光电组。目标是从太阳能整体系统、节约能源、良好的舒适感觉、自然照明和美感之中寻找一种恰到好处的平衡。光电板和天窗将提供约每年15MW/hr，超过了图书馆的能源需求。由于采用光电组，建筑的热量需求将减轻了约30%。

候才会采取行动，但是如果采取的行动没有得到回应，他们则会很快提出抗议。有调查显示能提供有效设施的建筑在履行其职责时远比那些没有设施的建筑有更大的舒适承受力。一部分原因是物理上的——人们能够通过调整自己的位置、选择最佳的环境和穿着等等来适应环境。另一部分原因是心理上的。我们可以调整自己以适应我们所在空间环境的质量水平，这样一个认识使我们陷入"被管理"的状态中。那些看不见的令人讨厌的"老大哥"的存在也就不是一个问题了。对建筑满足成了每个使用者的义务——如果它在夏天变得很热，则夏天就是这样。

成功的有效利用能源的建筑设计者必须仔细考虑建筑运营的设施方案，他们应该保证控制"通风"、"供暖"、日照、"阳光"和"人工照明"，与整个建筑的全部能源和运行策略相一致。他们确保维持空气质量，热天通风路径明确；下雨时顶灯关闭（roof lights close）；晚上（基本没人时）通风管道能保证安全；人工照明设施不被滥用。设计者尽可能地保证独立体系的设备之间不会产生相互作用，而且默认情况下是有效的能源利用模式。设计者以这种方式来设计系统的，在既定的环境下最易采用最有效控制（在同样条件下，低效率控制很难采用），并且所有控制都会有非常清楚而明显的效果。

建筑管理者是指那些真正懂得建筑运行、获得舒适及能源策略原则的人。他能够使设备的生产与使用的需求紧密联系起来，而且确保那些需求能够满足到适当的水平，他还是一位有关使用者人身安置问题的顾问、指导者。可如果这部分做得不好，经过良好设计的建筑也难令人满意。

有关能源资源的问题不是本书的范围。然而，那些依靠太阳而获得和产生能源的地方，将会对那里的建筑设计产生的影响。对太阳能的最广泛的定义在于两个方面：可恢复和可再生。其中可恢复包含：太阳能的转换，或者太阳光的自然作用，经过技术处理转化为电能。这类发电包括光电系统、热聚风力和水利发电，以及潮汐能源。当然，可恢复的形式也包括：太阳能的直接利用而没有任何中间技术的使用（除了加强之外），例如太阳光使得建筑物的内部亮起来。

一般来讲，最大效益的发电模式就是光电系统了。这种处理将太阳能直接转化为电能。在用于建筑的光电技术产生之前，能够利用太阳能的发电是依靠"涡轮"。可是，尽管涡轮发电有巨大的潜力，但随着成本的降低，光电系统转换效率的提高，能源消耗最小化的工作还没有结束，光电系统仍然还有一段不短的路要走。

可再生的太阳能包括那些再生的未加工原料形式的生物体，例如木材或农作物废料，它们通过燃烧能够变成有用的能量——这可以是燃烧木材获得热量，或者植被气化分解获得沼气的。燃烧产生的二氧化碳可以通过植树经光合作用得到补偿。能源利用的平衡将随着用于产生能量的植被再生而变化着。一片种植向日葵的田地，一年之后将可以补偿消耗这些向日葵的油的代价（假定每年都种植），而如果用整片森林的树木作为木材，将需要50年的时间才能弥补。但是到那时候，其结果却是相同的。

可再生形式的太阳能一般不发生在原地，因此，建筑师在设计低耗能建筑时应该多考虑太阳能的再生形式和热辐射的被动式使用。

健康

据世界卫生组织1961年给出的关于健康的定义——一种完全意义上的身心健康和社会安全感，这一概念要远远超过"不得病"的说法。因为生活环境与工作环境对一个人的健康有重要的影响，这个广义的健康概念与建筑设计的目的和目标有特别的关系。建筑在提供了庇护与安全之后，提出了舒适的概念，舒适与健康同义，而且研究"病态建筑"是研究不舒适的环境和产生疾病之间的关联。

杰·米切尔（J. Mitchell）在他1984年的书——《疾病和健康将做什么》(《What is to be Done about Illness and Health》) 中提出了7个健康生活的特点：清洁和安全的环境；有时间休闲娱乐；合理的生活；没有长期忧虑；对未来的期待；一定的程度自信与自治；有一份有意义和能胜任的工作。

很明显，这些需求中大部分受社会的整体影响，但不难推断出物质设施和建筑环境在其中起的作用。在工业革命以前，针对健康的建筑设计基本上凭着常识和传统经验来做。糟糕的排水系统对健康的影响很容易被人感觉到，良好的光照以及通风的益处也显而易见。

在19世纪，伤寒之类的疾病曾席卷萌芽中的工业城镇，给家庭带来了疾病、不好的居住环境、污染水和不良的卫生设施。公众健康的概念随立法而建立起来。

现在加速技术革新造就的健康反映出那些工业时代的例子。我们很好地消除了一些由于工作因素患上的疾病（比如：由于接触石棉患的间皮瘤、管工中毒等），还有直接因为不良的设计、规划或服务造成的疾病（例如：肠道或呼吸系统问题），但同时我们现在又面临着许多更糟的病症。这些是由于更为复杂的社会关系和化学的发展。我们目前出现的疾病很大程度是因为建筑造成的。这些疾病的产生可能是因为难以预料和未能深入地了解建筑设计与规范，比如1976年首次发现的美国退伍军人的一种疾病是由于从空调的冷却塔中喷射出的已污染的细小飞沫所致。

这类疾病与人们在建筑中的工作环境或其他活动的社会与心理因素有关。一个例子是"病态建筑综合症"，它是由于建筑设计、建筑材料选择上的不适当，以及使人不适的工作环境造成的。例如，一个建筑物每层都设计的进深很大，不容易看到整层，环境也难于得到即时控制；完工后室内的装饰和设备散发出有害的气体；在这里的工作可能多是重复性的，长久坐着盯着显示屏，这种状态不利于健康，而且也不适于创造一个高产的和有活力的工作氛围。另一方面，一个建筑物也可能对其中的使用者来说没有多大的危害，但却会产生全球范围的健康危机。目前已经确认的事实是——氯氟碳化物和其他由于人为化学反应会破坏臭氧层的保护作用，由此会导致皮肤癌及其他放射性物质造成的疾病。

正如我们已经看到的生态设计的发展，最初起源于保护燃料与保护环境的需求。幸运的是为这一目的所倡导的方法是一些可以使建筑利于健康并使其成为生活、工作和娱乐的适宜场所的手段。保存能源需要控制的阳光、良好的照明、天然的通风、个性化控制和属于潜在能源（embodied energy）的材料，这些对健康都有促进作用。

整个地球的健康与居住者的健康有本质的联系，特别是在建筑工业中，这包括生产用于建筑的产品、建筑物的建造或使用。一个有成就的生态气候建筑设计师对这两方面都应该考虑到，但是，就我们关于健康的定义来看，仅仅建造一座能有效利用能源、避免采用危害健康的设备材料和构件的建筑是不够的。设计师必须发现连接使用者和建筑、建筑和装备的难以捉摸的特性；找出一种东西，能够使使用者感到建筑本身或其中的一部分可以带给他们"特别"的、和谐、有序、清晰而公正的感觉。这就是健康在精神意义上的延伸，然而要做到此却需要依靠经验。不仅包括外在的健康，还有内在的。

这种"正确"的感觉几乎很难控制，但是当遇到的时候也就明白了。美国建筑师斯蒂芬·霍尔称其为在场地与建筑"锚固"之间的动态关系。霍尔说场地不仅是概念的一部分，而且是一个非常重要的基础："要决定场地与建筑物的功能方面的问题，街景、太阳的角度、循环系统和路口，这些都是需要'建筑哲学'(metaphysics)的'物理学'。更进一步来看，一座建筑不仅是对环境的一种装饰，建筑通过与环境的融合超越了物质上的和功能上的需求"(《锚》,[Anchoring]，1989年)。在加利福尼亚州的拉霍拉（La Jolla），路易斯·康的Salk协会(1959～1965年)，一天中有一段时间太阳反射着大海同反射着中央庭院水池里的水融合起来，大海与庭院通过太阳光对水的反射而融合起来了；建筑与自然也由此紧密结合在一起。

面向可持续发展的未来

我们已经考虑了能源在建筑上的利用，以及对建筑设计有影响的能源的来源；我们也看到了对健康的影响，并且也将它们放入相对脆弱的全球生态系统的环境中。最后这部分，从全世界工业与经济发展的长远角度来检验建筑，看看在不破坏地球的前提下如何持续发展。

各国政府已经逐渐采取了一些环境方面的措施，有效地减少了一些不利因素。许多年前有少数人指出有相当多的行为本身就有危害，而迄今为止这些行为已经解决了许多。随着时间的推移，在工业化国家已经得到了大多数人的支持（当然并非行政上的）。

在20世纪六七十年代，政治家们遭遇到选民的压力和来自科学家的诸多证据，从而最终确认要采取必要的措施。1992年在里约热内卢召开的全球政府首脑会议上，达成共识的工业化国家承诺到2000年减轻"温室效应"，并决定在1997年于日本东京再召开一次会议，看看污染程度是否真的有所减轻。到目前为止，甚至1992年的承诺也几乎不能完成，这种状况是由许多原因造成的。发达国家的政府是由一些商业团体支持的，因为不能及时接受这种突然的变化，还有可能会影响到他们的投资回报和有关计划的执行；而发展中国家却认为：有关环境的立法将明显地增加其工业发展的额外成本，他们不会接受这种约束，因为西方发达国家长时间是自由发展的；对于不发达国家来说，他们更重要的问题是生存，这意味着会采取任何可能的手段。

为了尽可能减小和限制损害，出现了劝说与威逼的情景。但是环境和生态无法在这些零碎投机的措施中得救。正如许多人所说的，为了保护地球和人们的健康，必须采取所有可能的、与全球的生存息息相关的步骤（事实上这

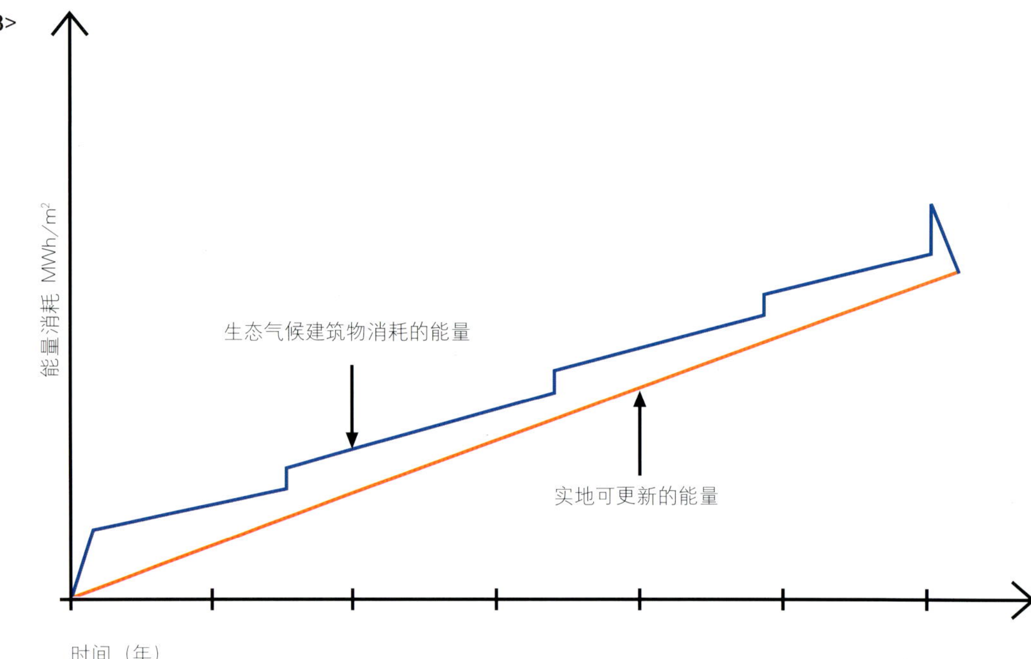

也是里约热内卢会议的主旨所在）。1988年布鲁特兰（Brundtland）报告中定义"可持续性"是指"在不损害后代需求的前提下满足当前的需求"。报告指出，以任何程度消耗资源的世界，应以一种方式或其他方式引入新的、有相似价值和用途的资源。

布鲁特兰的定义是一种跨越所有学科的协作需求，包括政治、经济、计划和教育，并且是全球的协作；它还是一种非商业的体系，其中资源的利用必须得到补偿；它又是一个时间函数。对于建筑工业来说，这个定义是存有疑问的。

目前有个共识，许多资源一旦被认为是无限的，那么在10年内它就会由于无节制地开采而变得枯竭，整个世界的人类行为会造成无法挽回的经济与生态的退化（这种状态还在继续）。面对这些事实，国际协会定义了可持续发展原则。他们认为可持续性能够作用于任一层面，包括从家庭扩展至本地社区、城镇到国家、大洲到整个地球。假若一个社会刚刚起步，那么似乎这是一个能够实现的建议；然而我们的社会继承了多样的、各异的行为特性，那么可持续发展之路，至少就其开端而言将被组合成为一个零碎的形式。

当前全球经济呈保护状态，在一个社会和经济互通的环境下，我们的生活方式中有相当部分没有那种能自我维持的社团，这并不意味着本地社团不会以某种方式维系，也不是说社团不会给当地政府施加一些压力以求发展，而是说没能从领导层直接施加影响。这不仅涉及国际组织与国内政府，特别是那些跨国企业，由于他们远比大多数政府难于追究责任，所以他们的合作更难以保证。

类似地，建筑行业中，设计师、供应商、制造商和承包人都应该建立和遵循、维系这些原则，并且这些原则应该是被行业认同的。然而，假如其他行业（如农业和运输业）不这样做，那么这一方式的推行也不会很有效。如果建筑行业发现在全球的运营不包括和不能扮演维持全球可持续性的角色，那么它也会降低目标。

这是布鲁特兰定义中不适当的部分。在具体建造每个建筑时，每种满足复杂的商业或社会功能的尝试，能够极为恰当地平衡可持续发展的得失，在设计时实在是很难操作的。因此，建筑行业对可持续性的再定义，可能照这样的思路："不仅满足当前的需求，同时要考虑到后代的需求，以此作为环境开发的结果。"

这种解释认可了能源的开发利用，甚至可以大量使用那些可重复利用的或在任何时间都会足够存在的资源。同时也认可了地球明确能承受的资源消耗与污染的程度。这并不是说每种情形都必须保持一致，而是认可发展暗含着行业内外的非商业行为。除了把地球作为一个整体这个意义外，并没有自给和自治的含义。

建筑行业的挑战就在于如何量化和估计这些问题。为此，首先就要明确目标；确定和列举出不同的建筑对环境的影响类型；然后安排出具体的实施步骤。其中，有必要了解保证可持续性的科学原则——熵的特性、模式、影响的方式和范围、因果关系，以及分派货币或其他影响当前及后代的价值，还要解释建筑物及其部件的生命周期。

这一过程本身就是复杂的，而且继承了科学与方法论的不确定性。此外，由于游说利益团体及商业与政治上的隐秘性，更增加了其复杂性。由此，很难去正视和实行强硬措施来推

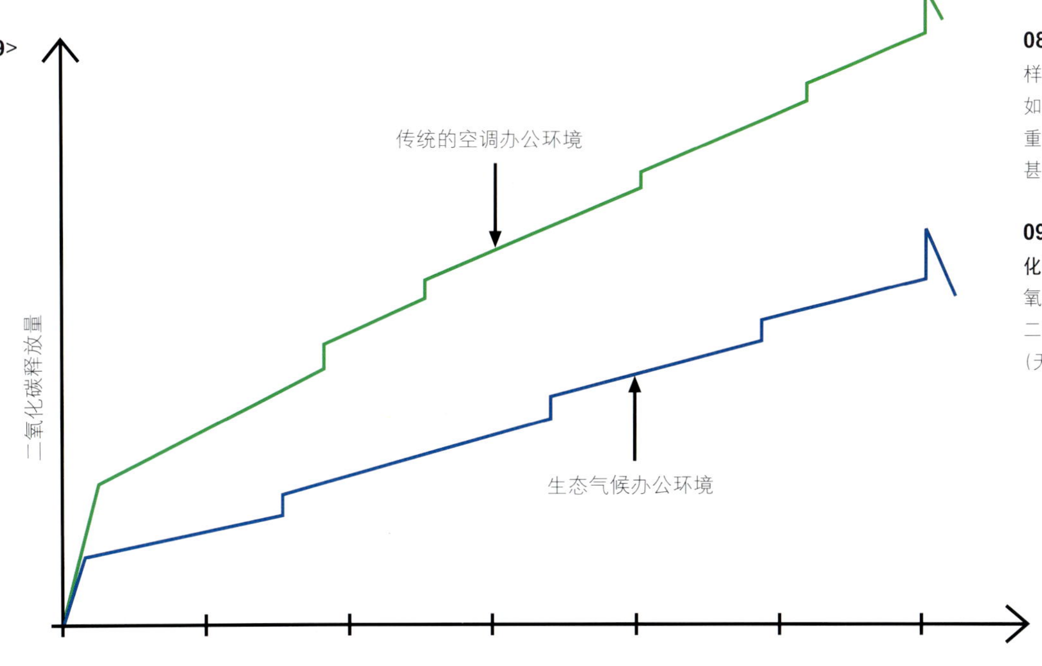

08>零能源消耗的描述。可持续建筑（能源词汇）是这样的：能打破其生命期或者在能源消耗方面值得信赖。如果建筑的设计采用能源消耗最小化策略，并且采用可重复使用的能源，（比如光电站）来满足在建筑生命期甚至更长时间的能量需求。

09>办公室浪费能源与有效利用能源两种情况下二氧化碳的浓度图。在传统空气调节的办公环境下产生的二氧化碳浓度要比生态气候学办公环境下高出5～6倍。二氧化碳的产生与主要的能源消耗及所用燃料的类型（天然气和电力）直接相关。

动一种综合性国际范围的大规模运动。也许，短期内我们所能期待的最好情况是通过国际协调和立法来减轻全球性破坏的最直接和最危险的因素；通过国家控制和立法来减轻国家和地区的威胁因素；鼓励相关团体参与可持续发展；以“好的示范”来引导他们正确实施。即便这样，也不可能完全制止我们当前所面临的环境破坏。

这样的措施可能会使个别建筑师觉得无能为力，但通过个别的行为和环保运动也能够有些促进作用。每项已经开展的可持续性研究都强调了能源利用的关键性影响。如果这一领域在相对短期的范围内有较为满意的处理方式，剩下的大部分就都能够解决了。能源的使用在制造业和加工业都被看作是最关键的部分。用于建造一所建筑的能源消耗是其生命期内运行能源消耗的大约20%，这说明了减少运行能源的重要性。但是当前建造建筑物过程中的能源消耗（潜在能源）问题已经扩大了——在某个时期，跨国特别是环太平洋地区的建筑已经达到顶峰，而采取措施减轻来自电站的污染和二氧化碳、以及采取措施采用可恢复的能源却还在萌芽期。另一方面，运行能源已经扩展为长期行为，而且被希望在整个周期的能源开发上使用更好的形式。因此，我们努力制止环境破坏和采用可持续措施的决定性因素，就是在建造环节的能源消耗。这个过程对于主要产品的生命周期是固定的（经受了维护和改变）。

那么，我们应该怎样为可持续发展的未来做设计呢？二氧化碳是产生电能的直接结果，由此也是能源消耗。图09表明一所寿命60年的办公建筑，传统空调的办公环境相较于“最优方法”、自然通风、有意识能源控制的办公环境来说，二氧化碳的释放不同。很明显，后者就要比前者有了相当的进步，但是后者仅仅达到了减小图中角度的作用，而不是完全的平直。要想达到一种零能源的效果（或者说更现实地说接近能源零消耗的状态），就必须从事能源产生方面的研究。这意味着从石化燃烧能源到太阳能的快速转化。

本章结束时重申章节伊始提出的我们的未来解决方案就在于太阳。利用动力产生的能源使我们觉得相对舒适，我们指望地球来适应我们居住需求的变化速度。然而，在地球面前我们终于屈服于一个事实，即它的宽容不能使我们逃脱惩罚。必须在国际范围内实行相应的行政措施，对社会的期望和估价产生显著的变化，使得居住在地球的所有居民拥有一种真实而持续的健康感觉。建筑师应该在其中起关键的作用。作为建筑流程的领导者，以及这个流程与承包商之间的承接者，通过他们的设计，影响、吸引和论证建筑业的可持续发展道路。

∧
01

01> 草原住宅（1961），位于俄克拉荷马州的诺曼，何卜·格尼设计。

伊朗国王沙哈（Shah）的去世带给国内一片骚乱之际，1979年6月28日石油输出国家组织各成员国聚会于日内瓦城，将石油价格提升15%，这是紧随两月之前价格上涨14%之后的又一举措。伴随那些依靠中东供油的国家中出现定量分配汽油以及在加油站外排队的现象，又一轮石油危机到来了。

由于不断瓜分丰富的资源，最终导致许多政府和公众陷入极度的脆弱状态，而能源最为匮乏的国家来自于那些穷困的第三世界国家。人们不仅意识到相关的环境问题，而且通过我们的日常生活受到有限能源供应的巨大影响这一现实，最终节约能源意识深深扎根于人们的心中。

1981年，危机最终过去之后，石油输出国组织的各成员国也被迫降低了油价，同时西方各政府为确保不再因石油危机而遭受勒索，也相应采取了一些措施。其中一个方法是采取替代方式对能源进行再利用。据此，国际能源代理处（IEA）（该机构由经济合作与发展组织[OECD]中的各成员国组成，于早期石油危机后的1974年成立）提出了一系列的“任务”去研究、发展和增加各种能源的替代品。

西方国家因现实的或可察觉到的来自石油供给方面的威胁而受到警告，这并不是第一次了。1965年的苏伊士危机促使英国及其他欧洲国家开始了一项原子能计划，而以色列与阿拉伯国家之间的不断冲突又进一步加速了这一计划。然而，1979年的危机使社会各界更加关注因科技发展而对能量需求呈指数级增长这一后果，会对地球生态甚至生存造成何种影响。

1962年，随着理查尔·卡森（Rachel Carson）《沉寂的春天》一书出版之后，大多数评论家热衷于将“绿色敏感性的出现”作为争论的焦点。卡森是加利福尼亚的一名生物学家，他认为人类无情的扩张及发展对大自然造成了无可挽回的影响。由于该书的出版，一种以商业命名的产品——DDT立即被诉诸法庭。在该书中，卡森指出DDT这种化学药品是造成美国郊区知更鸟以及其他鸣鸟急剧下降的明显原因。也正因这一控诉，至1980年几乎所有地区都禁用DDT（印度是一例外），但同时其他有害的化学物又得以使用。卡森的声明激起了其他地区人们的觉醒，例如，美国在侵占越南时引入的大量科技，不仅是其在越南不道德行为的见证，更使越南人民意识到科学技术也是厄运与毁灭的先兆。

1968年，“阿波罗”号火箭的发射及其在太空中所拍摄的地球照片，从某种程度反驳了这种对科学技术的消极观点。这些图片改变了我们对行星的理解，地球就像一个太空船，在一定距离观之，地球所呈现的蓝色、白色、绿色、黄色构成一种令人神魂颠倒的美。六七十年代，人们对越南的遭遇与太空探险事件的思考，引发起寻求另一种替代品的文化。许多科学家、人类学者和社会学家开始对传统社会的价值观提出质疑。一些思想家如克劳德（Claude）、利瓦伊·施特劳斯（Levi - Strauss）、E. F. Schumacherl、伊凡·伊利驰（Ivan Illich）、Fritjof Capra、詹姆斯·拉乌劳克（James Lovelock）等也对环境系统及科技产品的传统论断发起挑战。

1969年的夏天，大约50万年轻人聚集在纽约州伍德斯塔克（Woodstock）的马克斯·亚格（MaxYazgur）农场进行朝拜。他们在那儿扎营，并仰面漂浮在海浪中。越南、毒品、新科技以及远古的精神象征，所有的一切冲击着年轻的一代，使他们远离了追求财富和享受，而去寻求一种体验。在建筑领域，却产生了不可思议的结果，就

02

如同将手织物和纺织品合为一体。

美国最早是一片荒野，一群移民者移居到此（至少美国人潜意识如此认为），伍德斯塔克（Woodstock）的后代们沿袭其祖先的生活方式，在半沙漠和森林地区建立住区，从而远远避开"文明"社会。模式书是一种再现，给予能力有限、财产匮乏的人们很大帮助。像出版物《圆屋顶书》（The Dome Book，1971年），该书是印刷在粗糙的再生纸上的，成为许多自力更生的社会群体的技术手册。这本书是富勒先进的圆屋顶技术与原始的印第安人圆锥帐篷和游牧民族圆顶帐篷的融合。泥土、帆布以及木材等传统的原材料后来也同泡沫、金属板、废弃车辆的零件等一起投入生产。这也是公司联盟反主流文化的早期迹象。例如，喜力（Heineken）生产出正方形啤酒瓶WOBOL（World Bottle），当啤酒喝完后，啤酒瓶就可用水泥接合起来作为建筑用砖（这是玻璃瓶被更有效地回收利用之前期所采用的方法）。

在一两个例子中，这些有选择性的社区为它们的居住者提供了更大胆的设想。意大利出生的建筑师及梦想家保罗·索勒瑞（Paolo Soleri）曾在亚利桑那州（美国西南部）的沙漠地区建了一个车间并完成了对沙漠城市的构想，同时在志愿者的帮助下，在部分地区建立了一个多层次、有机化构思的沙漠城市，这在第一章节查科峡谷（Chaco Canyon）的描述中已提到过。

然而，激进的新一代城市生态学者所提出的观点，在世界上人口密集的地方更为流行。欧洲的建筑学校及日本的建筑工作室分别创造出了风格各异的城市原型，在这些方案中，新技术并没有用来实现一个喜好田园生活者的梦想——恢复自给自足的和谐的社会生活，而是成为建筑学院一些派系的老师和学生提出的野心勃勃而又充满幻想的建议的理由。因为他们看到在航空航天、汽车行业等领域技术的发展极为迅速，而控制论及媒体等也提出了令人敬畏的产品革新的观念，这些观念很容易应用于城市社会。举例来说，重复而又不灵活的大规模生产方式，已面临着引进易于操作、计算机程序管理的生产线的挑战。现在的生产商（某些行业）能够以具有竞争力的价格向消费者预售商品，而非过去那样以现有的需求量及未来项目去决定产品的外观、生产过程及成本。

战后这些新的技术及新的观念的出现，对那些能够观察和预测主要行业的发展事态以及那些希望打破社会条条框框和建筑的拘泥性的人来说，具有难以抗拒的吸引力，其中一个观念就是建立智能大厦，甚至是可遥控的。而勒·柯布西耶关于现代住宅的格言被伦敦建筑协会的成员从文字表面解释为"人居住的机器"。《步行城市》（1964年）提出一系列庞大的、设备齐全且可移动的房屋的构想，其构思来源于昆虫的生活方式以及机器发展的启迪，即人们可随意地在城市中"漫游"。在这种设想中，人们应是自治的，但同时又可相互交换"居住工具"以补充各自的所需。由此，城市中人们相互间稳定、微妙、多层次的关系逐渐消失了，取而代之的是人们居住在可移动的交通工具中，欣赏更为精彩多样的景观。这种观念中的"可移动的家"其实类似于今天那些业务繁忙的高级管理者的汽车。

与欧洲相比，日本居住环境拥挤的问题更为严重。一些具有实际意义的解决方案被提出，新陈代谢派设想"超级城市"（mega-city），例如菊竹清训的海上城市，由持久稳固的地下基础和临时的、相互变换的使用空间组成。其他诸如矶崎新（1960年）提出的太空城市概念、黑川纪章

03

02> 阿尔黑塞提（1970年），位于美国亚利桑那州的沙漠之城，保罗·索勒瑞（Paolo Soleri）设计

03> 步行城市（Walking City 1964），阿契格兰姆集团（Archigram Group）设计

（1961年）的螺旋工程的设想等，都给人们创造出一种高密度、高消费、高速发展的未来社会的景象。但这些设想从未实现过，它们只是被作为建筑文档而束之高阁于建筑图书馆中，即使一些新成立的首都如阿布扎比、堪培拉、巴西利亚、达卡等也拒绝采用这种暂时性的、动态化的城市建设，而倾向于宏伟而又静态的风格。

尽管我们已把60个社会群体的居住设想及其希望载入历史，作为表明大自然和人类建筑结构相关联的依据，但现在仍很难看出大城市与自然界间相联系的任何征象。事实上，其反面反而被证实是存在的。很显然，大城市极少关心资源损耗、全球财产等问题。新未来主义者其有"绿色"敏感性，他们极为推崇个人自由、心灵的自由，并且认为这种享受就如同从流行性感冒中解脱出来呼吸到新鲜空气，或从旧式的家长制作风逃离出来一样。这种对自由的感觉，不仅洋溢于年轻一代的富足与自信中，同时也流溢于美国作家文学作品的字里行间，像亚伦·金斯伯格（Allen Ginsberg）、杰克·凯鲁亚克（Jack Kerouac）、威廉·伯勒斯（William Burroughs）、詹姆斯·鲍德温（James Baldwin）、罗·戴·兰恩（R.D. Laing）和提摩西·黎尔利（Timothy Leary）等作家的作品以及摇滚文学。然而，这种打开心灵重新进行思考的能力，既有助于人们理解国际化、工业化、全球商业化等所带来的危害和作出相应的反应，同时又被错误地用来创建城市模型，人们如果能意识到的话，最终会发现这种创建只能是加剧了上述的危害。

现代思想的绿色遗产

回顾第一章描述的通过历史所反映的存在于建筑学与大自然间的联系，我们曾着重强调了四位大师——勒·柯布西耶、阿尔瓦·阿尔托、赖特、理查德·巴克敏斯特·富勒的著作中，对气候、资源、文化等关系上所作出的结论，由此亦可看出现代人的敏感及其对自然界和环境的偏爱。我们主张远离孤立，而使人类建筑与大自然间的对话活跃起来。

确实，大自然在许多方面将她的富足慷慨赠予人类，但在战后全世界疯狂进行建设之际，这种对大自然的巨大冲击同时也破坏了人类与大自然间的互惠关系。也正是在人类追逐私利、便利及自我形象时，一种新的"国际"风格流行了起来。

但这种"国际"风格并未完全占据优势。我们已提到过两种自治的可选择的生活方式（田园牧歌式生活和超级的城市），到20世纪70年代或80年代，它有可能会"苏醒"过来。在此简捷地探索一下现代主义先驱们所留下的遗产。

跟随昌迪加尔（印度北部城市）的先例及哈佛大学的可视艺术（Visual Art）（1961～1964年），柯布西耶的神话对大自然进行了响应，但他的信徒们愈加成为浮夸的民族主义者及强调犹太文化。许多著名的建筑师如保罗·鲁道夫（Paul Rudolph）、奥斯卡·尼梅耶（Oscar Niemeyer）和埃尔·沙利文（Eero Saarinen）都提升了他的光芒，但在那个时代，美国建筑师路易斯·康（波罗的海后裔）（1901～1974年）最坚持寻求创造神话，即柯布西耶所认定的自然力（土、水、气、火）对建筑学的贡献。

路易斯·康直到他的事业后期才成为公众人物。在前25年的职业生涯中，路易斯·康更多地被认为是一位思想家，而非创业者。52岁之际，他与人合作对位于新港的耶鲁艺术画廊进行扩建，并以其对空间的完美利用而著称于世，随后

04

他又于1957～1961年设计了位于费城的理查德医学研究大楼，这一设计因其外观及有序的功能迅速地被公认为是对现代建筑的一个主要贡献。

路易斯·康的作品的核心部分有着极深的哲学理念，在他看来，建筑实质上是可测与不可测的结合点，他使用"寂静"一词说明不可测，而用"光明"代表可测量。路易斯·康认为建筑学存在于沉默与明亮之间的极限（进一步的讨论见约翰·劳伯尔1997年所著《寂静与光明》[Silence and Light]），而且一个伟大建筑始于对不可测的实现。测量的方法被具体用来进行建筑施工以及确定工期，它所展示的景象反过来又支持最初对不可测的验证。

路易斯·康说："自然界中所有的物质如山川、河流、空气及人类，都是由光亮组成的，这种光亮在不停消耗着，而物质褶皱的部分就是所谓的阴影，阴影也是属于光亮的，因此，光亮真正是所有存在物的来源……"用恰当的有关大自然的隐喻来解释自己对建筑的理解，路易斯·康也采用了建筑史上的大师们惯用的敏感的表达方法，然而在我们这个时代，至少是近期，这种方法已经没有人采用了，怕因此而受到嘲笑。

路易斯·康生活在一个不确定的、易变且缺乏精神支柱的时期，或许也正是因为如此，才使得他反而超越当时的特定环境，寻求一种秩序、形态与静态的感觉，从而创造出"可触知的感觉"，而这正是他作为天才的体现，也是许多现代建筑师所不具备的。既要在由资金和工期的最后期限所操控的社会中生存，又要创造出伟大的杰出作品，这正是他作为诗人和不屈从的人的不凡之处。

同柯布西耶一样，路易斯·康在印度次大陆设计了一座城市：在他的Sher-E-Banglanagar设计孟加拉国（Bangladesh）达卡市的政府中心区（柯布西耶曾以太忙而当场拒绝委托设计，阿尔瓦·阿尔托以健康原因也拒绝设计）等。路易斯·康总体规划的方法并没有基于宗教原型受地平面的实际影响。他说他的设计灵感来自于建筑的用途是超自然的（即建筑物是"人们集中到一起来形成一个社会团体"的地方）以及世俗的（装配）和精神的（清真寺）的相互关系。以这种敏感性，他把社会各层次及其象征性建筑都设计成大自然的组成部分，进而以这种理念构造出新的城市。在他的设计中，中心聚集区坐落着最高法院，两侧分别建有旅馆、饭店、大使馆，而北边有一个湖泊，湖的远处有一个小城镇。

路易斯·康的设计中有几个重要的方面是直接针对恶劣的亚热带气候如灼热的阳光、季节性的风雨等，包括巨大而又精心构思的保护屏（"玻璃幕墙"），墙上打有很大的几何形状的洞（方形、圆形、三角形）保护内部空间。路易斯·康是这样解释自己的观点的："建筑设计应充分利用悬挑结构、纵深的走廊及保护墙来使内、外空间免遭光、热、雨等的毁损。"（《路易斯·康：在建筑的王国中》[Louis I.Kahn：In the Realms of Architecture]，David B·Brownlee 与 David G. De Long 著，1992年，中国建筑工业出版社2004年7月出版），至今没有建筑是采用这种空气调节的。大块的阴影元素与路易斯·康针对气候产生的外形和构造的当务之急的反映融合在一起。

在Sher-E-Banglanagar，路易斯·康的设计中没有参考当地的传统建筑勒琴斯爵士的新德里火车站、博物馆、政府大楼以及其他殖民地建筑，这些建筑或许涉及当地的建筑风格，但并未考虑当地的气候。路易斯·康的灵感来源于欧洲风格，如罗马聚会场所，科多巴清真寺等等。

04> 孟加拉国，达卡市的国民大会的综合建筑 Sher-E-Banglanagar（1962～1983年），路易斯·康（Louis Kahn）设计。

确实，建筑场所一定会使人忆起罗马的纪念碑，当时在它的顶上，有2000多劳工聚集在木脚手架上，浇筑混凝土（一次5英尺），砌红色砖块。这一建筑工程如此巨大，连续几年为许多人提供了就业机会（直至1983年建成），并且完全依靠当地的材料，未使用其他的国外技术或部件。

与18世纪的古典建筑师们一样，路易斯·康也希望大自然与建筑能有序地相互浸透，进而能产生美妙的对话。但他的建筑又不同于古典建筑，没有华丽的装饰，而是尽显其本色，他渴望把建筑原材料自然的品质及潜能表达出来。正是这种将古典的有序性与材料的本质相结合的设计，路易斯·康的建筑物才呈现出庄严、权威以及亘古的永恒气质。

只有当一个自信、有洞察力的建筑师处于慷慨的资金预算、无约束的时间期限下，可以给予建筑如此的品质，但令人惊奇的是，这些条件在今天仍然存在。勒·柯布西耶和路易斯·康的杰作是在市长、国家政府及公司基金的资助下幸存下来，并用来代表文化的威望、国家的标志以及自身的强大。这样的例子还包括：斯特林和威尔福德（Stirling and Wilford）的建筑作品——斯图加特市的国家美术馆（Staatsgalerie）（建于1977～1984年）；贝聿铭的作品——华盛顿的国家美术馆（1971～1978年）；悉尼歌剧院（1956～1973年，伍重）；洛杉机的盖提（Getty）中心（1984～1996年，理查德·迈耶）。日本的建筑师们通过二三十年的努力以这种风格建立家园，其作品既有像矶崎新和菊竹清训所设计的大规模的宏伟建筑，又有建筑师安藤忠雄、内藤建筑事务所（Naito Architect & Associates）的精致细腻的小型住宅及当地的博物馆（下一章中将加以详述）。

我们所关注的第二位现代主义大师是阿尔瓦·阿尔托，他的杰作不仅永存，而且建筑如诗般的优美风格及其对地域特点的考虑，都对当今的生态气候建筑有着特殊的影响。二战后的北欧，建筑业中追求精神境界的先驱们逐渐消失，取而代之的是注重实效派，像早期现代主义风格的建筑——有着平坦的屋顶及各种精细装饰的白色建筑物，已因不适合北方刮风、下雪、下雨的气候而遭淘汰。

具有国际知名度的阿尔托很早就显示出其主动的创造能力，对他最具直接影响力的是北欧尤其是瑞典，这里已有工艺美术的传统做法，这种传统的代表是画家卡尔·拉森（Carl Larsson）的作品。19世纪80年代，卡尔的岳父送给他一套位于瑞典中部的桑德波恩小镇（Sundborn ）的度假别墅，他对现有的简单木制房屋进行了一系列的装饰（就像英国的红屋），对随后的国内建筑产生了很大的影响。在20世纪40年代后期至50年代，这种风格被认为是一种现代时尚，在瑞典郊区流行开来，并很快传遍全国。斯堪的那维亚（Scandinavian）轻松的现代派建筑风格对战后的英国建筑极具影响力。1951年，在英国节日之际设计的一个陈列橱显示了“新经验派”建筑风格将瑞典的质朴、实用主义同英国的建筑技巧融合在一起。

尽管英国这一举措有些夸张，但斯堪的那维亚风格的实用性逐渐为社会大众所认识，并且二战的破坏性使人们更倾向于以此种风格来重建家园。战前的纯粹现代主义建筑被认为是十分艺术化且各具特色的，但后来的建筑也是大同小异，成为平民社会的样式。

在欧洲，负责设计新的学校院所、住宅、工厂的建筑师们认为他们自己不仅设计空间，更多

∧05

∧06

的是设计社会生活的工程师，因为在进行建筑设计时，他们要考虑生物与气候因素以保证有利于人体健康，以及人类对绿色的需求、对相互间交往的关注等。事实上，现代建筑设计对气候因素的重视，可归因于战后人们对建筑意识的提高。

与此同时，世界上另一部分人也在领导一场为公众提供实用建筑的改革运动。1969年，开罗文化部出版了一本埃及建筑师汉森·菲思（Hassan Fathy）写的专为穷人设计建筑的书，在该书中，汉森·菲思以非传统的方法为埃及乡村地区设计住宅，并认为这一设计能提高世界极其贫穷地区人们的生活和文化水平。

汉森·菲思认为，在贫穷地区，尤其是人们缺乏传统的建筑材料及技能时，应尽可能使用手边现有的材料，如中东可用泥砖，亚洲东南部可利用木材等等，采用适当的建筑风格，同时能有人教授本土化的建筑技能，这样即使是最穷的人也能拥有值得骄傲的住房。菲思的观点既希望解决住房的需求，同时又满足社会审美的要求。

1945～1946年间，菲思根据自己的理论着手进行一项实验，即为埃及路克索（Luxor）附近的古尔召（Gourna）地区的农民设计一个新的村庄。菲思和每个农民家庭一起合作，根据他们的各自需求设计不同的住房。他还计划建造一座砖厂，并恢复了本地砖结构圆屋顶、拱顶的建筑方式，他还设计了生产制造车间，并形成一个市场，以及剧院、学校等。尽管菲思最终失败了（由于官僚政治的干涉以及大量游客对该地区简单、自力更生的社会形态的破坏），但他的这些尝试对20世纪60年代那些寻求代替科技化生活方式的大城市的人们来说，有着巨大的影响。而开始产生绿色建筑观念的人们，认为古尔召地区的建筑模式是乡村自给自足、社会安宁的理想和榜样。

第三位现代主义大师是劳埃德·赖特（见第一章），从他的建筑形式中可以看出，他主要受美国或者至少是广阔的开敞空间的大陆的影响。然而在欧洲，由于他的建筑过于强调个人主义而尤显豪华，与当地的风格格格不入，因而很少被人效仿。

但是，赖特的"有机"建筑的观念对当今追求生态气候及建筑平衡的从业者有着强烈的影响，我们可以从几个方面感受到这一点：设计的可塑性强，在对原材料的使用上，意识到原材料随时间改变的事实，随后的发展也证实了这一点。有机的建筑这一观点不只是从自然界提炼而来，更多的是大自然本身的表达方式。

关于这一点，赖特的追随者建筑师布鲁斯·高夫（Bruce Goff）(1904～1982年)体会更深。在漫长的职业生涯中，高夫不断地对原材料进行探究和实验，像赖特一样，他的作品充分表达了个性，并且对时空有着特殊的感觉，这是有机建筑的一个重要方面。这不是古典派建筑学所表现的"永恒性"，而是建筑空间随时间流逝的感应。高夫是如此来描述他最为著名的建筑："过去已消失，未来在远方，而现在正继续"。Bavinger住宅是时空连续的一个古老的例子，它不是"回归"大自然的观点，而是同大自然一起生存，今天以及连续的每一天构成了"现在"（《44个实现》，1970年）。Bavinger建筑螺旋型的屋顶形状（1950年设计）很显然取自于自然界，这一外型同时也浸透着神秘的色彩以及时间流逝的启迪。该建筑物的材料是纯天然的和经过加工处理的两种材质的混合：镀铜钢铁缆索延伸支撑着一个悬空的桥梁，将该建筑同峡谷的堤岸连接起来；一面巨大的石头墙立于岩石之上，作为螺旋结构的中心；墙上延伸出一根柱子支撑螺旋屋顶。

07

05> 土耳其住宅（Turkish House）的树胶水彩画，位于埃及法雍（Fayoum），汉森·菲思（Hassan Fathy）设计。

06> Bavinger住宅（1950），位于美国俄克拉荷马州的诺曼，布鲁斯·高夫（Bruce Goff）设计。

07> 草原住宅（1961），位于美国俄克拉荷马州的诺曼，何卜·格尼（Herb Greene）。

该建筑的效仿者是由何卜·格尼（Herb Greene），1929～1961年设计的位于俄克拉荷马州的草原住宅，而约翰·法姆尔（John Farmer）在他写的《绿色变革》（Green Shift，1996）一书中，用了整整一章的篇幅对其加以描述。

这是一个小型的建筑但充满了象征意义，房屋是木结构的，整个外型像是美国印第安人的圆锥型帐篷与殖民地气球状郊区小屋的融合体，一层层厚重的木板及鹅卵石重叠形成围墙及屋顶。近看，房屋的表面如同公鸡的羽毛般层层覆盖。远观，由于鹅卵石的纹理所反射的光线使建筑物外表显得很平坦。整体来看，该建筑物如同一只头部受伤的野牛低垂着，呈现一派草原牲畜垂死挣扎的萧条景象（法姆尔所著书中的描绘）。有人从草原住宅的位置得到灵感，并概括为压力沉重的城市居民对健康生活的梦想，而且既然这是美国人的梦想，因而总是可以得以实现的，众多的中产阶级家庭走进大自然，尽情地与自然界进行交流，他们对房屋的设计要求更倾向于遵循与生物及气候相协调的原则。除了犹太人不局限于美国，像挪威的孤丘、俄国郊外的别墅、北欧的海边船舱小屋、地中海的城郊别墅、阿尔卑斯山的牧人小屋等，都表明人们重新关注自然所带来的安慰。但追求这种安慰的人们还未采取措施预先保护大自然。

格尼的草原住宅体现出的神、人同形同性论（更确切地说，动物形象化），起源于近代，更多来自高迪的灵感而非赖特。但总体来看，建筑受这种灵感的影响要比受陶制品、金属制品以及其他装饰工艺的影响小得多。一座建筑很可能因某种宗教信仰而狂傲直冲云霄，但很少会因某种需求而将其建成似大象、狗、龟等样子。

对建筑的这种表现形式表达最突出的当代建筑师是埃莫·马科文兹（Imre Makovecz，1935年～），他的建筑兼有地域性及有机性的特点。尽管这些建筑均位于匈牙利，自然也受到当地文化传统的影响，但也带有国际性的色彩。马科文兹的作品同赖特、高夫及格尼的风格有着直接的联系，对色彩的表达方式主要受鲁道夫·斯坦（Rudolf Steiner）的"人智说"的影响。作为木匠的儿子，马科文兹对木材有着天生的审美感，不论是在建筑物弯曲的部位亦或接合处、格栅等，他都能巧妙地利用材料来表达他的意图。他的许多建筑（例如Sarospatak的文化中心大厦，建于1980年）都是深深"根植"于地下，仿佛一些原始的动物从地面浮现，马科文兹应用这种风格以暗示对大地母亲的认识。人们一般认为这种半地下式的建筑风格更多地是表达原始的象征意义，而非出于保存能量的实用性。

像他的导师一样，马科文兹认为"有机"的建筑风格是将建筑同其所处地理位置、生态空间完整地结合起来。与该领域的其他建筑师相比，马科文兹的大多数建筑基本上都是对称的，就如同人类的身体，然而仔细观察，也会发现其不对称之处，这些建筑的不均衡存在于其特殊的细部结构处理中，反而赋予整个建筑以独特的个性。

尽管有其他人的特殊贡献，但建筑的发展历程仍沿着赖特的"有机"建筑风格前进，那些把绿色建筑当作是特殊的地理位置与社会生活相结合的产物的人，认为赖特的建筑风格对生态气候学建筑的影响，最终形成了绿色运动的"基础"。不幸的是，在这有限的范围内，为高夫和马科文兹所不在意的先锋的有机建筑的外观，它奇特古怪的个性特征，通常才是首先吸引我们的地方。

对生态气候建筑很重要的第4点——也是把握技术的特别和恰当的准绳——我们不能简单地

08

试图沿着其他3点往下走，从而得出第4点的思路。理查德·巴克敏斯特·富勒是一位具有超凡魅力的先锋设计师，他发展和促进了科技对社会和环境的影响；同时也是指出社会群体和经济制度状况之间相互依赖性的中心人物。但是，技术没有他也一样能进步，因为刺激科技进步的因素一直存在，如武装冲突和经济增长、个人利益。其他人也能在建筑过程中应用科技革新，特别是在有效率、有效能地利用资源方面。但巴克敏斯特·富勒仍然是个重要人物，尤其在建筑领域中，他主张适当地使用科技，并发展了一种全球化意识。事实上，他现在更是如此，一些在学生时代受到他激励的人在他们成年后成为高科技体系的倡导者。

因此，作为生态气候建筑的支持者，巴克敏斯特·富勒主张一方面通过科学研究的渠道和科技发明减少原材料的浪费（进一步节约能源），另一方面动员全球的社团去掉对环境有破坏性的习惯，而采取可以节约能源的行动。

与航空业、航海业、汽车工业等不同的是，建筑业并不像上述产业那样生产一定的产品，并且此产品和它们的同类产品之间产生竞争。在互相竞争的市场上，生存与否与科技发展紧密相关。因此每个公司大量投资于科技资源和专业技术，以保持持续发展和高生产力，并迫使专业供应商也这么做。

而在建筑业，尽管一些公共部门生产的标准产品（像住房、学校、医院）会鼓励尝试，大部分是在预定市场中运作，虽然建筑物的交付使用过程可能有标准。房屋的委托方一般要求房屋符合他们的特定需求，外表要有相当特色，功能上符合专门使用的特点（或者大多数情况下，符合他们房客的要求）。问题大部分在于房屋组成各个部分的建造需要提供必要的科技开发，以满足这些特定需求，再尽力把建筑各部分集成起来。基本上，这些公司是根据理论上的思考和设计者的创新得出结论。而在消费产业中，制造者往往先发制人。科技发展在建筑业上可以被看作沿着两条平行但彼此紧密相连的路线前进：一条是原材料和组成部分物理上的发展，另一条是提供改变的方法以适应随时间而作的修改和变化。这两条对生态气候学建筑都很重要。

原材料和组成部分物理上的发展相对来说要直接一些，大多数革新自工业革命（自从1930年以来，和其他科技进步一样，带有显著的加速趋势）以来一直在进行。因此詹姆斯·包格达斯（James Bogardus）于19世纪50年代发明钢结构，艾利沙·格瑞乌·奥提斯（Elisha Graves Otis）在1853年发明电梯；奥格斯特·派瑞特（Auguste Perret）在1903年首次使用钢筋混凝土作为建筑表达的媒介；珍·普鲁德（Jean Prouvé）和其他人在20世纪40年代至50年代间的配件预先制造技术；以及更近代的密封和密封剂、绝缘材料、玻璃、塑料、空气处理、合成光导纤维、基于计算机的控制系统等等。

这些发展是由广泛的刺激产生的，包括人口统计学中的移民、地价、地形学上的挑战、舒适的需求、通讯的需求。而没有一家相关的公司认识到，产品可能会对气候、经济、或环境（无论是视觉、听觉还是工厂）产生的影响，也没有特别地认识到：广泛采用的发明、发现或者甚至这种应用中的健康、福利。来自环境保护论者和他们支持者的压力，给建筑业上这种情形带来了一个重要变化，立法已经通过减少制造有极端害处的产品和系统。不过，这种变化是尝试性的，像超市货架上的有机产品，标价太高，有效性不稳

09

08> 匈牙利的罗马天主教堂（1987年）。

09> 慕尼黑奥林匹克主体育馆的屋顶，福瑞·奥托（Frei Otto）和刚特·伯尼克（Gunter Behnisch）设计。

定，因而范围有限。

在有工业和技术倾向的建筑师里，德国建筑师福瑞·奥托（Frei Otto，1925年～）可能是把巴克敏斯特·富勒的创造性学说和当今表达技术的建筑联系起来最有名的一个。在其职业生涯中，他致力于发展用料节俭但优美安全的结构。奥托自己说他的理想是要"从现有的建筑中，发展出一种实际的结构，以便有更多的空间和精力关注建筑内部应该关注的事，因为我们是为人们建筑房屋"。(《福瑞·奥托的结构》，[Frei Otto：structures]，康拉德·罗兰著，1972年）

因此对他来说，建筑结构本身并不是目标，也不是借口要产生一种有趣的雕塑的形状，而是技术上尽可能有效地使用。使奥托作为一个结构化设计师的问题是，如何在构造上利用最少能量解决结构问题。

结果其实是采用缆索、隔膜和面板等自然结构（nature-inspired structure）的延续。尽管这位建筑师陈述上没有基于美学考虑，但这些曲线华丽、整洁的建筑还是表达出了视觉上的美感。在某种程度上，这种外观是虚幻的。很多情况下这些形状和造型只有在隐藏于地下的巨大的混凝土支架支撑时，才能得以实现。更进一步说，它使用的材料经常是高度精炼和尖端的。然而，"少费多用"和优雅的制造，从本质上降低了建筑的技术，这一点和滑翔机技术联系很紧，奥托当年正是靠后者开始他的职业生涯。

科学和科学技术，除了提供方法改进现有建筑材料和组成部分外，还使建筑能响应社会和文化的变革。我们已经注意到20世纪60年代的建筑团体和个人主义者如何主张未来派的、依赖科技的团体。这些想法在建筑圈内引起了骚动，但图解的技术被狂热地用来描述它们而不是把它们应用于现实当中。建筑学中的灵活性、变化性和不明确性的观念，在过去有真正的冲击力和持久的影响。具有讽刺意味的是，建筑学派的成员如：彼得·库克（Peter Cook），朗·赫罗尔（Ron Herronl），沃伦·契沃克（Warren Chalk），迈克尔·韦伯（Michael Webb）和其他人已经偶然发现了现代社会的灵活性，这至少在感觉上认识到本土建筑的重要性。世界的很多地方存在着部落和公社，无论过去还是现在（现在越来越少）一年年的过着游牧生活，或者当邻近的食物和水源枯竭的时候，进行迁移。

建筑的感觉是短期的景象，和大厦的砖和灰泥一样，它可能是短时间的、不确定的存在，对这种感觉的追求最显著的是英国批评家瑞那·本汉尔（Reyner Banham）和建筑师凯瑞克·普瑞斯（Cedric Price）。后者放置（准确地讲，不能用设计这个词）了两个难忘的项目：一个是位于伦敦东部的趣味宫殿（Fun Palace）（主管周·莱托伍德），另一个是Potteries Thinkbelt，位于一个工业衰退地区的"旅行大学"（travelling university）。这两个项目中，社会和科技的基础比实现更重要。价格作为60年代打破旧习的先导，依据这个年代较为显著的两个特色：一是占第三位的教育的拓宽和松散性以及对情趣的追求，二是从脑力上满足和响应这些自由。这两种方案都提出了新颖、暂时或临时但同时服务于高度灵活的建筑结构。在这些项目中，辅助的空间和系统被看作富有天然表达特性的职能（建筑服务和附属空间也被区分开了，虽然宾夕法尼亚大学的阿尔弗雷德·牛顿·理查德医学研究大楼的服务塔楼以非常不同的形式表达）。Potteries Thinkbelt是非常激进的：它是"没有建筑的"大学，被设计（至少部分地）为联系英格兰内陆一带、彼此通过铁路

10> 玛拉伯特(Malaparte)住宅（1938年），卡普里岛，艾德伯托·里贝拉(Adalberto Libera) 设计

11> 奥塔科 (Aitarkic) 住宅（1971～1979年），英国剑桥，亚历山大·派克(Alexander Pike) 设计

^10

联系的陶器出产地。另一方面，对比于当时世界各地新兴的城市首都，当时英国的新镇遍及各个乡村，这两个项目是建立在已经存在的结构和基础设施上。

包含在这些项目中的想法都是生态气候学建筑思想的核心：建筑、结构、不同生活形式的服务观念，还有如果觉得建筑原有用途是多余的话，可以产生新的用途；这里有一种误解，通常建筑设计实施并交付之后，该建筑就被当成为恒久不变的物体，直至建筑寿命的终结。这些想法都具有实践的性质，与建筑物实际上怎样行使其职能，以及它们如何被所有者和使用者看待等因素有关。因此它们符合节约能源和资源的种种考虑。

这些观念也是奉行高科技结构理念的理查德·罗杰斯 (Richard Rogers)、诺曼·福斯特(Norman Foster)、尼古拉斯·格瑞绍 (Nicholas Grimshaw) 以及其他一些人看法的基石。在这些人的发展下，这些思想的灵活性和暂时性被认为是与任何社会本质的人和敏感的人文思想一样富有表现力和象征性。举例来说，批评家查尔斯·詹克斯，已经分离出这些特色，并称之为"风格"，这和他的观念——随着现代主义时代的到来而出现的不同风格的学校一样。对建筑表达的潜在性和技术的革新，充实了建筑，也是我们已经注意到的成熟的生态气候学建筑的特征。尽管这是很明显的，在生态气候学建筑中有科技革新的介入，但另一点也很明晰，即过去数年中，高科技学校支持绿色宣言及其内含的固有的建筑词汇。

源于巴克敏斯特·富勒(以及战后的很多人)的"全球化"思想，已经超出了本书的范围。然而通常它对绿色环保行动而言，却是基础性的，也的确对建筑师有一些影响。在津巴布韦有一个乡村，他们以种植mange - tout豌豆，一种大小和形状特别的豌豆为主。三分之一的庄稼因为不符合这种特定大小和形状而被丢弃了。种植者们相信北部有个国家占有英国市场，而这个国家的代表每年都访问这个乡村，迫切要求提高产量，并在豆荚大小和形状上更精确。当人们认识到这个村的收入和福利全部依靠这个市场，而且这些资源是为了确保欧洲人餐桌上一般豌豆的供应时，就开始对造成这种优先权的状况质疑了。这种情况一旦面临挑战，就会有更多类似的愚蠢被指责。

全球化的影响和建筑实践之间有很清晰的关系。热带雨林的破坏和我们怎样建以及用什么材料建我们的房屋有直接的联系；臭氧层的破坏导致重新估价建筑中能源的使用。然而建筑师是依赖于其他团体收集和评估资料，分析退化的原因，作出撤销建议等。这些团体以不同形式存在：国际性组织、政府部门、研究机构、独立的顾问部门和个人。个人往往走在前列，像美国的环境活动者阿莫瑞·劳文斯 (Amory Lovins)，英国的作家与文学编辑爱德华·高德史密斯(Edward Goldsmith)。建筑师们应该做的事情是使在建筑上很重要的能源和环境问题得到适当的解决，但还有些要求是同等重要的，（尤其在客户看来）最后交付使用的建筑必须是完整的建筑。迄今为止，相对而言只有少数建筑能富于创新和充满灵性地与环境相融和。一些著名的实例将在第四章中介绍。

当代情况

第四章中提及的建筑分为6个部分。一部分与建筑形式有关，如塔楼、小型建筑、大厦和园区等。另一部分根据建筑的用途划分，如办公楼、

^
11

文化楼或实验室等。这样的划分将显示出按照生态气候学进行建筑设计时不同部分的显著差别。大部分的能源和环境意识建筑考虑了在家居、教育和办公室不同的情况。其中的原因显而易见。这些建筑融合了设计参数和已经建立并标准化了的框架，使得建筑研究更高效和快捷地面对设计者、投资者、客户和职业经理，并提供预先指导。这很有意思也颇具教育意义，并为产生代表性的能源低耗的设计给予启示。建学校和办公室的过程是很有进步意义的，住房也许比其他建筑类型更能表明建筑尝试上的两极化：美感和实用。

关于整体低耗能设计的信息现在已被广泛传播。上述提及的建筑中现存的（至少在较发达国家）大范围的标准、实施编码，在某种程度上，上述建筑物说明的类型已经有了法律的指导。走到这一步是有趣而具有指导性意义的，我们将会看到新时代低耗能建筑设计的样子。住房、学校与办公室都将有清晰的革命性进步，在这一点上，住房也许更会超越其他类型的建筑，显示出它所采用的在诗意与智慧之间的建筑方法。

1938年，艾德伯托·里贝拉（Adalberto Libera）在卡普里岛（Capri）设计并建造了一所与众不同的房子。位于地中海一个多石嶙峋的半岛顶端的玛拉伯特（Malaparte）住宅，它像一种超越时空的神秘催化剂，朴实的石墙与从海面升起的峭壁悬崖合而为一。石墙支撑着一个矩形平台，平台向内陆一端以一段巨型台阶与天然岩石相连。没有扶手拦杆，惟一的人为建筑特征是那面面向落日的弧线墙。整个建筑令人想起玛雅庙的祭祀台。该住宅没有特定的风格，几乎没有明显的层次，完全没有时间概念，虽然在它完工的时候，建筑师们已通告大众，直到1963年它在Jean Luc Godard拍摄的电影《Le Mépris》中作为一个场景出现时，才真正引起人们的注意。

一段时间以后，在20世纪70年代，亚历山大·派克（Alexander Pike）和一群来自剑桥的建筑系学生设计了一栋叫做奥塔科（Autarkic）的实验性住宅楼。受到第一次严重石油危机的驱使，他们模仿当代先驱法国的弗利克·超布教授（Professor Felix Trombe）和美国的史蒂夫·比尔（Steve Baer）、多那德·沃特森（Donald Watson）、大卫·赖特（David Wright）和东·凯邦（Doug Kelbaugh）利用太阳能的实验性设计。把精密技术与当地自然资源紧密结合在一起，也是接受自给自足挑战的最早的住宅设计之一（住宅实际尺寸仅是预计的十分之一）。该住宅包括了太阳能取暖系统，以及提取饮用水的太阳能设备，由房顶上的风力水平旋翼发电，排水沟处理产生的沼气。北面的石墙储存热能，像一座垂直的内部花园，人们可从植物中获得食物和氧气。

这两个住宅（玛拉伯特和奥塔科），包含了建筑上两种对自然的对立反应。前者是靠直觉和整体，后者是依据科学、理性和实际。

奥塔科耗能低的一面影响着一系列的建筑工程，其中很多是市政府投资的。调节内外部空气的面南的温室是它们的特色；采用大块绝缘好和无漏洞的结构，最大程度利用日光。直接受奥塔科影响的是近来由布兰德（Brenda）和罗伯特·威勒（Robert Vale）设计的英国诺丁汉（Nottingham）住宅。它采用诸如光电板、充氮气的双层玻璃等流行的技术，旨在实现“零耗能”；采取全方位措施实现全球可持续性，如使用当地含潜在能源低的建筑材料。奥塔克住宅模式的后来者被作为一次性展示的建筑或小的群体。但是，现在已经有迹象表明这种尝试很快就可能被大范围地采用。由托马斯·赫尔佐格、福斯特协会和理查德·

12

13

罗杰斯合作设计的奥地利的阳光城，以及理查德·罗杰斯独立设计的西班牙东部马略卡岛的帕克阿尔托比特日光村（the Parc BIT solar village in Majorca），就是两个构思细腻、"理想化的"耗能低、对环境变化敏感的建筑，在某种程度上取得了真正的进展。

奥塔科自给自足的模式最终实现是在20世纪90年代初期的新墨西哥沙漠，通过一个著名的被称为生物圈2（Biosphere 2）的巨大的、机械通风的温室，里面包括7种不同的具有代表意义的社会生态环境，如海洋暗礁、海岸的沙漠、热带雨林等；还有8名志愿者以及昆虫，共同关闭在一起达2年之久。这个群体所需的科技和资源支持只能是像得克萨斯州的爱幻想的百万富翁提供，这个富翁是爱德华·帕瑞·巴斯（Edward Parry Bass）。但是这里的终极目标是为了在火星上建立殖民地，而不是真正在地球上实施。

玛拉伯特住宅是最早在所在地点和自然之间达到共生的一系列建筑之一。这种巧妙的特点反应在同时代的澳大利亚建筑师格伦·默科特（Glenn Murcutt，1936年～）的作品中，可能是最好的例子。格伦·默科特的这种特殊兴趣，是因为他早期受到密斯的很大影响，他最早设计的住宅都是遵从抽象的国际主义的密斯风格。默科特在后来遍及澳大利亚内地的建筑中，进行了一种建筑上的尝试，并发展了一种只有他自己才懂的语言。他的作品定义了具有田园风光又真实地保持了现代主义的传统特色——一种非凡的技艺。

在本书包含的研究性的住宅建筑中，很难找到一些创造性地将科技引导节约能源和对自然的直觉反应相结合的例子。很难相信做不到这一点，但是这需要建筑师的左右脑同样发达，而这是很少见的。

以低能源原则建造的学院和大学，追随住宅的发展道路。在这个方面最有名的先锋学校，是艾斯利·摩根（Emslie Morgan）的圣乔治学校（St George School）的扩建，位于英国利物浦附近的沃拉西（Wallasey），建于1961年。这座建筑采用了3种被动式太阳能的设计方法：混凝土和石头潜在的热能存储，朝南的玻璃"温室"效应。为了成功地应用最后一点，摩根建了一堵很复杂的日光墙，包含两层相隔600mm的玻璃。其中内层主要由磨砂玻璃组成，用来防止光线散射进入教室。在有些地方，内层由可逆的不透明板组成：一面用于夏天反射日光，另一面喷漆可以在冬天吸热。这所学校并不被认为是一个示范建筑。实施策略从实用和经济两个方面满足功能各异的教室对舒适的要求。

学校的设计使用户和建筑师，至少在实用方面预先研究了如何处理能源和环境问题。世界各地的后续学校建筑，包括英国的鲁道夫·斯蒂那和汉普郡公立学校（the Rudolph Steiner and Hampshire County Council Schools），都是基于这种考虑。

低耗能办公室的发展看起来更像是英国的首创。同一时期，诺曼·福斯特和理查德·罗杰斯分别进行了里程碑式的设计，香港与上海银行和伦敦劳埃德大厦，在英国的两个实践活动都为针对优良环境的办公室设计的未来作出了准备。第一个是Arup公司，为Basingstoke的造纸商威格斯·提伯设计，现在称为"第二门"（Gateway Two）。始建于1981年，这是第一座具有"自由流通"的中庭的办公建筑，——空气可以穿过周围的办公室，从中庭的屋顶出去，从而作为内部与外部环境的媒介。随着设计的进展，中庭成为维护建筑舒适方面的关键因素。它同时正好在建

<14

^
15

12>尼古拉斯住宅(Nicholas House 1977～1980年)，位于澳大利亚的新南威尔士州欧文山，格伦·默科特（Glenn Murcutt）设计

13>中庭（1983年），英国贝辛斯托克，阿鲁普协会（Arup Associates）设计

14>鹰银行（ING–Bank）阿姆斯特丹总部（1987年），荷兰，唐·阿尔伯特和M·凡·哈特设计

15>农民联合会（the headquarters for the National Farmers Union Mutual）和艾沃保险公司（Avon Insurance）总部大楼（1984年），位于英国艾沃郡，罗伯特·玛索和约翰逊·马歇尔及其助手

筑的中心地带，既不是外部，也不是标准的内部办公空间。虽然它与发展商的总筹划相矛盾，但它确实有很多特色，不仅令居住者满意的低耗能，还说明了中庭成为同时期生态气候学办公建筑的重要性（sine qua non of contemporary bio-climatic office building）。它在建筑中心占据一定的高度和体积，从而使周围的办公空间以它为中心。这样办公区内很多不同职能分区将以一种戏剧化的方式组织：接待室、会议区、主要流通口（包括电梯）、饭馆等等。同时它还是公共空间的中心，把很多根据不同需求安排的、连接各层的空间变为这样一个地方：使用者在此知道建筑的各个分区，并能看到出入中庭的人群。

第二门是最早打破“大进深楼层平面设计”概念的建筑之一。在20世纪60年代和70年代初期，这样的办公区设计（办公室布局）概念盛行：大进深空间，布局更有弹性；还要有安装空调的地方，这意味着所有的窗户是封闭的。Arup就这一点从社会、职能的和环境各个方面提出了质疑。

这一时期英国其他有代表意义的办公建筑是：艾沃上游斯特拉特福德（Stratford-upon-Avon）的农民联合会（the headquarters for the National Farmers Union Mutual）和艾沃保险公司（Avon Insurance）总部大楼，由罗伯特·马修（Robert Matthew）、约翰逊·马歇尔（Johnson Marshal）的RMJM公司设计，1984年竣工。这座建筑设计成“梯形”，办公空间的进深有限（14m），四周是一系列开放的庭院，庭院中心是一个简单的中庭。它将一系列目前在生态气候化的办公设计中常见的多种措施融为一体：十字通风，外部固定的太阳能控制，提高层高，光照优良，绝缘好（即使户外达到很高的温度），敏感的夜间通风控制，以及智能化建筑管理。更重要的是，这是在满足非凡建筑美学的标准上达到的。一点也不像大多数原型建筑那样丑陋。尽管第二门在现代主义的建筑中是中立的，而NFUM+AI建筑完全用石灰石建造的，以其完全脱去古典人文主义的气息而在远近的地区中显得仪态万方。NFUM +AI总部大楼和第二门曾对后来的生态气候学办公设计的发展产生了很大影响。个别的欧洲建筑也有一定影响，如位于阿珀尔多伦的赫兹博格中央大厦（Hertzberger's Centraal Beheer），它将大进深平面设计发展到极至，建筑根据某种程度上对众多工作小组的组织，分割成多个小的十字。20世纪80年代后期位于瑞典首都斯德哥尔摩附近的Niels Torp's SAS建筑，引进了中庭“街”的想法，位于荷兰首都阿姆斯特丹的Ton Albert's NMB（现在是 TNG）银行总部提炼了鲁道夫·斯坦的人智说的概念——以一种更奇特的方式，进一步发展了办公建筑的可持续性设计。综合在一起，这5座建筑浓缩了一种能源保护与环境意识的办公建筑设计策略。它们同样建立起了一种更健康、更有激励的工作方法。

这一章回顾了有史以来建筑和自然的关系，在当前能源和环境的困境之下审视了这种关系。用直觉的、有机的、实际的和科学的观察回顾这种关系，并审视了生态气候学住宅、学校和办公建筑的发展和演化。现在我们将详细介绍部分当代的与自然保持和谐而又极具特色的建筑。

第四章　当代建筑

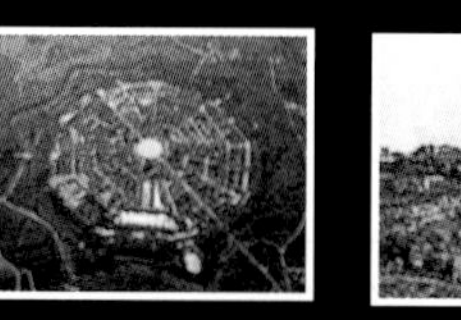

4.3 园区>127

4.4 小型建筑>157

4.5 大都会>199

4.6 塔楼>215

下文引用的项目实例，虽然已尽力争取获得全部的详细技术数据，但因为某些原因，有些数据不能获得。下文数据表中，用以下省略代表：

N/S 数据未提供
N/A 数据不适用

^
01

∧
02

01> **东京煤气"地球港"**, 日本，横滨（参照66页）。

02> **森林博物馆**, Mikata-gun, 日本，兵库（参照174页）。

本章列举了全球最近落成的44座建筑，它们都有着清晰的、与自然相适应的特点，这一点仿佛出自内在的创作冲动。人们可能认为与自然和谐的建筑往往坐落在静谧的田园里，但下面举例的建筑，却处在包括城市、郊区和乡村的各种不同环境中。

这里选择的建筑十分广泛，既有庄重的，又有富于诗意的；既有理性的，又有富于浪漫的。能源利用效率和环境价值不是选择的惟一标准，而关键在于建筑对局部和全局环境有积极的适应。因此，这里选择的建筑都基于明确的环境计划，有的甚至与政府资助的环境评测机构列出的标准进行逐条对照。还有一些建筑对环境的适应基本上是自觉的，建筑师认为设计别无它法，其间并没有感到能源预算、计算机建模、建筑能源管理系统和性能监控等的必要。当然，也有一些建筑对自然和环境关系的处理方法介于二者之间。

客观地看，地球上支持生命的各种生态系统独立于人类，就像在爬行动物统治地球前那样。因此，所有的自然系统，或好或坏，都被人类文明彻底改变了，这一过程从人类出现时就开始了。直到最近，纯自然的进化从我们文明的眼光看大致是良好的，而且常常是独特的。人类的神话里孕育生命的河流、神圣的山峰和原始的森林，对我们认识自然有巨大的影响，就像野兽的掠夺、干旱的破坏和害虫肆虐给自然带来巨大转变一样。我们拥有的自然就是这样一个通常被改变了的世界。

所以，无论坐落在城市或乡村的建筑都一样是人造的，或者说是非自然的，它们的区别在于城市是由建筑主宰，而乡村是植物的天地。无论在哪里，带着灵感设计的建筑都会在它与环境之间产生共鸣，并且，由此凸显出建筑的物质存在和其蕴含的深厚的文化内涵。正是这种物质和文化的定位确立了一个都市建筑，或一个乡村建筑与自然的关系。

下面选择体现了第一章中指出的生态气候学建筑的与众不同的特点。具有环境意识的建筑一般不会形成一种共有的审美价值或单一的建筑语言。例如，日本博物馆有很直接适应自然的意识，但这可以从日常生活的内容中流露出来，比如说明和呈现渔业生活、冰雪和森林，也可以从为了减轻自然被破坏的痕迹而融入到设计的标准中体现出来。另一方面，办公用建筑的设计虽然通常没有多种用途和外形调节能力，但可以骄傲地炫耀其在节能方面的配备，诸如外部阳光遮蔽，风塔和玻璃前庭之类。更复杂的建筑则基于更严格的能源策略设计而成，虽然从外表上看不出来。例如，东英格兰大学（East Anglia）的伊丽莎白·弗赖伊大楼（Elizabeth Fry），外观、空间和采光都遵循大学建筑风格，而它采用的措施使其成为该类建筑中能耗最低的之一。

由于缺乏其他的分类方法，因此我仅根据建筑的大小、形状和布局把它们分为6大类，除住宅（Houses）以外，分类和建筑的用途无关，也不依据风格和外观作划分，分别是：大厦（Mansions，指大而功能复杂的单体建筑）；住宅（Houses，居民在其土地上的住房）；园区（Campuses，物理上和视觉上相连的建筑）；小型建筑（Pavilions，独立的低矮建筑）；大都会（Metropolis，城市中有代表性的建筑）；塔楼（Towers，高度比宽度和深度都大很多的单体建筑）。

本文要求每座建筑的设计师都提供建筑的详细描述，特别是技术信息、照片和图纸。生态气候学建筑的设计形式各不相同，它们有时在视觉上很压抑，而且常常很复杂。正因如此，我们发觉关键是用数据和图纸作照片的后援，建筑的各部分细节通常是特别有说服力的。

建筑的照片无一例外地反映了它们刚刚竣工时的状况。这些拍摄一般而言是建筑的记录，在交付给用户时，或多或少是建筑师个人的设想。用户下一步要做的就是脱离设计师的控制，甚至不必去证明它。浏览一下建筑图书馆中的那些图片，就一定程度上表明了建筑的变化。后来的重新粉刷、变更、扩展、拆除来满足用户的需求，而常常会采用流行的风格。对建筑重新改造的方式是生态气候学建筑应该关注的。我们在这里评价它们的诞生，也许当它们到青年、成年和老年时期也将被评价，并成为其质量的评价依据。

“能工巧匠们从容地将他们的金色大厦以活泼的形式排布在奥林匹克山上。”

（亚历山大·蒲柏，《伊利亚特》Ⅸ.103）

4.1 大厦

复杂社会决定了要有复杂的建筑。纵观整个世界，到处都有为满足各种复杂的仪式和宗教需要修建的建筑物。其中许多有详尽的文字记载：例如耶路撒冷的圣殿和君士坦丁堡的宫殿。而古罗马的那些更有实用价值的公共建筑，像遍及罗马甚至整个帝国的规模宏大的市场、公共澡堂和剧院等等，却仍能适应当今的时代。当代的大厦——如政府办公楼、艺术中心、公司总部——也面临着同样的挑战：既要符合建筑学的要求，又要实用。

罗马，卡拉卡拉浴场(Baths of Caracalla)废墟(212～216年)

建筑名称：
东京煤气"地球港"

客户／所有者：
东京城市煤气开发有限公司

使用者：
东京煤气有限公司

地点：
日本，横滨

设计者：
国日建设株式会社（Nikken Sekkei）

完工日期：
1996年5月

总面积：
5634 m^2

建筑成本：
9百万英镑

气候区：
温带

建筑能源特性：

主要朝向：
南北向

自然通风（总室内自然通风的百分比）：
58%

夜晚通风提供：
自然

建筑外围热传输：
0.33 $W/m^2 \cdot ℃$

建筑物大量热存储是否作为能源策略之一：
否

太阳能控制系统：
固定的外部与内部百叶窗

光照（白天所需室内人工照明的净地面积百分比）：
58%

人工照明是否采用节省能源的控制：
是

其他：
——

HVAC系统：

燃料利用：
100%天然气

锅炉类型：
吸收天然气类型的锅炉与冷却器

供热系统：
所有空气（VAV）

机械通风：
——

空气调节类型：
所有空气（VAV）

热回收：
——

能源性能：

总计：
19kW/h/m^2（7月）

人工照明：
2kW/h/m^2（7月）

制冷：
14kW/h/m^2（7月）

机械通风：
3kW/h/m^2（7月）

供热：
——

总估计二氧化碳输出：
N/S

环境／健康因素：

用以减少包含能源和传输能源消耗的材料／组件选择策略：
没有

利用可再生的材料：
可再生的混凝土块、纸和砖

属于被控制使用资源的木料：
——

特殊水保存设备：
废水与雨水处理系统

自然有机污水处理：
没有

鼓励公共运输工具的使用措施：
没有

东京煤气"地球港"

日本，横滨

东京煤气有限公司总部大楼的设计体现了该公司最大限度地发挥能源的效用以及重视环保的原则。办公区建在3个15m（49英尺）深的地基上。由于场地的限制，其设备层及停车场均建在大楼的两层半地下的基座中。节能战略的关键是"以生态为核心"的概念，一条沿大楼的长边面北而建的中庭，用作主要的交通空间和公司产品的展示。

利用中庭内上升的暖空气产生的群组效应来保持办公区的通风。中庭把外面的空气吸到底部，之后吸入的空气从各层楼板下方从中庭敞开的部分进入办公室（办公室与中庭之间由一条走道和一个四分之三高的半透明玻璃屏隔开）。空气经由屋顶上的风塔和高空排气孔排出。基座中的设备层，如会议设施等都安装了空调。

阳光通过中庭或南面的玻璃带进入办公区。外面安装在距窗户顶部1.25 m（4英尺）处的水平遮阳板也起着遮光的作用，遮阳板上方的光线由于漫射玻璃的作用变得不再那么刺眼。

楼板探出建筑物外墙面600 mm（24英寸）的部分也遮挡了部分窗户上部的光。这一探出部分还能在擦玻璃时派上用场。办公室的顶棚向办公区的中心略微倾斜，从而能最大限度地利用阳光。

中庭玻璃由大而弯曲的薄木条支撑。这些玻璃组成固定的密封单元，玻璃外层覆有一层低放射率的材料。这种类型因其少见的面北朝向，所以没有光线控制装置。

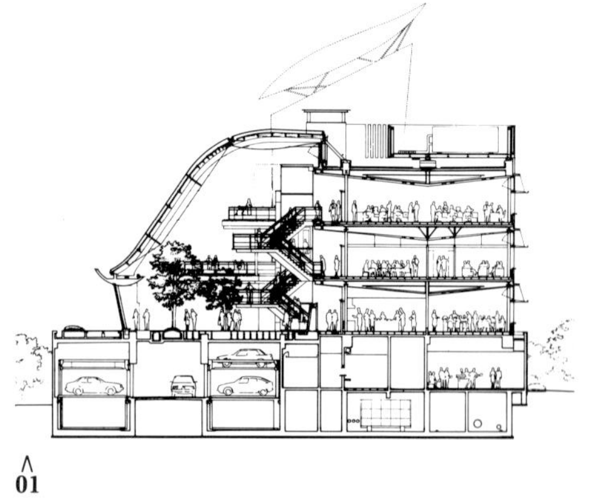

^ 01

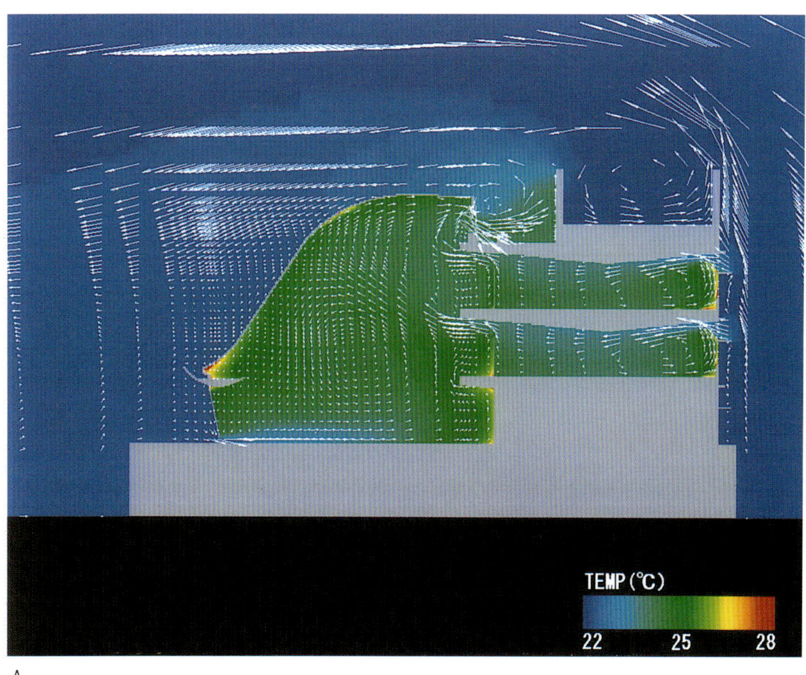

02

03

01> 剖面图，3层办公区，接连的中庭、停车场和在建筑基座中的设备层。

02> 剖面经过测算的气流运动图（CFD），显示预测温度与空气流动方向。

03> 建筑北面视图。北面的中庭是个特别的地方，它减轻了热量过剩问题，但同时也减少了冬日阳光的收集。

<04

05>

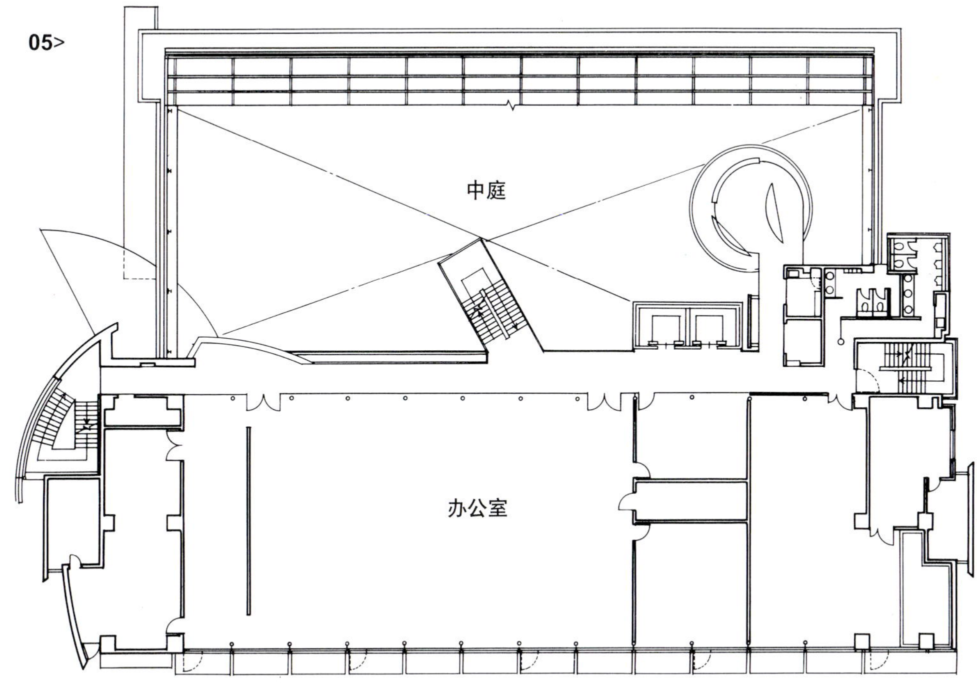

∧
06

04> 中庭有个木支撑结构的楼梯，用作通道与展示空间。

05> 首层平面图，在办公室与中庭之间安置了一个玻璃屏，但空气可以在屏上面流动。

06> 南面的窗户通过遮阳板能够避免部分太阳的直射。上层窗户能够调节空气，而且是自动操作的。

建筑名称：
约翰·孟纳兹总部

客户／所有者：
约翰·孟纳兹批发部

使用者：
约翰·孟纳兹批发部

地点：
苏格兰爱丁堡

设计者：
本尼特协会

完工日期：
1995年

总面积：
4800 m^2

建筑成本：
N/S

气候区：
温带

建筑能源特性：

主要朝向：
西，东北，西南

自然通风（总室内自然通风的百分比）：
0

夜晚通风提供：
动力

建筑外围热传输：
超标准

建筑物大量热存储是否作为能源策略之一：
是

太阳能控制系统：
均分窗格百叶窗

光照（白天所需室内人工照明的净地面积的百分比）：
0

人工照明是否采用节省能源的控制：
——

其他：
——

HVAC系统：

燃料利用（%）：
N/S

锅炉类型：
N/S

供热系统：
周边散热器

机械通风：
置换式

空气调节类型：
在单元办公间采用风扇

热回收：
——

能源性能：

总计：
N/S

人工照明：
N/S

制冷：
N/S

机械通风：
N/S

供热：
N/S

总估计二氧化碳输出：
N/S

环境／健康因素：

用以减少包含能源和传输能源消耗的材料／组件选择策略：
没有

利用可再生的材料：
没有

属于被控制使用资源的木料：
没有

特殊水保存设备：
没有

自然有机污水处理：
没有

鼓励公共运输工具的使用措施：
没有

约翰·孟纳兹总部

苏格兰，爱丁堡

约翰·孟纳兹总部内设有为苏格兰的零售和配送公司提供批发的部门，这些公司向全英国的零售商供应杂志和报纸。该座建筑坐落在爱丁堡公园商业区，该区由理查德·迈耶作主要规划，伊恩·怀特协会承担景观设计。它位于爱丁堡郊外，那里冬季寒冷，还常有强风，夏季则凉爽宜人。在迈耶规划的矩形网格内，建筑朝南而建，能够俯瞰一个小小的湖泊，停车场将大楼与主干道隔开。

这个总部反映了英国流行的建筑理念——低能耗写字楼，正好与其位于北方的地理位置相适应。该项设计模仿本尼特协会为电能公司（Power Gen）设计的那座颇有影响的总公司大楼。建筑围绕一个中庭布置了一个单元和三面开放式办公区。东面有会议室和能够俯瞰到水面的餐厅，样式简洁并且是透明的，这样人们坐在办公室里就能观赏风景。西面是服务中心，成为办公室和马路之间的一个缓冲区，减少了噪声的影响。办公室地板的承梁有12m，还有部分装有玻璃的天井，使得阳光能够照到各个角落。

结构体系是预制的椭圆形平顶楼板与机械装置融合在一起，这个楼板还带有拱腹，固定在混凝土的框架中。还提供冷气，冷气通过暴露在外面的温控器和一个混合方式的通风系统，以及为安装光缆和照明设备而设的凹道来输送。窗户装有低透光率的双层百叶窗，均分窗格，仲夏时节可以打开，使屋内更舒适。苏格兰的气候和办公室的现代化设备决定了不能完全依靠自然通风。于是，在通常情况下窗户是关着的，高起的实心地板通过格子流通空气；而这些格子也通过中庭换气，在现代化办公室里，换气是通过不停地变换埋在顶棚中的管道位置实现的。会议室内有空调。

建筑东立面的墙壁是大型玻璃幕墙，顶部覆盖花岗岩板，形成一个建筑外部的防雨系统。

在英国，低能耗、中央为天井式的写字楼越来越多，这座建筑就是这种类型写字楼的一个成功范例。

01>

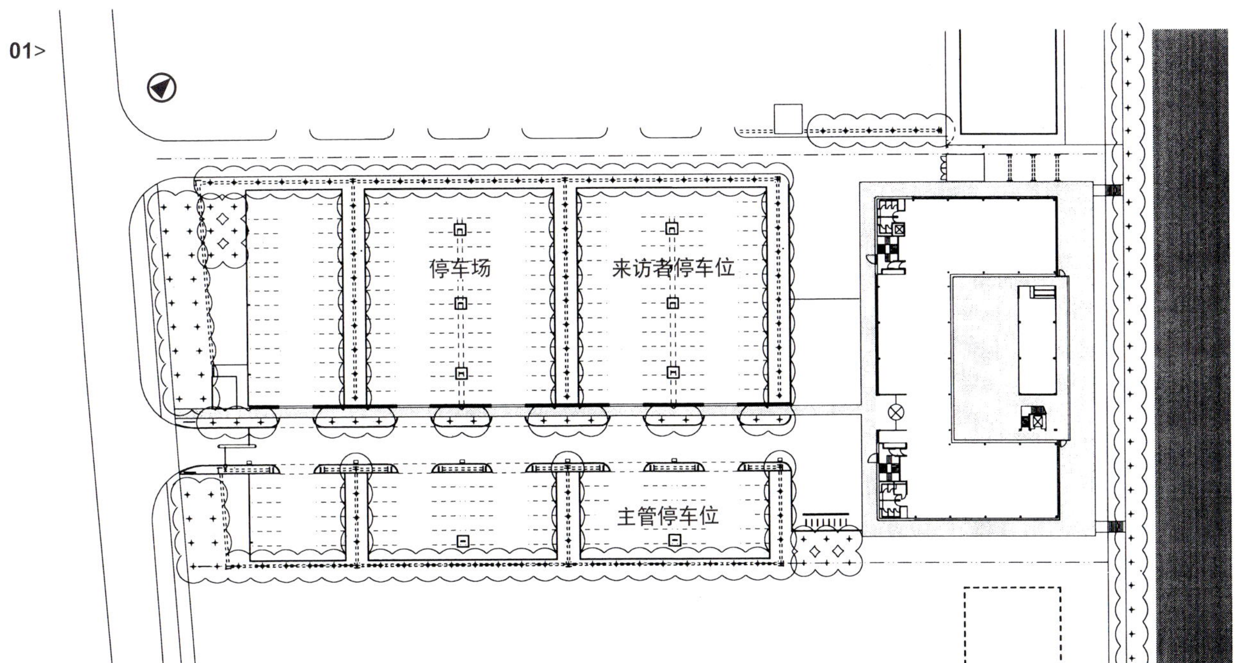

02

01> 总平面图，显示建筑东北面的小湖，在西南面还有一个十字路口。

02> 从小湖角度看的建筑外观。

03> 剖过中庭的南北向剖面图。

04> 从中庭看南向会议室。

05> 办公区向中庭敞开。从中庭来的新鲜空气充满整个办公空间。

03>

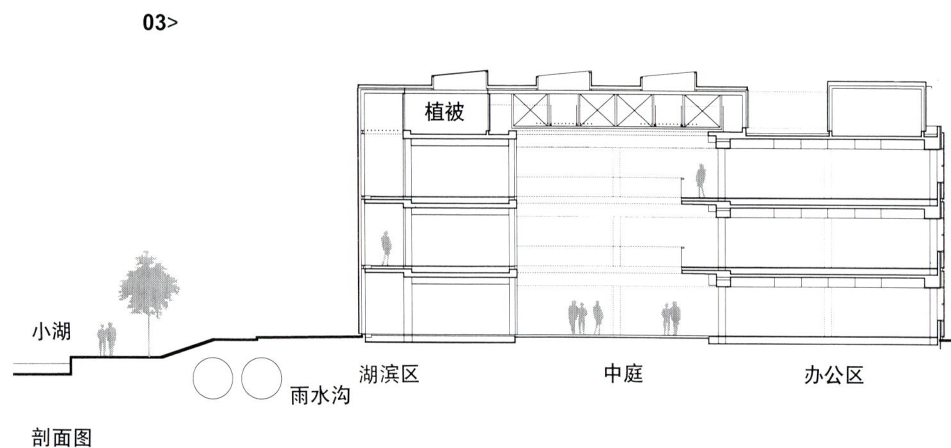

剖面图

建筑名称：
J·沃尔特·汤姆森公司总部

客户／所有者： 米切尔·路雷克斯，法兰克福	**完工日期：** 1995年11月
使用者： J·W·汤姆森	**总面积：** 5915 m²
地点： 德国法兰克福	**建筑成本：** 8百万英镑
设计者： 施奈德（Schneider）和舒马赫（Schumacher）	**气候区：** 大陆性

建筑能源特性：

主要朝向： 南北向	**太阳能控制系统：** 太阳能控制玻璃和外部遮阳设施
自然通风（总室内自然通风的百分比）： 50%	**光照（白天所需室内人工照明的净地面积的百分比）：** N/S
夜晚通风提供： 动力	**人工照明是否采用节省能源的控制：** N/S
建筑外围热传输： 标准	**其他：** ——
建筑物大量热存储是否作为能源策略之一： 是	

HVAC系统：

燃料利用（%）： 电力66%，天然气34%	**机械通风：** 置换式通风
锅炉类型： 标准天然气	**空气调节类型：** 小型非中心系统（仅用于会议室）
供热系统： 集中热水系统	**热回收：** 没有

能源性能：

总计： N/S	**供热：** N/S
人工照明： N/S	**总估计二氧化碳输出：** N/S
制冷： N/S	
机械通风： N/S	

环境／健康因素：

用以减少包含能源和传输能源消耗的材料／组件选择策略： 没有	**特殊水保存设备：** 没有
	自然有机污水处理： 没有
利用可再生的材料： 没有	**鼓励公共运输工具的使用措施：** 没有
属于被控制使用资源的木料： 没有	

J·沃尔特·汤姆森公司总部

德国，法兰克福

这个广告代理公司的总部坐落在法兰克福东部一个伸出的绿化带的北端。平行于大楼的北边是一条繁华的公路，南面是码头区，从主楼直角处的入口，穿过一个小接待区（包括一个广告区），就可进入大楼内部。

大楼北部的电梯厅就像一个巨大的商店橱窗，透过6层楼高的屋顶悬挑的玻璃墙，可以看到建筑内部的结构、交通和工作的人们。在玻璃墙背后有一个通向6层的楼梯和两部电梯。这里的清澈和通透是设计的一部分，一反公司大楼缺乏透明感和广阔视野的传统。

建筑北立面及其交通空间形成一个声和热的屏障，它遮挡了外面马路上的噪声并减少了热损失。北面朝向没有过热的危险，而南立面采用热反射玻璃可解决过热的问题。悬挑式的阳台也能起隔热作用，并可用来观看附近码头的景色。

为了保温，裸露的水泥顶棚可以用来储存热量，而控制通风设备可保持热平衡。新鲜空气从抬高的地板系统输入到楼内，该系统也被用来铺设计算机和通信电缆。当浊空气从房间上方吸出去时，热量传递给刚输入的新鲜空气。更温和的南面的办公室可以用窗户通风。

目前该建筑是气动的，但设计也适应将来综合采用太阳能。露台、会议室和自助餐厅都设在屋顶，它们的梯形形状体现其承重的要求。

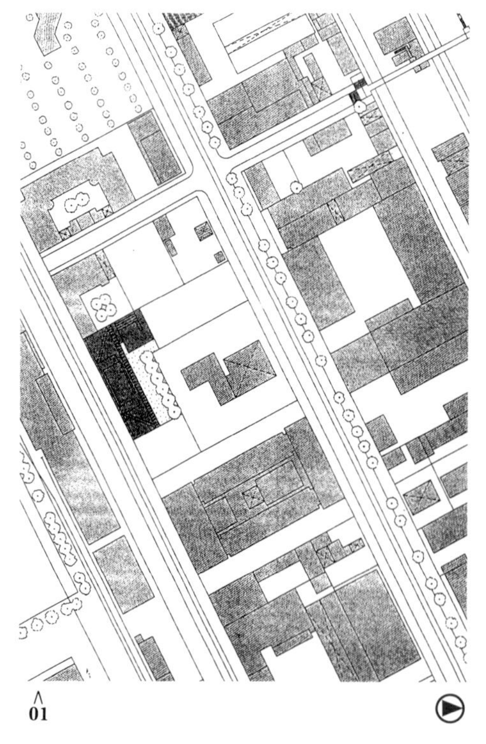

01

02>

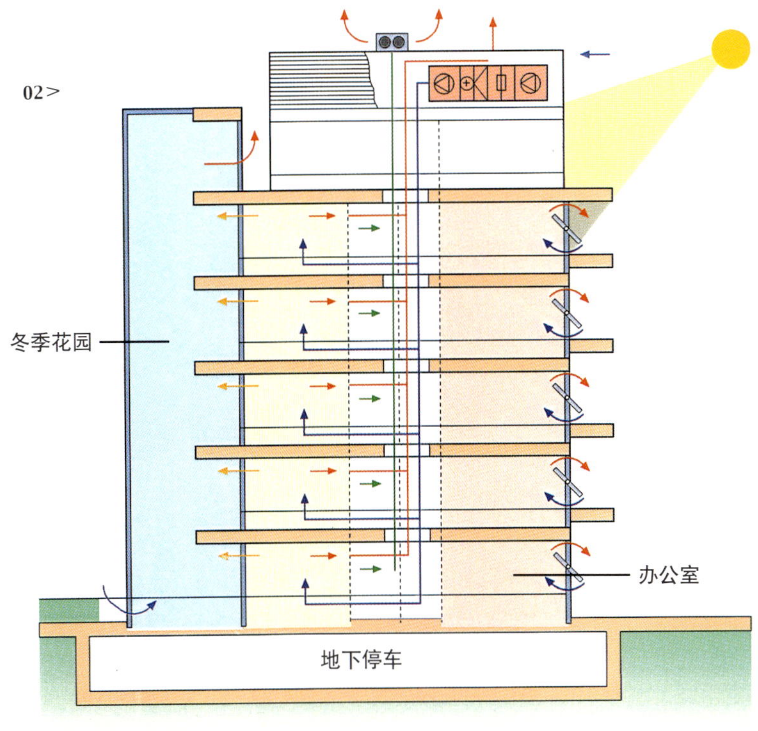

01> 总平面图。办公大楼建在城市东边的旧码头区，朝向繁华的Hanauer Landstrasse。

02> 剖面图。在一个屋顶悬挑的绝缘玻璃墙之后，是朝北（图左）的冬季花园，作为一个热和声音的缓冲。在中心会议室有一个小空调机，但是在另一面的办公室是天然通风的。

03> 南立面也是玻璃的，但是窗户可以打开为后面的办公室提供天然通风。每层都有长长的阳台，能看到那个旧码头。

03

04

05

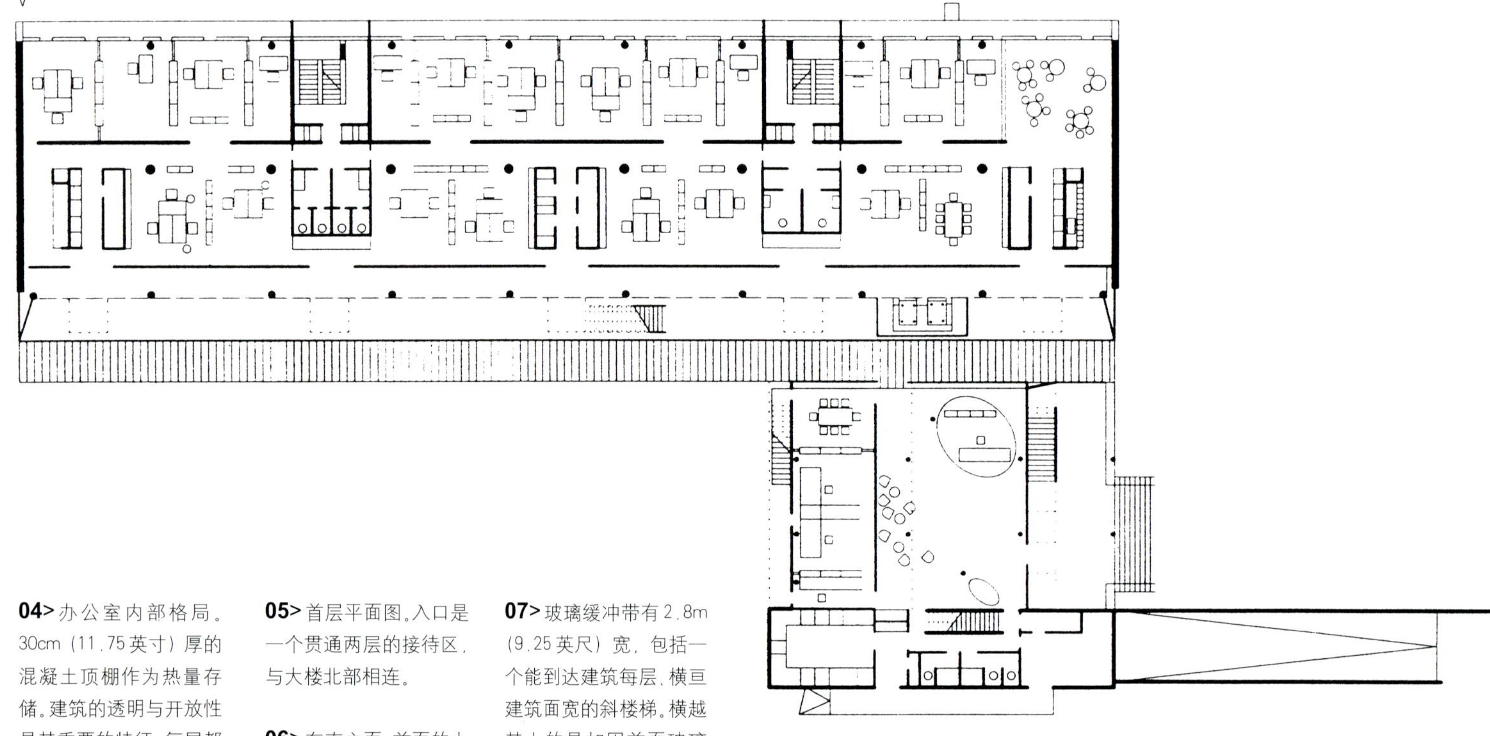

04> 办公室内部格局。30cm（11.75英寸）厚的混凝土顶棚作为热量存储。建筑的透明与开放性是其重要的特征。每层都有走廊通向冬季花园，并且是向南开敞的。

05> 首层平面图。入口是一个贯通两层的接待区，与大楼北部相连。

06> 东南立面。前面的大玻璃是3.4m×1.8m(11英尺×6英尺)的，悬挂在钢架上，不仅隔离后面的建筑，而且可以作为象征性的透明的“商店橱窗”，适合作广告代理的办公室。

07> 玻璃缓冲带有2.8m（9.25英尺）宽，包括一个能到达建筑每层、横亘建筑面宽的斜楼梯。横越其上的是加固前面玻璃与后面混凝土结构的水平连接件。

06

07

建筑名称：
爱奥尼克

客户／所有者： 剑桥圣约翰学院	**完工日期：** 1994年9月
使用者： 爱奥尼克	**总面积：** 4500 m^2
地点： 英国剑桥	**建筑成本：** 6百万英镑
设计者： RH合作室	**气候区：** 温带

建筑能源特性：

主要朝向： 南北向	**太阳能控制系统：** 固定的外部、内部百叶窗／天窗
自然通风（总室内自然通风的百分比）： 70%	**光照（白天所需室内人工照明的净地面积的百分比）：** N/S
夜晚通风提供： 天然与动力	**人工照明是否采用节省能源的控制：** 是
建筑外围热传输： 超标准	**其他：** ——
建筑物大量热存储是否作为能源策略之一： 是	

HVAC系统：

燃料利用（%）： 电力100%	**机械通风：** 置换式通风系统
锅炉类型： ——	**空气调节类型：** 置换式通风系统
供热系统： 电力	**热回收：** 是

能源性能：

总计（W/h/m^2/y）： 127k	**供热（W/h/m^2/y）：** 35k
人工照明（W/h/m^2/y）： 15k	**总估计二氧化碳输出：** 95kg/m^2/y
制冷： N/A	
机械通风（W/h/m^2/y）： 18k	

环境／健康因素：

用以减少包含能源和传输能源消耗的材料／组件选择策略： ——	**特殊水保存设备：** 标准
	自然有机污水处理： 没有
利用可再生的材料： 没有	**鼓励公共运输工具的使用措施：** 没有
属于被控制使用资源的木料： 是	

爱奥尼克

英国，剑桥

该建筑为爱奥尼克（lonica）电信公司提供了主要的办公空间。共有3层，平面对称式，中央是一个小中庭，或者更确切地说，是一个大的灯井。这是依据“综合模式”而设计，可以更加有效地利用能源、创造舒适的环境，并将自然通风与机械通风相结合。

自然通风通过中庭的烟囱效应实现，上面装有一排6个风塔，辅助中庭完成通风。机械装置将置换的空气通过地板进行输送。除一层面积有限的防水层外，没有安装吊顶，这样办公室内的空气与地板间的空气形成了良好的对流。此外，再加上通过机械手段产生穿过地板的空气，使这座建筑变成了一个热调节器，白天吸收热空气，晚上空气温度降低之后再把它们排放出去。照明设备里加装了声学控制板，弥补了没有吊顶的不足。外界温度合适时，就直接引进外面的空气。而在其他时候，就要用人工手段根据需要对空气进行冷却或加热。风塔旁还安装了一台热回收装置，这个装置能将不流动的热空气转变成新鲜空气。

南面的窗户用安装在外部的水平向遮阳百叶窗，强调了建筑正立面的水平向构图，而且使人有一种置身于海上的独特感觉。北面的墙面对一条快车道向外凸起，由带孔的砖墙构筑，显得更加朴素。

这栋建筑是目前一系列英国办公楼设计的发展趋势之一，由于应用了能量守恒原理，建筑更加人性化和反映内部功能，并且在设计时有更加长远的考虑，克服了20世纪六七十年代空调办公室的种种弊病：比如不顾社会效益、具体计划中存在某些不可操作性等等。

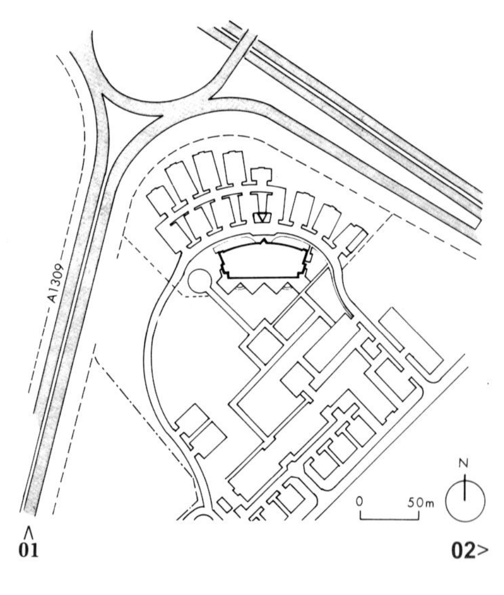

01> 总平面图。建筑物的短轴是南北向的，为的是减少太多朝东和朝西的窗户，以及早晚阳光的直射。

02> 作为主要景观的南立面，檐口悬挂的构件。

注释：

1 植被
2 会议室
3 设备间
4 入口大厅
5 办公室
6 开放的办公区

03>

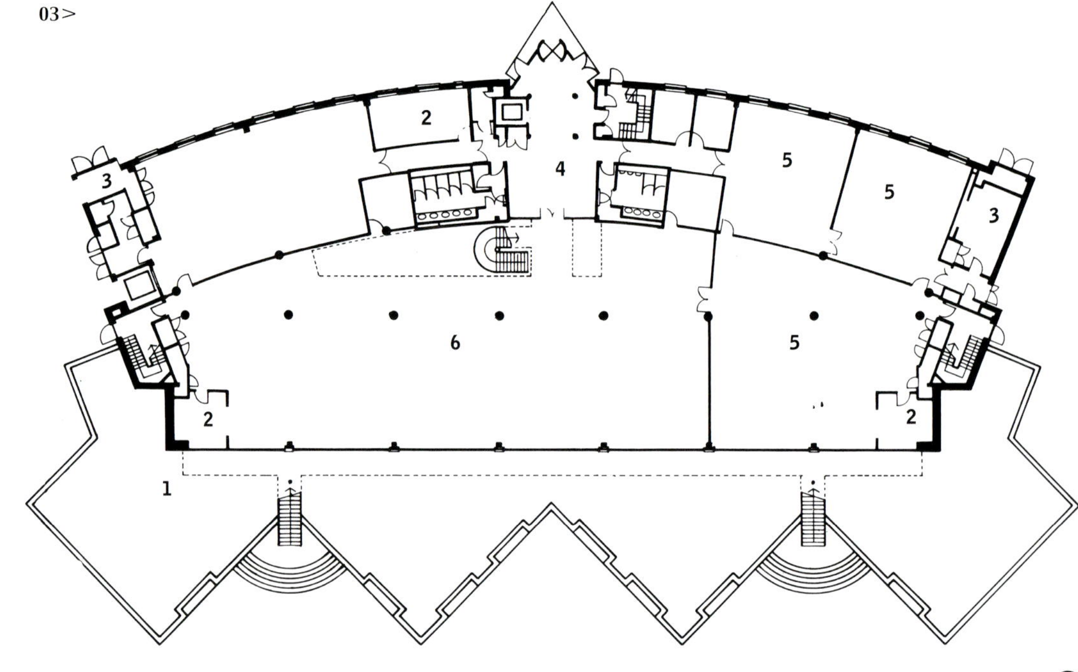

∧
04

<05

03> 首层平面图。主入口在北面，南边有台阶。相对较小的中庭用虚线表示出来。

04> 东南面视图，6个风塔。

05> 从开放的办公区看中庭。

06> 屋顶与一个风塔的剖切图。风塔可以排除夏天的热空气，周密考虑的设计保证风塔在各种风速下能有效运作。

06>

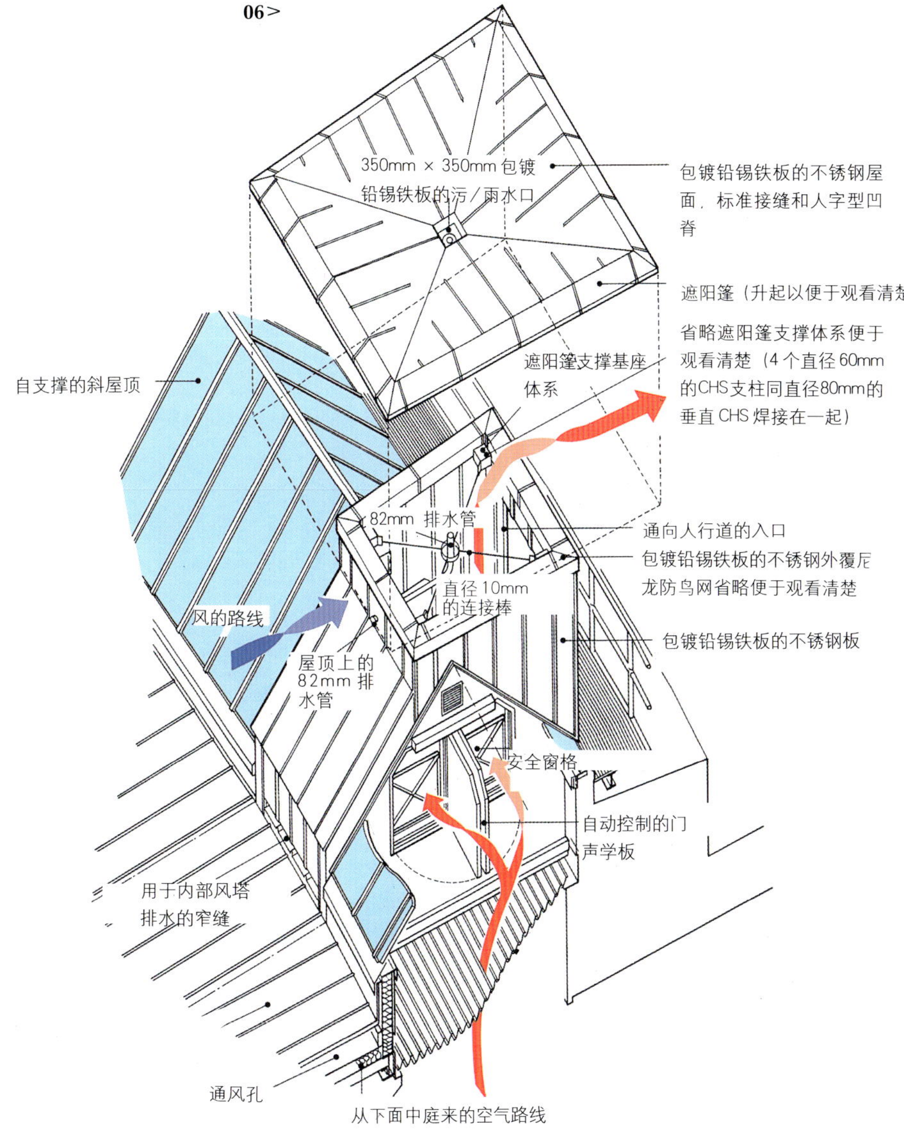

建筑名称：
高级光电系统（APS）生产厂

客户／所有者：
EJC 公司
使用者：
BP 太阳能公司
地点：
美国加州菲尔德
设计者：
Kiss Cathcart

完工日期：
1993 年
总面积：
6500 m^2
建筑成本：
850 万英镑
气候区：
地中海式气候

建筑能源特性：

主要朝向：
南北向
天然通风（总室内天然通风的百分比％）：
0
夜晚通风提供：
动力
建筑外围热传输：
标准
建筑物大量热存储是否作为能源策略之一：
否

太阳能控制系统：
固定的外部、内部百叶窗／天窗。
光照（白天所需室内人工照明的净地面积的百分比）：
N/S
人工照明是否采用节省能源的控制：
否
其他：
——

HVAC 系统：

燃料利用（％）：
电力
锅炉类型：
燃烧煤气
供热系统：
燃烧煤气加热水

机械通风：
——
空气调节类型：
冷却水循环和风扇
热回收：
——

能源性能：

总计（W/h/m²/y）：
120.6k
人工照明（W/h/m²/y）：
15.8k
制冷（W/h/m²/y）：
83.4k
机械通风（W/h/m²/y）：
21.4k

供热：
N/S
总估计二氧化碳输出：
N/S

环境／健康因素：

用以减少包含能源和传输能源消耗的材料／组件选择策略：
没有
利用可再生的材料：
没有
属于被控制使用资源的木料：
没有

特殊水保存设备：
没有
自然有机污水处理：
没有
鼓励公共运输工具的使用措施：
没有

高级光电系统（APS）生产厂

美国，加利福尼亚，菲尔德市

加利福尼亚菲尔德的APS生产厂是生产新一代太阳能发电组件的设备。这座建筑在设计上不单是为了生产光电组件，还作为一个把光电系统安装到建筑结构里的范例。其主要入口上方有一个“太阳能立方体”，里面装有生产控制器和监察设备。生产车间的立方体嵌在混凝土和不锈钢结构体系内，其能源供应是自给自足的：光电组件与幕墙和天窗融为一体，在雨篷上沿南墙一线装配，生产出充足的电力供所有立方体的冷却和照明使用。

生产车间有一条印刷线，采用先进的机械设备，每年生产 186000 m^2（610000 平方英尺）的薄胶片 PV 组件。由于主建筑对能源和环境问题少有让步，大楼的服务设施在必要的地方采取能源节约措施。办法是提供一个接一个区的灵活系统。沿中央屋脊设置管道、喷淋和通风孔，可以根据需要调节小片区域。喷淋可将冷却后的空气排放到地面上的指定区域，此时其他区域和车间上部空间的温度仍相对较高。屋顶通风孔设在氧化锡和硅沉淀炉上方，夏季热气就能散发出去，减轻了制冷设备的负担，从而节约能源。

菲尔德干燥的气候非常适合能源的节约和无污染的蒸发制冷。制冷系统采用APS的冷却塔作为冷却的资源，减少了制冷设备的使用，因此节约了更多的能源。

∧
01

02 >

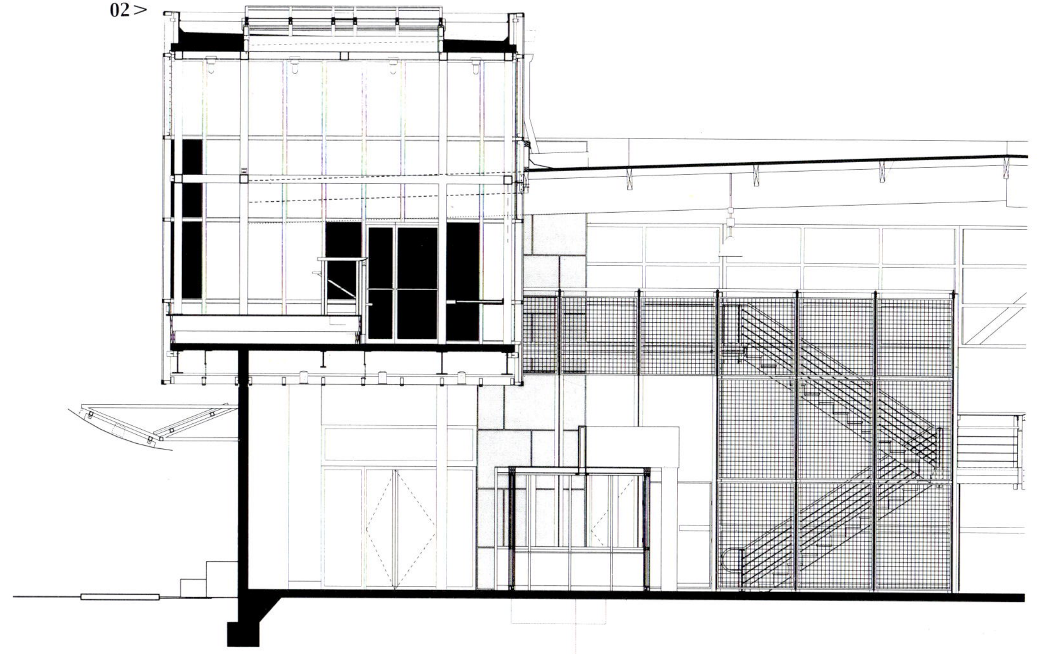

^
03

01> 与主入口相连的"太阳能立方体"。光电组件与幕墙和雨篷连为一体（在屋顶也同样）。

02> 从"太阳能立方体"剖开的剖面图。

03> 入口大门，其中有个通向"太阳能立方体"的楼梯。

建筑名称：
图书馆与文化中心

客户／所有者：
黑尔腾市
使用者：
N/S
地点：
德国黑尔腾
设计者：
LOG ID　Dieter Schempp

完工日期：
1994年9月
总面积：
4610 m^2
建筑成本：
980万英镑
气候区：
温带

建筑能源特性：

主要朝向：
东南
自然通风（总室内自然通风的百分比）：
100%
夜晚通风提供：
天然
建筑外围热传输（W/m² ℃）：
墙：0.35
玻璃：1.3
屋顶：0.3
地面：0.21
建筑物大量热存储是否作为能源策略之一：
是

太阳能控制系统：
用植物遮阳
光照（白天所需室内人工照明的净地面积的百分比）：
图书馆：50%
温室：0%
人工照明是否采用节省能源的控制：
没有
其他：
——

HVAC系统：

燃料利用（%）：
间接太阳能40%
锅炉类型：
N/A
供热系统：
屋顶的收集器加热空气以及电站直接加热的热处理系统
机械通风：
是（图书馆）
空气调节类型：
没有
热回收：
是
能源性能：

总计：

N/S
人工照明：
N/S
制冷：
N/S
机械通风：
N/S
供热：
N/S
总估计二氧化碳输出：
N/S
环境／健康因素：

用以减少包含能源和传输能源消耗的材料／组件选择策略：
采用天然材料
利用可再生的材料：
N/S
属于被控制使用资源的木料：
N/S
特殊水保存设备：
N/S
自然有机污水处理：
N/S
鼓励公共运输工具的使用措施：
位于步行区

图书馆和文化中心

德国，黑尔腾

这座公共建筑由两个相互连接的部分组成：一座4层高的图书馆和一个文化中心。文化中心是一座贯通4层的圆形玻璃建筑。图书馆和文化中心共用一个前厅，前厅位于整座建筑的西北面。有走廊从图书馆一直通到文化中心，演出的时候可以用作看台。文化中心的西边是一个咖啡厅，其前方是一个圆形共享区，夏天的时候它的玻璃墙可以打开。

该项目位于鲁尔小镇的中心，由建筑师倡导新设计思路。这个富有创新精神的建筑实践注重发掘被动式太阳能和绿色植被的潜能。

为了达到对阳光的最佳利用效果，建筑的顶部修建了一个巨大的锯齿状玻璃屋顶。屋顶下面是太阳能收集装置，用来加热大楼内的水和空气。加热的空气为图书馆和圆形玻璃建筑供暖。当外界空气温度非常低时，可用一个发电站多余的热补充热量。图书馆的混凝土墙壁和顶棚吸收热量，并使建筑内部保持恒温。在热天，文化中心的屋顶可以打开，形成一个调节温度的筒，降低下面的温度。

走廊和圆形建筑里种植了亚热带植物，其作用是增加氧气、吸收部分声音及遮阴。

∧
01

01> 主入口的西北视图。某些设计因素特别是非同寻常的玻璃屋顶是它设计上最抢眼的地方。

02> 剖面图。圆柱形玻璃幕墙和第四层图书馆。锯齿状的屋顶是太阳能收集器，它能够加热水和空气，是以低技术为特征的LOG ID事务所设计风格的建筑。

03> 北面视图。圆形Jakobsplatz，用来呼应图书馆角落里的圆柱塔和艺术中心的玻璃室。图书馆巨大的混凝土结构（图左）用来存储热量，与在同一个锯齿状屋顶下的钢制玻璃幕墙形成鲜明的对照。

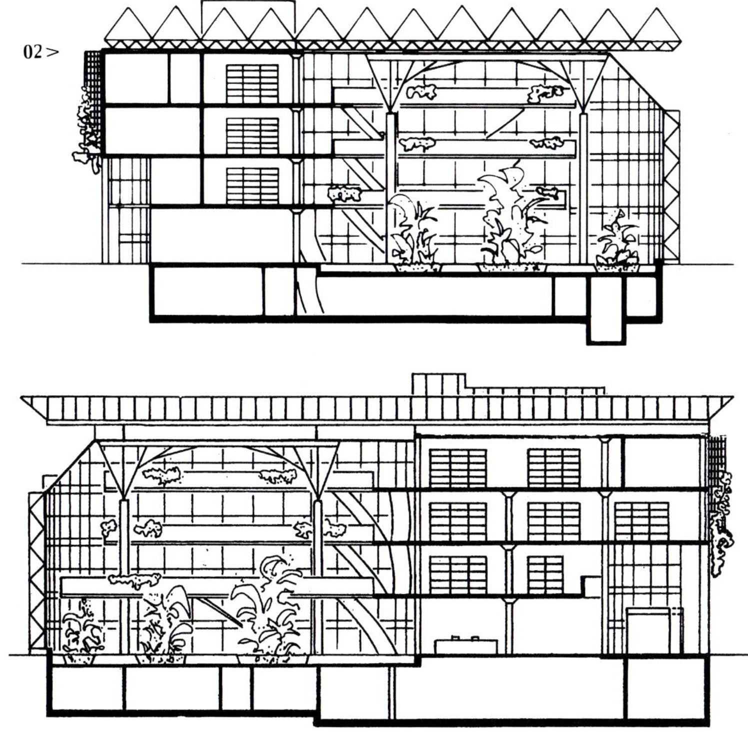

∧
03

04> 仰视玻璃幕墙和悬挂的玻璃屋顶。幕墙表面的玻璃有较高的绝缘性能。幕墙的顶在热天可以打开，形成一个热筒用来抽取热空气，使屋内凉爽。

05> 首层平面图。第一眼看去，这个复杂的建筑物建立在已建成的城市中心，并不是一个LOG ID的太阳能设计的理想代表，然而却保留了其设计思想的真正内涵。

注释：

1 楼梯
2 接待区
3 问讯台
4 咖啡厅
5 圆形大厅

^
05

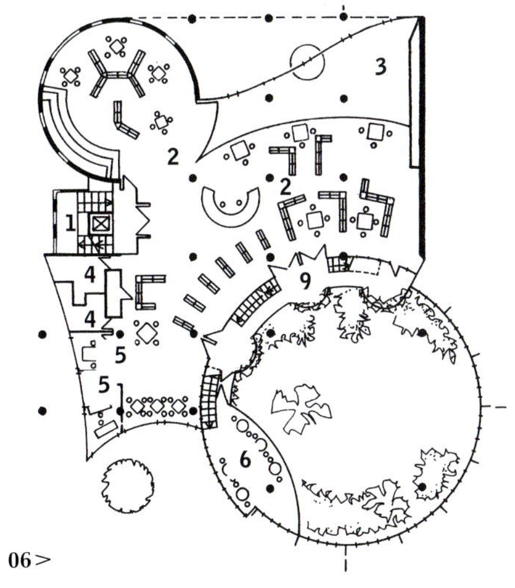

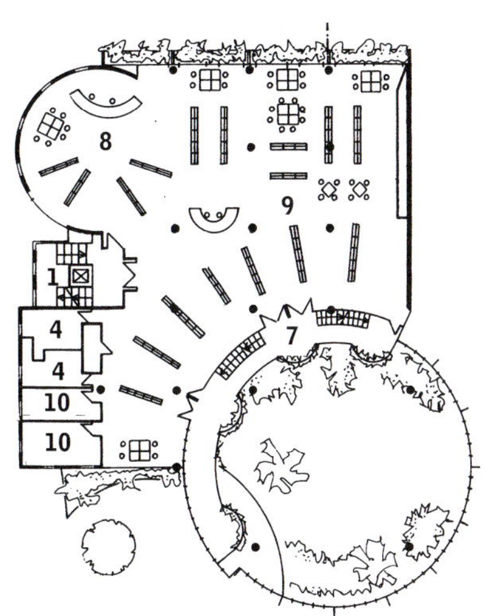

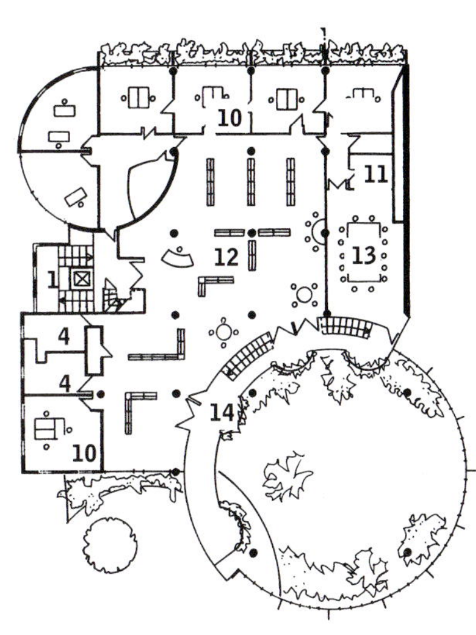

06>

07^

06> 上部各层平面图

注释：

1 楼梯
2 儿童阅览室
3 通风区
4 洗手间
5 工作间
6 走廊兼咖啡厅
7 图书馆走廊
8 音像区
9 非小说区
10 办公室
11 厨房
12 小说区
13 会议室
14 走廊

07> 从第二层走廊看玻璃筒（被布置成大型温室）内的灵活空间，其中的植物是重要元素，这不仅在于它们的外形，还在于它们能够产生阴凉和提高建筑物内部的氧气浓度。

建筑名称：
NREL 太阳能研究机构

客户／所有者： 美国能源部 **使用者：** 国家可再生能源实验室 **地点：** 美国科罗拉多州戈尔登 **设计者：** Anderson DeBartolo Pan有限公司 首席设计师：Jack DeBartolo Jr	**完工日期：** 1993 年 10 月 **总面积：** 10683 m² **建筑成本：** 1200 万英镑 **气候区：** 大陆性

建筑能源特性：

主要朝向： 南 **自然通风（总室内自然通风的百分比）：** 没有 **夜晚通风提供：** 没有 **建筑外围热传输：** 标准 **建筑物大量热存储是否作为能源策略之一：** 是，采用太阳能吸热壁	**太阳能控制系统：** 固定的外部；活动的内部（东立面和西立面）；太阳能控制玻璃窗（南立面） **光照（白天所需室内人工照明的净地面积的百分比）：** 50% **人工照明是否采用节省能源的控制：** 是 **其他：** ——

HVAC 系统：

燃料利用（%）： 电力 100%； 可复用（光电）12kW **锅炉类型：** 电力 **供热系统：** 对用过的空气热回收	**空气调节类型** 办公室：单独的管道VAV，终端经济的再加热系统，以及直接蒸发制冷 实验室：有条件的空气制造供应，分配系统，以及不断的大量的终端再加热控制

能源性能：

总计： N/S **人工照明：** N/S **制冷：** N/S **机械通风：** N/S	**供热：** N/S **总估计二氧化碳输出：** N/S

环境／健康因素：

用以减少包含能源和传输能源消耗的材料／组件选择策略： 没有 **利用可再生的材料：** 没有 **属于被控制使用资源的木料：** 没有	**特殊水保存设备：** 没有 **自然有机污水处理：** 没有 **鼓励公共运输工具的使用措施：** 没有

NREL 太阳能研究机构

美国，科罗拉多，戈尔登

该太阳能研究机构（SERF）是一座面积有1394m²的实验室，是为美国能源部下属的国家可再生能源实验室（NERL，译者注）而建的。该研究机构位于南塔布山上，这是科罗拉多州的一个海拔较高的半干旱地区，装备有标准的多功能设备，进行光电、基础科学、数学、超导和光电转化方面的研究。这个机构由3个相邻的阶梯状单元组成，每一单元的前部是办公区，后部是实验区。东西朝向的办公室能互相看见，每间办公室向其后面的实验室倾斜。中间部分包括大厅、带平台的日光浴室、礼堂和会议室。

办公区穿过一条使实验室和工作站之间更近便的走廊。大部分办公室在一层。每间办公室都能看见外面的风景，日光可以通过阶梯形的通风窗照进屋内90英尺（27.4m）远的地方，这样就能减少办公区照明用能源的消耗。

实验室有可调节的环境控制器、井式楼板和减振地板，以及在空气控制、高效利用材料方面级别均很高的安全措施。活动的墙壁和灵活实用的网络，令实验室能够根据不同研究的需要扩大、缩小或者重新布置。

机构中应用了一项节能技术，据估计这项技术每年可节约运营成本将近20万美元。这项技术包括一堵"太阳能吸热壁"，它能将热量散布到整座建筑；感光遮阳窗，能根据日照强度自动升起或降下；还有一个能将排放出的热进行再利用的系统，这个系统从排出的气体中吸取热量用来预热流入的空气。

建筑的节能问题在某种程度上来自于对建筑的日常管理、对楼内环境的关心程度，以及对能源利用问题的认识程度有关。能源研究机构的管理人员和职员们对这些问题异常敏感。他们注重如何让整座建筑有效运转，也知道该怎样达到这个目的，而这些都将会对节能问题产生巨大影响。

<01

02 >

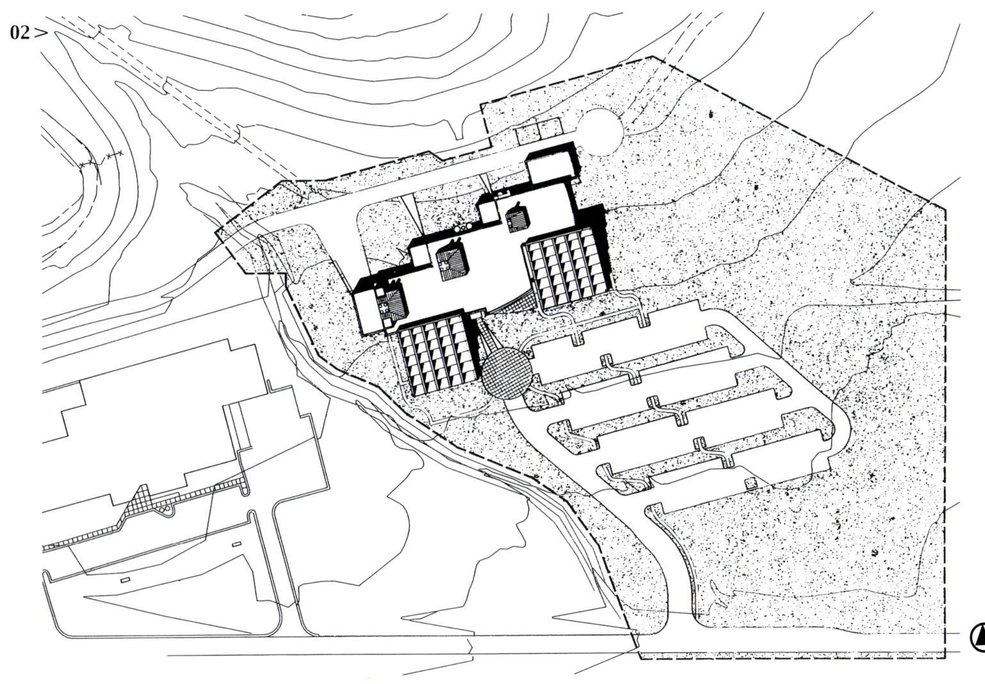

01> 邻接平台的2层高的日光浴室，位于在两个朝南的实验室之间，作为一个舒适的接待区，供职员和来访者使用。

02> 总平面图。建筑物是沿着倾斜台地的等高线而建的。

03> 日光浴室，右边是两个阶梯的实验室之一。

^
03

04

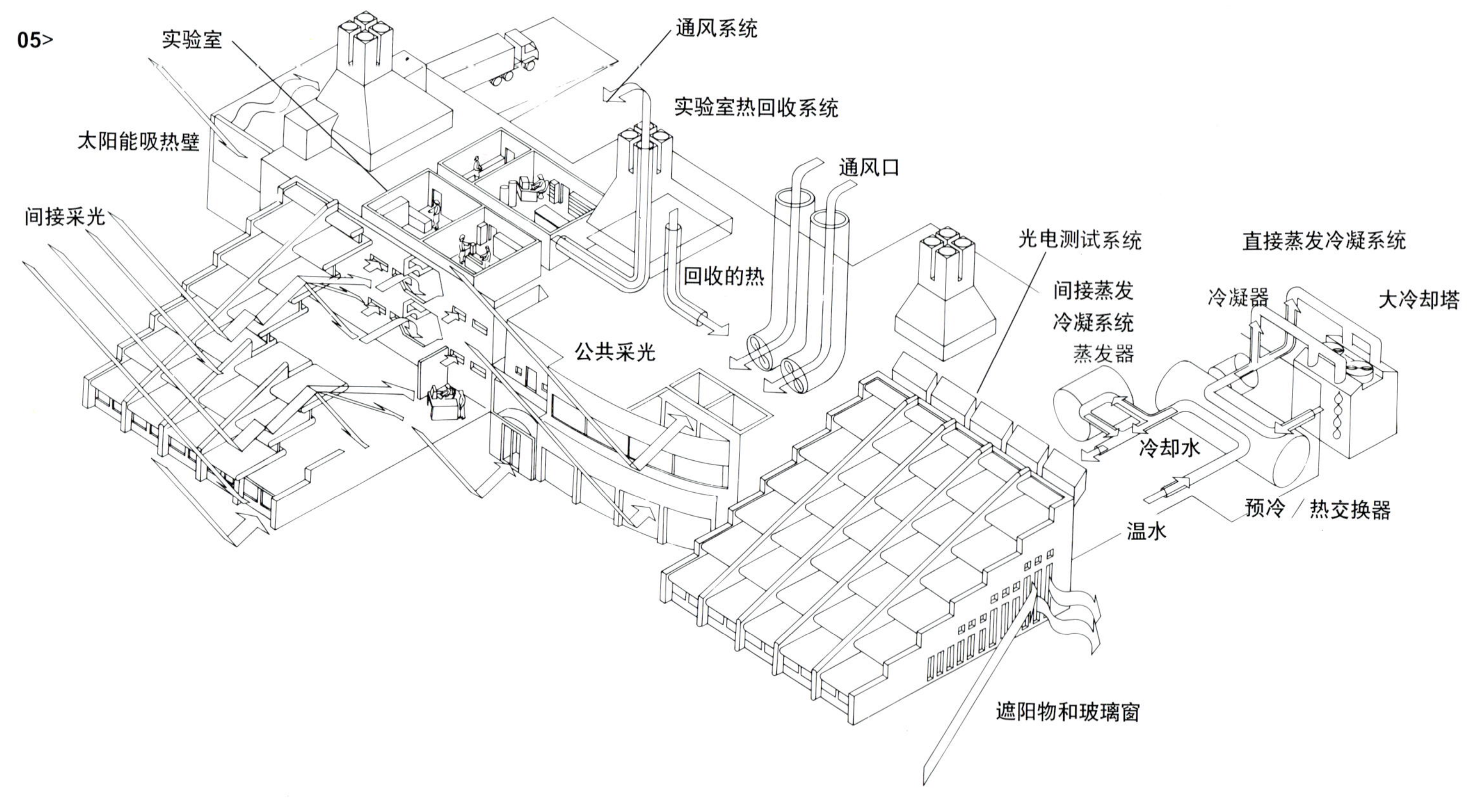

04> 西面视图。跌落式的地面，台阶式朝东的办公室。后面的实验室建在一个小坡上，便于保存能源。

05> 建筑的能源策略及系统示意图。

06> 实验室天窗用避免太阳直射的悬垂窗，而且充分考虑到光线的角度。空气管道网为每个办公室隔断提供通风。

06>

建筑名称：
松下电子

客户／所有者：
松下电子有限公司
使用者：
松下电子有限公司
地点：
日本品川
设计者：
国日建设株式会社（Nikken Sekkei）

完工日期：
1996年6月
总面积：
43926m²
建筑成本：
N/S
气候区：
温带

建筑能源特性：

主要朝向：
东
自然通风（总室内自然通风的百分比）：
100%
夜晚通风提供：
通过升起的地板和中庭
建筑外围热传输：
标准
建筑物大量热存储是否作为能源策略之一：
是

太阳能控制系统：
在天窗安装铝制蜂窝式夹心玻璃
光照（白天所需室内人工照明的净地面积的百分比）：
0%（中庭区域）；94%（室内区域）
人工照明是否采用节省能源的控制：
日光感应控制
其他：——

HVAC系统：

燃料利用（%）：
电力81%；天然气19%
锅炉类型：
蒸汽锅炉
供热系统：
地下空气调节系统

机械通风：
空气供应与空气出口
空气调节类型：
VAV，地板输入，顶棚返回
热回收：
——

能源性能：

总计：
（W/h/m²/y）：502k
人工照明：
N/S
制冷：
N/S
机械通风：
N/S

供热：
N/S
总估计二氧化碳输出：
200ppm

环境／健康因素：

用以减少包含能源和传输能源消耗的材料／组件选择策略：
是
利用可再生的材料：
泡沫塑料绝缘可再生玻璃面板用于外墙
属于被控制使用资源的木料：
——

特殊水保存设备：
雨水和其他水资源用于盥洗室用水和冷却水
自然有机污水处理：
没有
鼓励公共运输工具的使用措施：
市区

松下电子

日本，品川

这座建筑是日本松下电子公司的信息和交流中心。它的设计是基于两个最重要的理念：切实体现出松下的信条，即人类与科技和谐共存；创建一个高效率、多功能的研究中心。

松下电子公司位于东京的一片工业和居民混杂区内。设计者采用了梯形的形式，把建筑物体积、无光照的部分和近地面的风速减到最小。通向南北两个方向的地板也被设计成踏步式的，于是中间形成一个类似梯形的中庭。中庭的东部末端全部是玻璃的，西端靠近电梯和设备区。会客区就设在这个中庭里。还有一个精致的花园，里面是雕塑和各种植物。花园里还有一个瀑布，既能为大楼里的人们创造一个温馨的氛围，又能降低通风机的噪声。

能源战略的基础是自然通风和人工通风并用，人工照明和自然光和谐统一。这种设计被列为典范，其方式也是精致而复杂的。新鲜空气从窗户下面抽进来，经由发散器进入地板。一些轻型装置和中庭对抽进来的空气进行净化。地板可以朝中庭打开，还可以用带滚轴的遮板全部或部分地把它关闭。

阳光通过屋顶一个相对狭窄的空间照进中庭，穿过东立面，其所过之处安装有棱镜。沿最顶部光线的北边装有反光镜，在冬天可以把阳光反射进中庭，在夏天则可以把阳光反射到植物的叶子中，让叶子遮挡住一部分阳光，使光线变得柔和。还有104个环形镜子，用它们把人工照明光线反射进中庭里。反光镜则被用来把日光反射到办公区的深处。这些镜子都安装在与地面等高的架子上，架子放置在办公区的外面、每层不碍事的地方，上面还留有摆放植物的空间。

01> 首层平面图。中庭和包围它的两个阶梯状的办公区的底层。

02> 玻璃幕与墙体末端形成主入口。

03> 有抗震作用的梯形立面。

01>

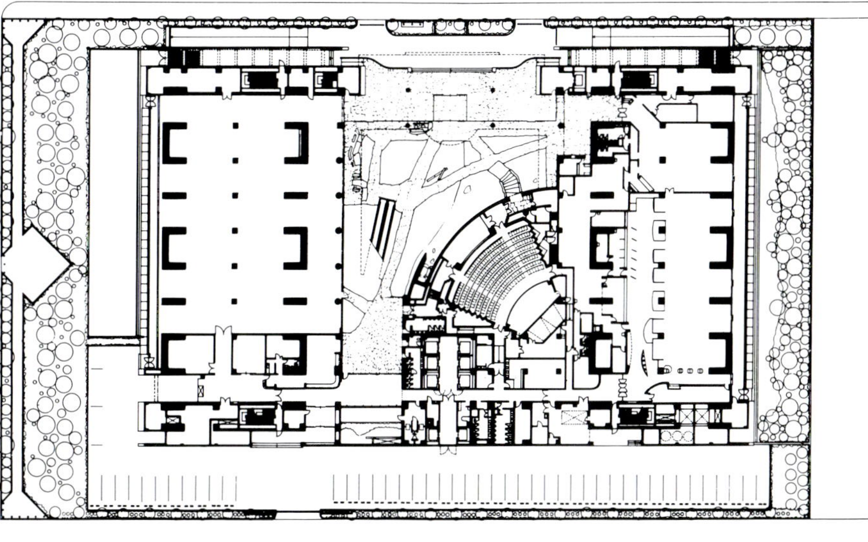

02>

<03

04

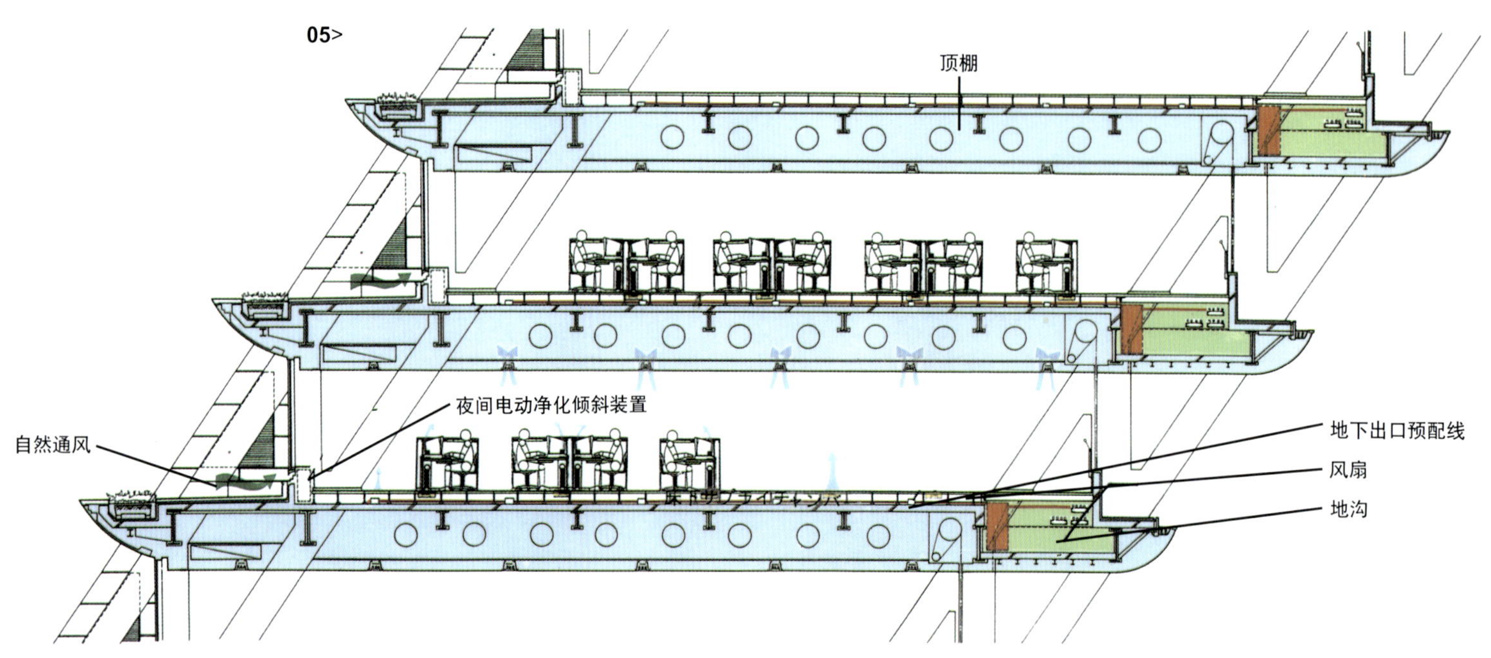

04> 中庭里一座吸引人的雕塑。

05> 剖过一间办公室地板的剖面图，解释采光和通风措施。

06> 在内部，玻璃制的中庭墙面上装有太阳能控制装置和狭窄的通道。

^
06

大厦　松下电子

建筑名称：
巴克莱卡公司总部

客户／所有者：	**完工日期**：
巴克莱卡资产有限公司	1996年12月
F.H.L 项目管理者	**总面积**：
使用者：	37500 m^2
巴克莱卡	**建筑成本**：
地点：	37百万英镑（加5百万的准备费用）
英国北安普顿	**气候区**：
设计者：	温带
Fitzroy Robinson Limited	

建筑能源特性：

主要朝向：
南北向
自然通风（总室内自然通风的百分比）：
95%
夜晚通风提供：
动力
建筑外围热传输：
超标准
建筑物大量热存储是否作为能源策略之一：
是

太阳能控制系统：
固定外部
光照（白天所需室内人工照明的净地面积的百分比）：
0
人工照明是否采用节省能源的控制：
是
其他：
高频率荧光灯

HVAC系统：

燃料利用（%）：
主要是电力，其次天然气
锅炉类型：
煤气
供热系统：
周边散热器

机械通风：
穿过地板槽
空气调节类型：
湖水冷却
热回收：
没有

能源性能：

总计：
N/S
人工照明：
N/S
制冷：
N/S
机械通风：
N/S

供热：
N/S
总估计二氧化碳输出：
N/S

环境／健康因素：

用以减少包含能源和传输能源消耗的材料／组件选择策略：
没有
利用可再生的材料：
坚硬的内核使用可分解材料
属于被控制使用资源的木料：
是

特殊水保存设备：
6升水箱洗手间
天然有机污水处理：
没有
鼓励公共运输工具的使用措施：
旁边有本地公共汽车路线

巴克莱卡公司总部

英国，北安普敦

巴克莱卡公司总部是当代英国低能耗、混合模式写字楼的典范。该建筑经英国BREEAM (Building Research Establishment Environmental Analysis Method)法检测，被评为"优等"；BREEAM法是专为新建写字楼制订能源和环境标准的。这座大楼最初是计划用作巴克莱卡公司2300名员工的办公楼（这就要求它成为一座典型的总部办公大楼，大量使用计算机，散发大量的热），但附加条件是这座大楼随后得租给另一个使用者，成为3个分离的部分。该总部位于英国中部北安普敦近郊的一个商业园区内，那里气候宜人，夏季温暖，冬季寒冷。

该方案包含两排15m（50英尺）宽的开敞办公区——有自然采光和自然通风，中间跨着一条9m（30英尺）宽的带形玻璃中庭，或者说是"玻璃之街"。北面还建有一个人工湖。大楼主立面是从湖上观看的北立面，大面积的玻璃幕墙；南面的墙壁由突出的石头（混凝土和石质面层），窗户和遮光板则深深地嵌在墙里。带凹槽的混凝土框架有混凝土拱腹和高高的顶棚，这样就能让自然冷风吹进来，调节大楼内部的温度。

大楼设计成在三种季节条件下运营。春秋两季，自然风通过打开的窗户吹进来，经过办公室15m（50英尺）深的办公区吹进门庭。夏天，用机械风通过地板的缝隙输送，到了晚上还能起到净化的作用。变冷的顶棚的梁也能降温，这些梁是被湖水冷却的。冬天，由四周的散热器供暖，散热器的热量来自于一台燃气锅炉。

制造人工采光的设备由高频整流器和感光设备组成，其照明效果不亚于来自窗户和门庭的自然光。大楼所用的木料是可再生资源，并避免选用那些危险的挥发性化学材料。使用低流量（Low-flush）6升的卫生间。大楼正好处于公交线上，还为骑自行车的人们提供了相应的设施。

像其他很多写字楼一样，这座大楼的设计也受到在艾沃上游斯特拉特福德（Stratford-upon-Avon）的农民联合会（the headquarters for the National Farmers Union Mutual）和艾沃保险公司（Avon Insurance）总部大楼的影响，由RMJM在20世纪70年代末设计的。它们的共同特点是进深不大，内部有庭院、中庭或"街"，地板与顶棚之间的层高很大，建筑规模大，充足的日光和"混合模式"的能源战略（见第三章）。

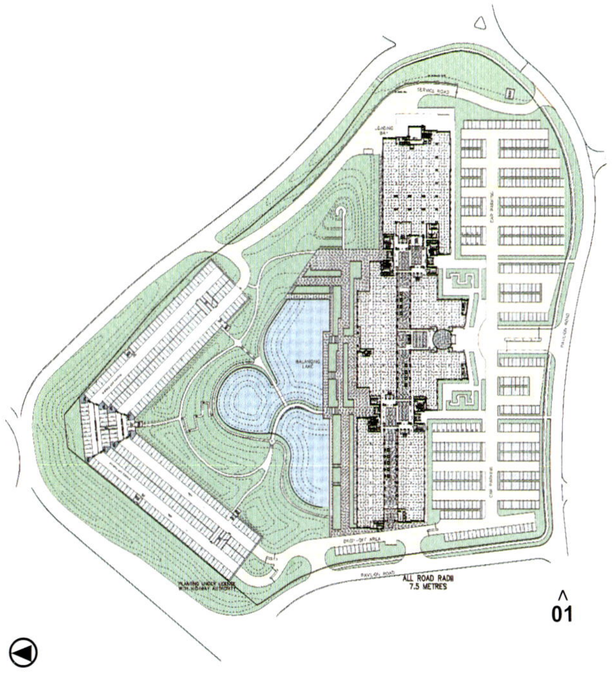

01

01>总平面图。

02>南立面视图，线形和阶梯式的布局，墙面上的凹进与突出。

02

03>主入口。

04>体现混合式能源策略的典型剖面图。

05>入口大厅的框架筒。

03

04>

安装在屋顶的 AHUs，冬季回收热量

玻璃顶内热空气通过烟囱效应抽出

直接的和反射的光线由“街”进入办公空间

收集雨水进入湖中

百叶窗（brise soleil）提供南向立面遮阳

15m 进深的办公室自然通风和最大的自然采光

遮光板提供间接日光

周边墙和窗户具有很高的热性能

可开启的窗户

湖水提供冷却水和喷淋

调节周围空气环境，夏季降温冬季加热

湖里的冷水冷却建筑物的梁

05

建筑名称：
科学公园

客户／所有者：
Land Nordrhein - Westfalen
使用者：
Wissenschaftspark und Technologiezentrum Rheinelbe Gelsenkirchen Vermogensgesellschaft mbH
地点：
德国盖尔森基尔兴
设计者：
Kiessier与伙伴

完工日期：
1995年
总面积：
27200m²
建筑成本：
2860万英镑
气候区：
温带

建筑能源特性：

主要朝向：
西
自然通风（总室内自然通风的百分比）：
90%
夜晚通风提供：
自然
建筑外围热传输（W/m²K）：
平均0.81
建筑物大量热存储是否作为能源策略之一：
混凝土地板

太阳能控制系统：
外部遮阳
光照（白天所需室内人工照明的净地面积的百分比）：
5%
人工照明是否采用节省能源的控制：
Instabus
其他：
屋顶挂载PV

HVAC系统：

燃料利用（%）：
N/S
锅炉类型：
N/A
供热系统：
区域：地板下（拱廊）；暖气（办公室、实验室）

机械通风：
——
空气调节类型：
"kühldecte"
热回收：
没有

能源性能：

总计：
N/S
人工照明：
N/S
制冷：
N/S
机械通风：
N/S

供热：
N/S
总估计二氧化碳输出：
N/S

环境／健康因素：

用以减少包含能源和传输能源消耗的材料／组件选择策略：
没有
利用可再生的材料：
没有
属于被控制使用资源的木料：
是

特殊水保存设备：
湖泊作为存储雨水的容器
自然有机污水处理：
没有
鼓励公共运输工具的使用措施：
没有

科学园

德国，盖尔森基尔兴

这座大楼是众多富有想像力的建筑之一。此种建筑形式由艾姆舍公园(Emscher Park)国际建筑展览会（IBA）首创，是1989年由北莱茵西法利亚的兰德政府提出的，一个有关环境保护的十年计划。这座楼成为了Rheinelbe科学园的轴心。该科学园是一个技术创新中心，它所在的这片地方没有污染，有一个同时还被用来收集雨水的湖。

沿大楼东面一线是研究院的9座小楼，有地下停车场。西面是一个300m（980英尺）的"拱廊"，是包括商店和咖啡厅的共享空间。拱廊占据了大楼坡状玻璃墙后面的3层楼，在那里可以眺望到楼下的湖。

按照精确的预算有效地进行能源管理是该设计的中心问题。拱廊的设计灵感来源于19世纪的园林建筑以及工业建筑的大空间。大楼和后面的建筑之间有一条10m（33英尺）宽的林荫道，起到了缓冲的作用。大楼的墙面装有隔热玻璃，能适应季节的变化。冬天，下面的嵌板全部关闭；而到了夏天，这些嵌板就都滑到上面，像一个个大窗扇，提供通风和朝向湖边的通道。夏天地板下的控温系统给大楼内降温，与此同时，加热的水又可以使用。外面的遮阳篷保护拱廊的地板，使它在夏天不至于过热。

小楼的墙面由木材和铝材建成，装有隔热玻璃和法式窗户。它们与通风控制器结合起来使用，夜间为混凝土地板降温，就像调温飞轮的作用一样。墙上装有自动控制的布质百叶窗。

房顶上有一个巨大的太阳能发电机——据说是世界上最大的建筑一体化光电发电机——年发电量200000kW。整座大楼的运转受能源管理系统的控制。楼内照明根据外界的光照强度自动调节；而当通风控制器打开时，供暖就停止。

办公室是为出售或出租而建的。在不知道建筑为谁使用时，开发商们通常希望选择一种"机动"的空气调节方式。因此"绿色"宗旨成为他们不二的选择。

1>

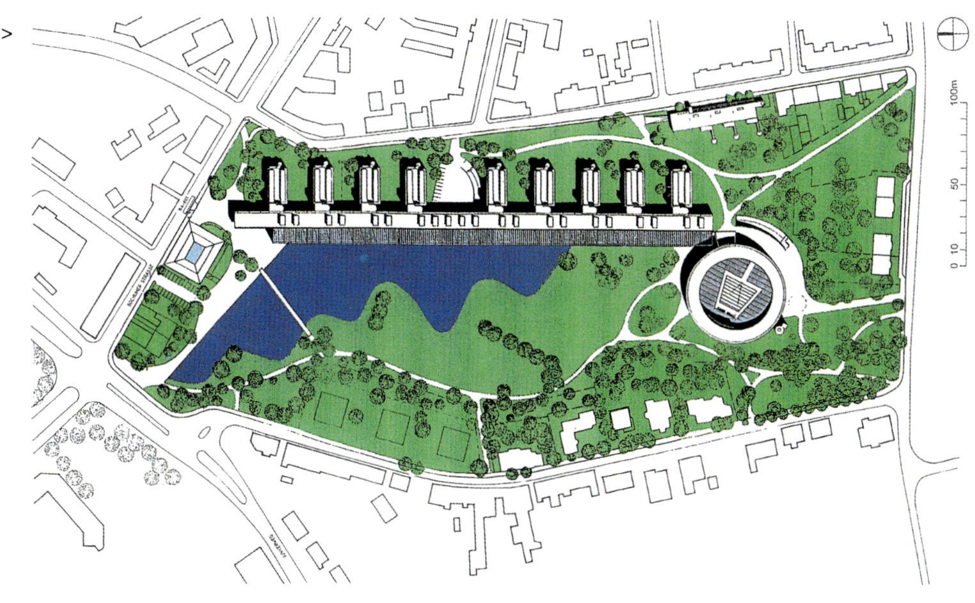

01> 科学公园的平面图。位于钢筋水泥的建筑群之间。长长的玻璃拱廊，后面有研究用的小楼，形成公园的骨干结构。

02> 作为冬季花园的拱廊，沿着大楼的西侧部分，能够眺望到一个湖。北端的一所旧法院将对公众开放，作为商店和饭馆。

^
02

03

03> 西北角夜景。屋顶由一系列大光电板组成。

04> 通风措施示意图。拱廊作为一个热量的缓冲，前面的玻璃能够调整以适应在不同的气候状况下对能源保护的需要。

注释：

1 隔热玻璃
2 缓冲区
3 太阳能采集
4 地下热
5 太阳能发电站
6 散热器
7 外部的阳光保护板
8 失去效能的空气
9 空气吸入
10 拱廊
11 办公室

05> 能看到拱廊的走廊，连接研究小楼里的办公室。

06> 夏季的白天，升起来的遮阳板和百叶窗通过那个有着大斜坡的玻璃面来降低太阳辐射。更低一些的板可以像窗扇一样升起来，并成为通向湖边的通道。

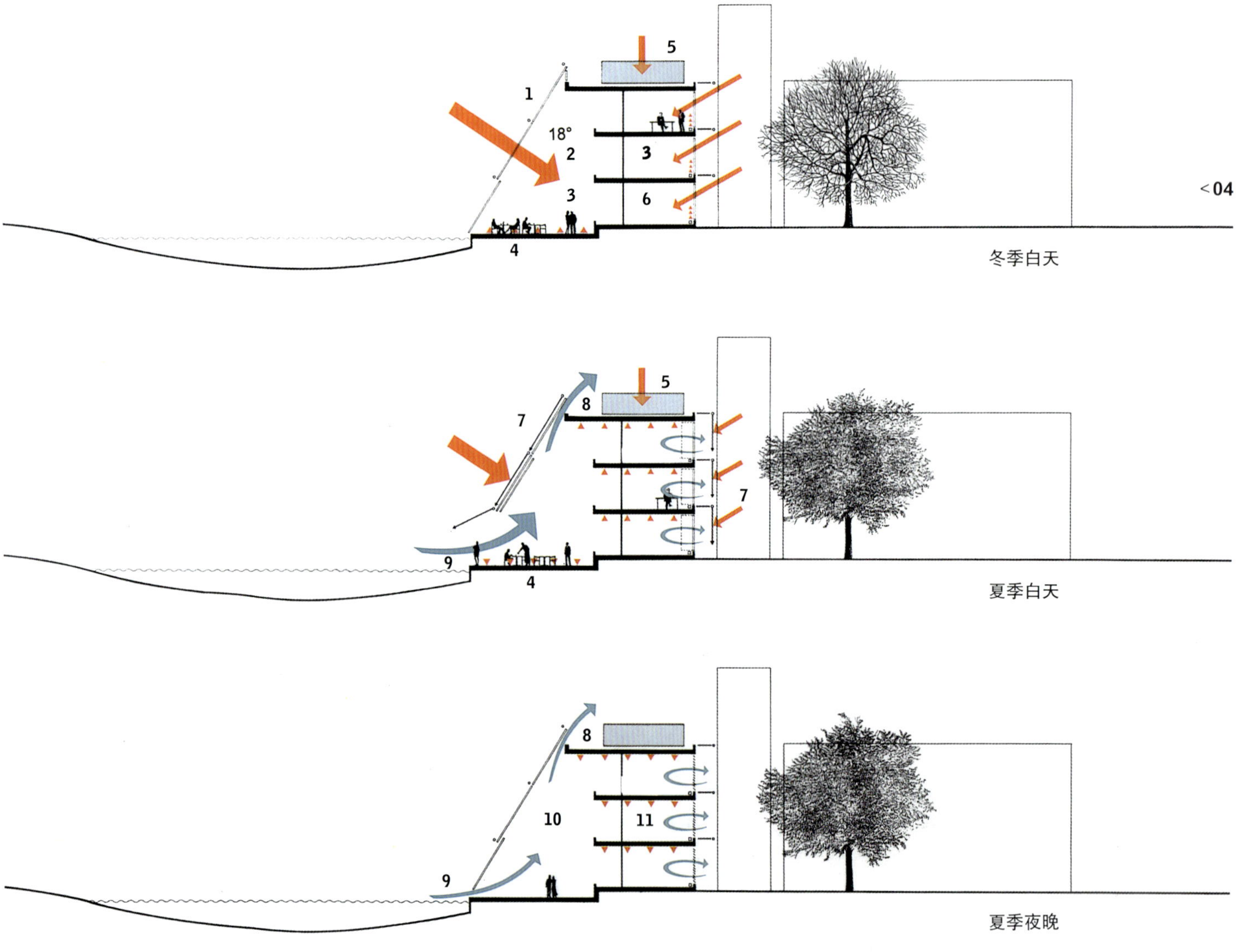

1 18° 2 3 5 3 6 4

冬季白天

<04

7 8 5 7 9 4

夏季白天

8 10 11 9

夏季夜晚

05

06

建筑名称：
安德列斯学院校长办公室

客户／所有者：	完工日期：
Ministère de l'Education Nationale	1994 年
使用者：	**总面积：**
大学行政机关	8251m²
地点：	**建筑成本：**
法国西印度的马提尼克岛	1000 万英镑
设计者：	**气候区：**
Christian Hauvette 和 Jérome Nouel	热带

建筑能源特性：

主要朝向：	太阳能控制系统：
南北向	固定外部
自然通风（总室内自然通风的百分比）：	**光照（白天所需室内人工照明的净地面积的百分比）：**
95%	10%
夜晚通风提供：	**人工照明是否采用节省能源的控制：**
天然	没有
建筑外围热传输：	**其他：**
标准	——
建筑物大量热存储是否作为能源策略之一：	
否	

HVAC 系统：

燃料利用（%）：	机械通风：
电力 100%	没有
锅炉类型：	**空气调节类型：**
没有	只有会议室和信息中心有
供热系统：	**热回收：**
没有	没有

能源性能：

总计(kW/h/month)：	供热：
62000	N/A
人工照明(kW/h/month)：	**总估计二氧化碳输出：**
33000	N/S
制冷(kW/h/month)：	
29000	
机械通风：	
N/A	

环境／健康因素：

用以减少包含能源和传输能源消耗的材料／组件选择策略：	特殊水保存设备：
——	没有
	自然有机污水处理：
	没有
利用可再生的材料：	**鼓励公共运输工具的使用措施：**
——	——
属于被控制使用资源的木料：	
——	

安德列斯学院校长办公室

法属西印度群岛，马提尼克

西印度群岛和圭亚那大学的行政机关设在一座新楼里，这座大楼位于马提尼克（Martinique）的西海岸和马提尼克首府法兰西堡之间。那里是高原地区，由于其地势较高，所以气候既不太热，也不潮湿，但是总会遭受比岛上其他地方更强的风的袭击。这座楼试验了如何利用主导风来进行通风。使用“风机”的目的是为人们创造一个舒适的办公环境，同时还不能采取讨厌的交互式通风法，因为那种通风法会把纸张吹得到处都是。

大楼的平面基本设计原则是北面平直，南面凸起：主导风与大楼成 15° 角吹击大楼的南面，这样沿大楼南面就形成一片低压区，能把空气吸进大楼内部的“街庭”、走廊和办公室里。5 个 3 层楼高的天井形成群组效应，进一步加强了这种风道的功能。

两个小一些的建筑建在主楼北面的高地前，其目的是引导空气从大楼正面中间的通道流过。大型垂直百叶窗根据当前的风速自动移动，以此来控制流入到 4 层高的内部街庭的空气量。大楼内部的空气流动决定于水平和垂直百叶窗的位置，同时，这些百叶窗还起到了装饰大楼墙面的作用。要想使内部环境达到令人满意的程度，有一点是非常重要的，那就是流动空气的体积要大，但流速要慢。因此，不断调整百叶窗以适应内部情况的变化就非常必要了。这种设计的缺陷是隔音效果差。因此会议室就得装空调。此外，还会有无风的日子，反常的风向和风力有时会导致相反的内部空气流动。

这些设施的总体预算和传统的空调环境的预算差不多，但其运营成本就低得多了。

<01

02>

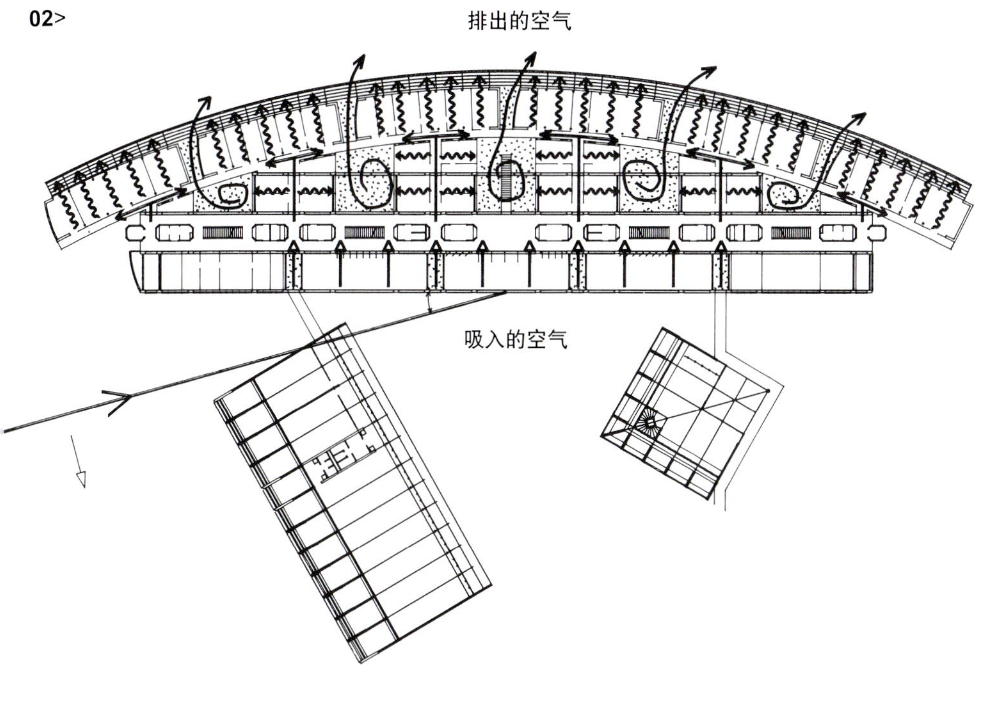

01> 铝制的遮阳板沿着建筑的南立面弯曲，减少对空气流动的阻碍。

02> 局部平面图。主楼与主导风向和内部的街庭的关系。图中也表示出了5个内天井。

03> 正立面和主入口。检验楼在左边，餐馆在右边。

03

04> 剖面图。主导风向从右侧的主立面吸入。

05> 会议室。

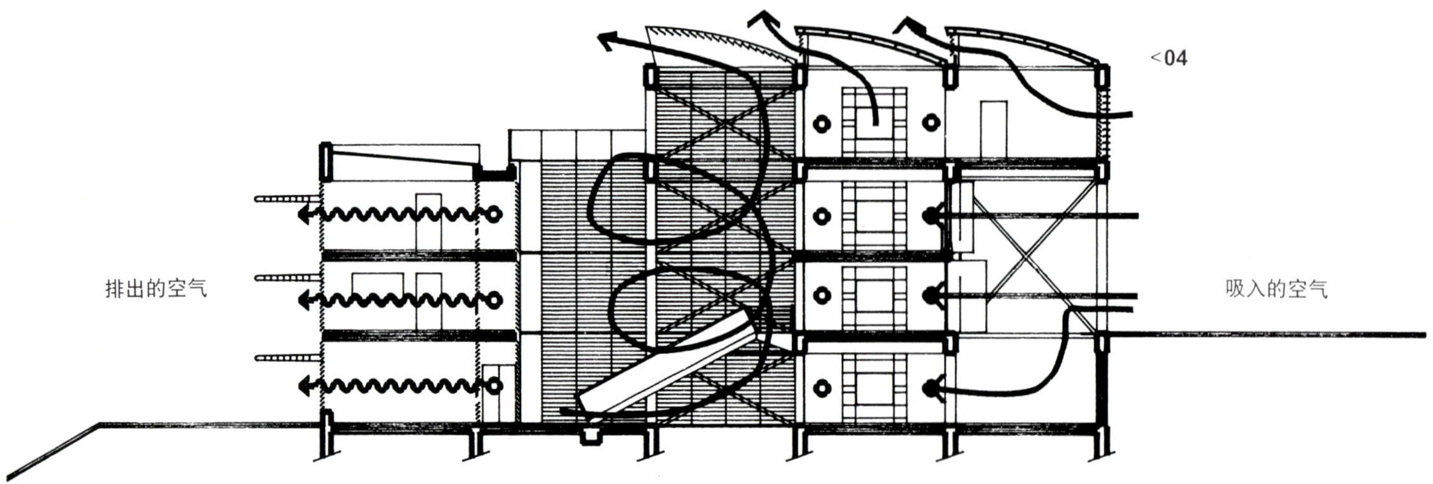

<04

∧
05

“最奇怪的事情莫过于觉得自己家令人羞愧”。

（查理·狄更斯.《伟大前程》第八章）

“潮湿的、裂缝的、漏的‘建筑’必将让位于与自行车一样有效率的住宅”。

（W·R·莱恩佰.《建筑》1911 年）

4.2 住宅

穆斯第林宅（Munstead Wood），英国，萨里郡，戈达明（Godalming），设计师艾德温·鲁泰恩斯爵士（Sir Edwin Lutyens）（20世纪初英国最重要的建筑师之一，译者注），1896年。

住宅总是包含两方面的含义：物质上的“房子”与情感上的“家”。物质的意义优先：住宅应该为主人提供庇护所，并且使人们生活更舒适和方便。而作为家，住宅是个所属的概念，是自我展现的媒介，是身份的象征，是获得庇护的地方。维多利亚式的感性之家与家庭生活已经脱离了强大的传统形式。

建筑名称：
艾克瑞·库素明特的客房

客户／所有者：
艾克瑞·库素明特
使用者：
艾克瑞·库素明特
地点：
日本横滨，淡路岛
设计者：
Kota Kawasaki

完工日期：
1995年3月
总面积：
61.9 m^2
建筑成本：
5000英镑
气候区：
温带

建筑能源特性：

主要朝向：
北
自然通风（总室内自然通风的百分比）：
100%
夜晚通风提供：
自然
建筑外围热传输：
高
建筑物大量热存储是否作为能源策略之一：
否

太阳能控制系统：
没有
光照（白天所需室内人工照明的净地面积的百分比）：
0%
人工照明是否采用节省能源的控制：
否
其他：
——

HVAC系统：

燃料利用（%）：
电力100%
锅炉类型：
没有
供热系统：
没有

机械通风：
没有
空气调节类型：
没有
热回收：
没有

能源性能：

总计：
N/S
人工照明：
N/S
制冷：
N/A
机械通风：
N/A

供热：
N/A
总估计二氧化碳输出：
N/S

环境／健康因素：

用以减少包含能源和传输能源消耗的材料／组件选择策略：
是
利用可再生的材料：
脚手架原木
属于被控制使用资源的木料：
是

特殊水保存设备：
没有
自然有机污水处理：
没有
鼓励公共运输工具的使用措施：
没有

艾克瑞·库素明特客房

日本，横滨，淡路岛

这是一个为日本著名的石膏匠人艾克瑞·库素明特（Akira Kusumi）设计的客房。他的技术涉及从传统日本工艺到西方石膏工艺（他教授西方石膏工艺课程），并发明了新的石膏技术。这一工程是由早稻田大学工作室的学生设计的，并且同Hanasaka - dan建在一起。Hanasaka - dan是一个由库素明特发起的石膏工匠组织，主要设计概念是创造一个美丽并且未采用昂贵或特殊材料的空间。

结构上使用Ashiba - maruta，这是一种通常用于脚手架的便宜的原木材料。该工程的一个核心是如何最佳地利用木料的特点，因此采用了Mitsumata结构，3根木料在一端捆绑起来，另一端则开放着，就像是三脚架，这种结构简单、稳定而灵活。

Mitsumata结构是这座房子的基础，平面像个逗号。在每个单元中，两根木料形成墙面，第三根木料伸出墙面。墙是通过连接这些结构化单元形成的。而且，通过改变一个单元到另一个单元的距离，以及改变墙的倾斜度，形成每个弯曲的效果。钉在木头上的板子形成墙面，外面再抹上灰泥和土。灰泥是由稻草、沙子和胶混合而成的，目的是使墙更结实，另外不会裂缝。波形的透明塑料作透光屋顶。

淡路岛距1994年发生的损失惨重的地震中心非常近。附近有许多房屋都彻底毁坏了。然而这座房子却完整无缺，是其结构刚度与柔韧的证明。

01>木构架支撑结构

02>南立面图

01>

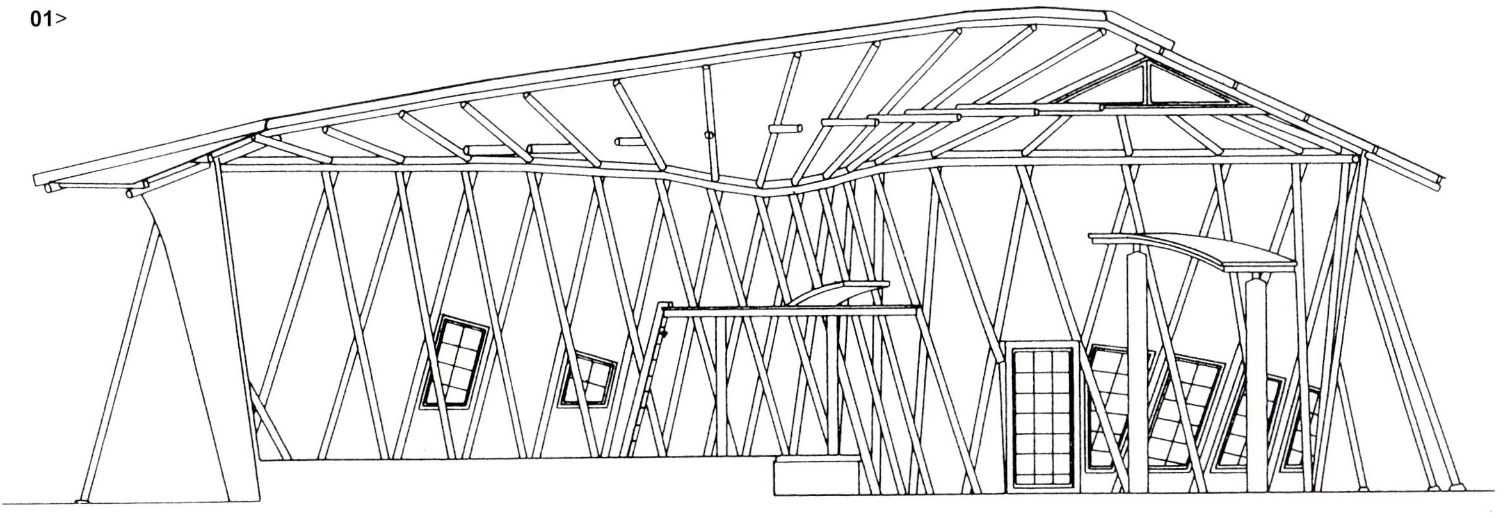

^
02

03

03>室内视图，显示了高差的变化，以及悬挂的木制桥与平台。

04>住宅的有机组织形式，来源于传统矩形住宅设计的发散式，并基于榻榻米的模式。

05>北面视图。

04

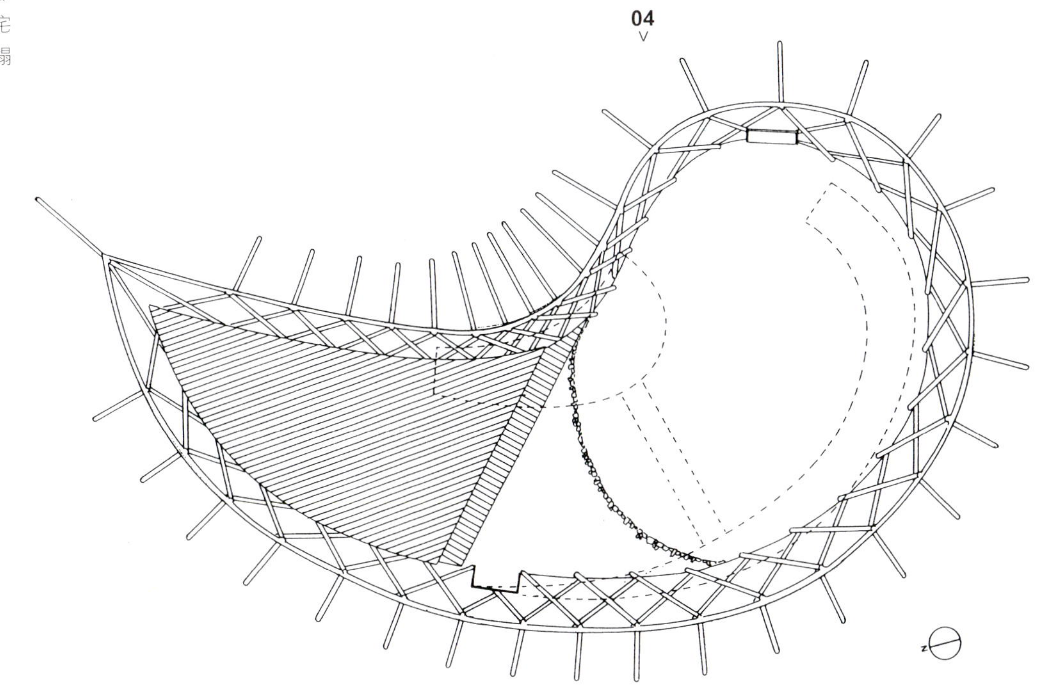

05

建筑名称：
公寓住宅

客户／所有者：
Stettler AG
使用者：
N/S
地点：
瑞士的比尔
设计者：
LOG ID，Dieter Schempp

完工日期：
1993 年
总面积：
1305 m^2
建筑成本：
N/S
气候区：
大陆性

建筑能源特性：

主要朝向：
东南
天然通风（总室内自然通风的百分比）：
100%
夜晚通风提供：
没有
建筑外围热传输（W／m^2·°C）：
墙：2.0；玻璃：1.3
建筑物大量热存储是否作为能源策略之一：
是

太阳能控制系统：
自动窗户调节
光照（白天所需室内人工照明的净地面积的百分比）：
没有
人工照明是否采用节省能源的控制：
没有
其他：
——

HVAC 系统：

燃料利用（%）：
N/S
锅炉类型：
N/S
供热系统：
吸收太阳能（30%）

机械通风：
没有
空气调节类型：
没有
热回收：
没有

能源性能：

总计：
N/S
人工照明：
N/S
制冷：
N/A
机械通风：
N/A

供热：
N/S
总估计二氧化碳输出：
N/S

环境／健康因素：

用以减少包含能源和传输能源消耗的材料／组件选择策略：
采用天然材料
利用可再生的材料：
——
属于被控制使用资源的木料：
——

特殊水保存设备：
——
自然有机污水处理：
——
鼓励公共运输工具的使用措施：
——

公寓式住宅

瑞士，比尔

这是位于风景很好的小城郊外的3层私用住宅，包含8套不同面积的套房。下面的两层是小住宅，最上面一层是公寓式的。公共屋顶是孩子们游玩的场所，倾斜的屋顶是与附近的建筑形式一致的。

东南朝向、有陡坡的建筑地点很理想，符合LOG ID事务所有关太阳能环保建筑的概念。每个住宅单元都有阳台，而最重要的特点在于它的玻璃房。这些冬季花园位于每个单元的前面，并与住宅连为一个整体，是简单而有效地利用太阳能的方式。小住宅的玻璃房跨越两层，而楼上公寓的玻璃房高出了屋顶。

夏天，玻璃房隔离热，冬天它们不采暖，只作为热量的缓冲器。夏天特别热的时候，外面的玻璃窗开着，形成烟囱效应，吸收来自楼背面、穿过整栋建筑的冷空气；冬天阳光好的日子，与里屋之间的窗子打开给房间内部升温。以这种方式白天聚集热量，晚上使屋里暖和。总之，可使供热所需减少到 20%～30%。

玻璃房里适合种植亚热带植物，这些植物在设计中是关键因素：它们吸收二氧化碳、放出氧气，同时降低空气中有害物质的含量，并且通过蒸发降低夏季炎热的温度。

^
01

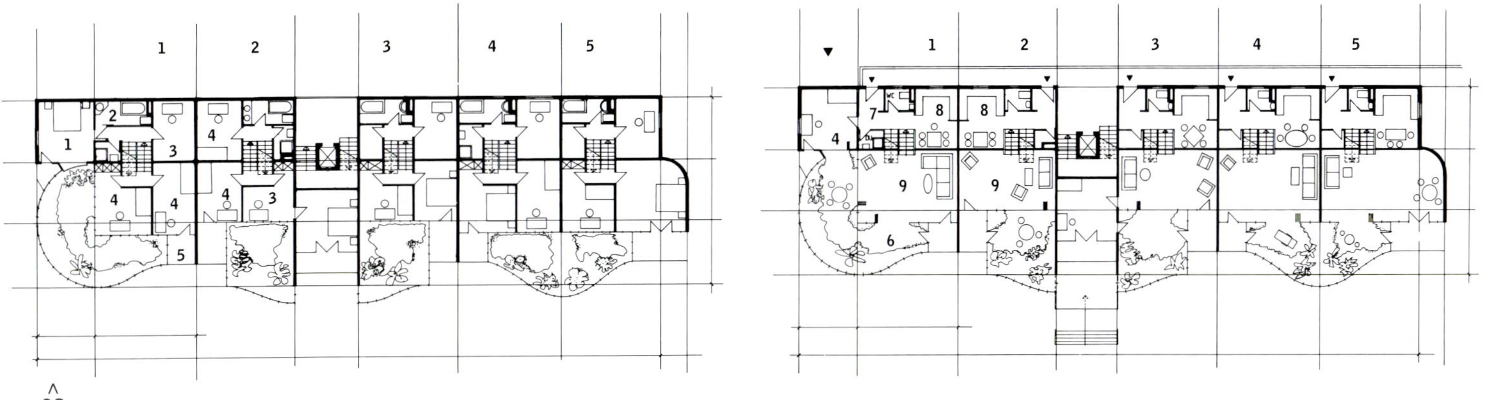

^
02

^
03

01>南立面图。阳台和温室使住宅更受欢迎，是建筑具有独创性的关键，也是简单的能源策略。

02>五套小住宅的底层和二层平面图。跨越2层的玻璃房，将光线引入整个建筑内部。

注释：

1 主卧室
2 卫生间
3 书房
4 儿童室
5 阳台
6 玻璃房
7 门廊
8 厨房
9 起居室

03>建筑背面山墙处的入口，通向小住宅。屋顶的山墙是小房间，与周围的建筑形式相呼应。

04>

05

<06

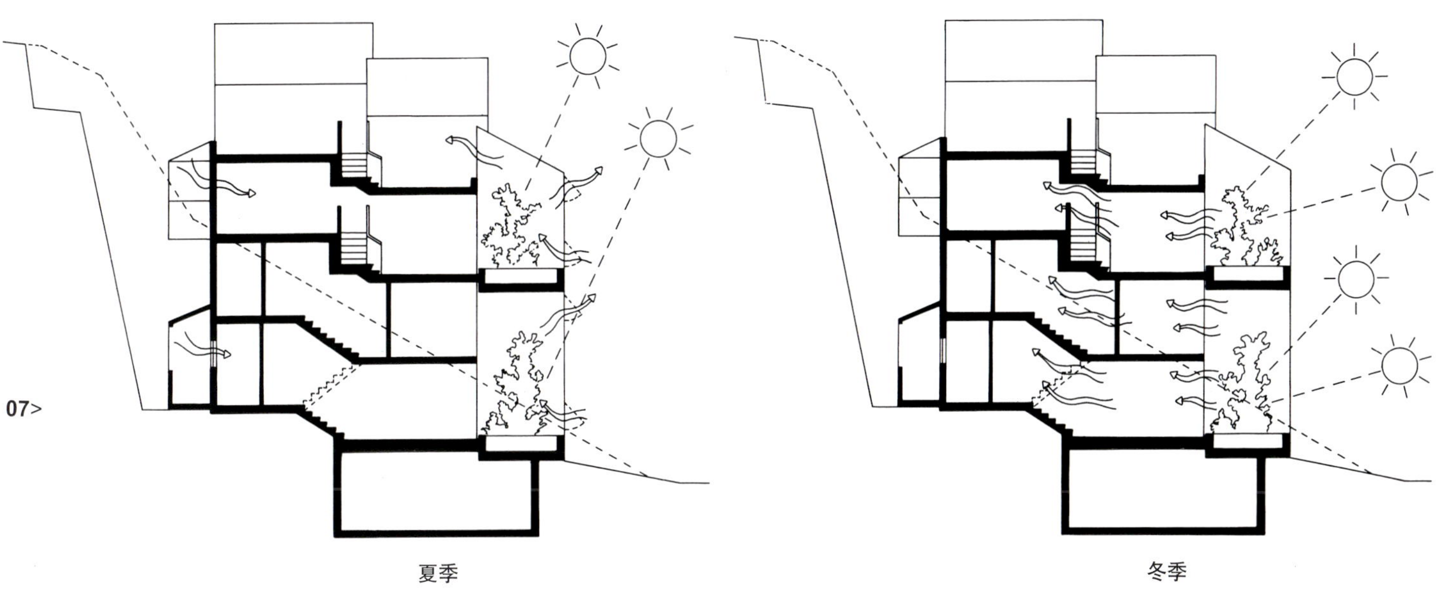

07>

04>楼上公寓的玻璃房，高出建筑物的屋顶，最大程度地采光，并将阳光引入到大型植物上。

05>从小住宅的起居室看，面南的玻璃室被包括在内部了，但是在冬天也能够关闭以保持室内温度。

06>高高的小住宅的玻璃房使室内具有很大的空间感。将自然草木植入房间，也提高了氧气浓度。

07>穿过公寓的剖面图，示意了能源策略。在温暖的夏季（左图），玻璃墙隔开了内部与玻璃房。大型植物提供阴凉。晚上通过吸入的北面冷空气使建筑降温。在阳光好的冬日里（右图），内墙打开，暖空气被吸收，使房间温暖起来。

建筑名称：
棕榈丛林中的住宅

客户／所有者：
Jim Adamson（现在）；Lescizek/Norma Watkins（以前）
地点：
美国佛罗里达州的迈阿密
设计者：
Jersey Devil（Steve Badanes/Jim Adamson）

完工日期：
1988 年
总面积：
167m²（商店）；111.5 m²（房屋）
建筑成本：
N/S
气候区：
热带

建筑能源特性：

主要朝向：
东西与南北
自然通风（总室内自然通风的百分比）：
100%
夜晚通风提供：
自然
建筑外围热传输：
标准
建筑物大量热存储是否作为能源策略之一：
是

太阳能控制系统：
固定外部
光照（白天所需室内人工照明的净地面积的百分比）：
0
人工照明是否采用节省能源的控制：
没有
其他：
——

棕榈丛林中的住宅

美国佛罗里达州，迈阿密

这座建筑组合了住宅、木工工场与工作室，主人中一个是作家，另一个是木工。该住宅位于到处是美洲蒲葵、松树与胡椒树的迈阿密南部，反映了当地的亚热带气候，集中了当地农场的"铝制小屋"（tin sheds）的特点。

结构采用轻质木结构架在底层混凝土柱梁之上，深深的门廊与屋檐。平面是十字形的：底层长轴南北向，上层主要房间长轴东西向。目的是利用西南的穿堂风，和悬挑的部分遮阳。生活区位于底层木工商店上面的一层。墙的边缘是铝制的，用来反射太阳光。屋顶安装了一个反射屏障，它是由一层具有高反射率的金属箔制成的，放置在屋顶与阁楼之间，用于反射红外线。屋顶下的拱腹与屋脊处不断通风，以避免热量聚集。睡觉的阁楼上面一个高级树脂玻璃发散器覆盖在荧光照明灯上。窗户是单层玻璃。为了增加空气流动，在二层与阁楼之间扇页与金属格栅同时使用。

尖顶屋的南向山形墙面上的太阳能板用于加热水，内嵌的光电面板作为水泵。另外反循环加热水泵在极端的条件下实施加热与冷却的功能。

∧
01

HVAC 系统：

燃料利用（%）：
电力 100%
锅炉类型：
没有
供热系统：
没有

机械通风：
风扇（10）
空气调节类型：
没有
热回收：
没有

能源性能：

总计：
N/S
人工照明：
N/S
制冷：
N/A
机械通风：
N/S

供热：
N/A
总估计二氧化碳输出：
N/S

环境／健康因素：

用以减少包含能源和传输能源消耗的材料／组件选择策略：
是
利用可再生的材料：
没有
属于被控制使用资源的木料：
软木

特殊水保存设备：
灰水（中水）再利用系统；流动控制装置
自然有机污水处理：
没有
鼓励公共运输工具的使用措施：
没有

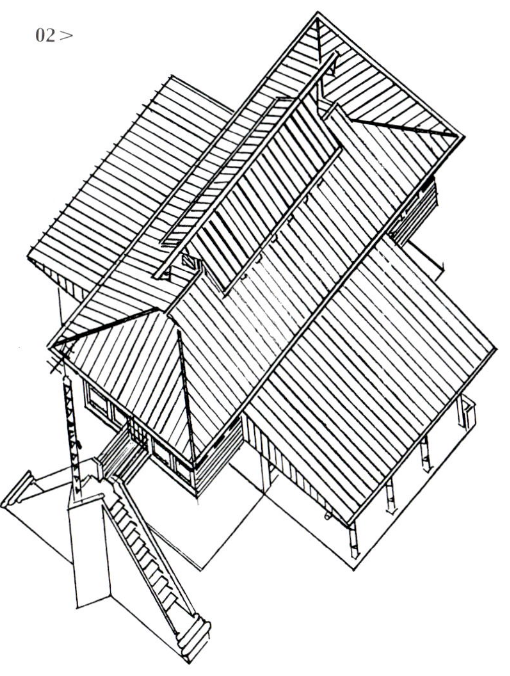

01> 二层房间的纵向视图。螺旋的楼梯通向阁楼的卧室。

02> 轴测图。示意建筑十字形平面组成。

03> 悬挑遮阳。铝制墙反射阳光。

03

04> 底层平面图

注释：

1 淋浴和放东西的台子
2 院子
3 有屋顶的工作区
4 屋顶或悬挑
5 储藏室
6 装配或储藏
7 办公室
8 木匠商店

05> 西立面图

04>

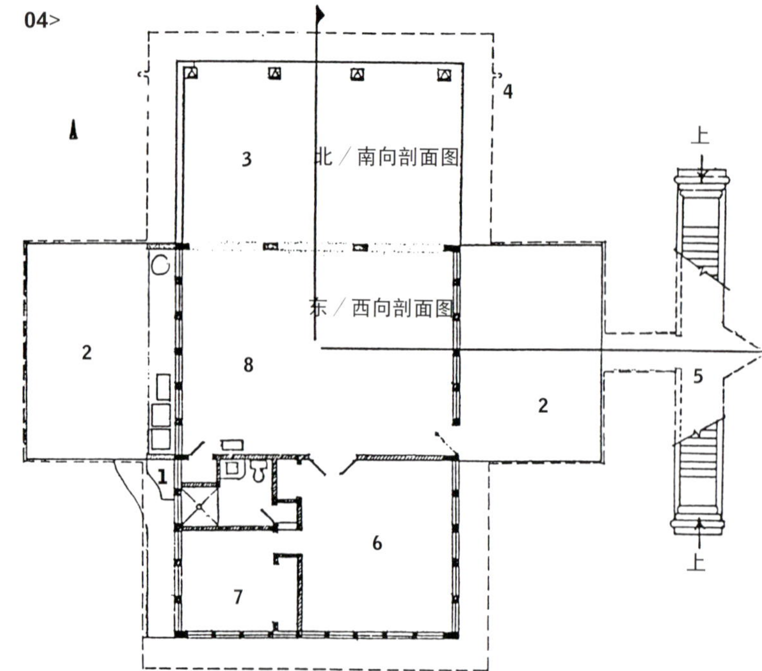

^
05

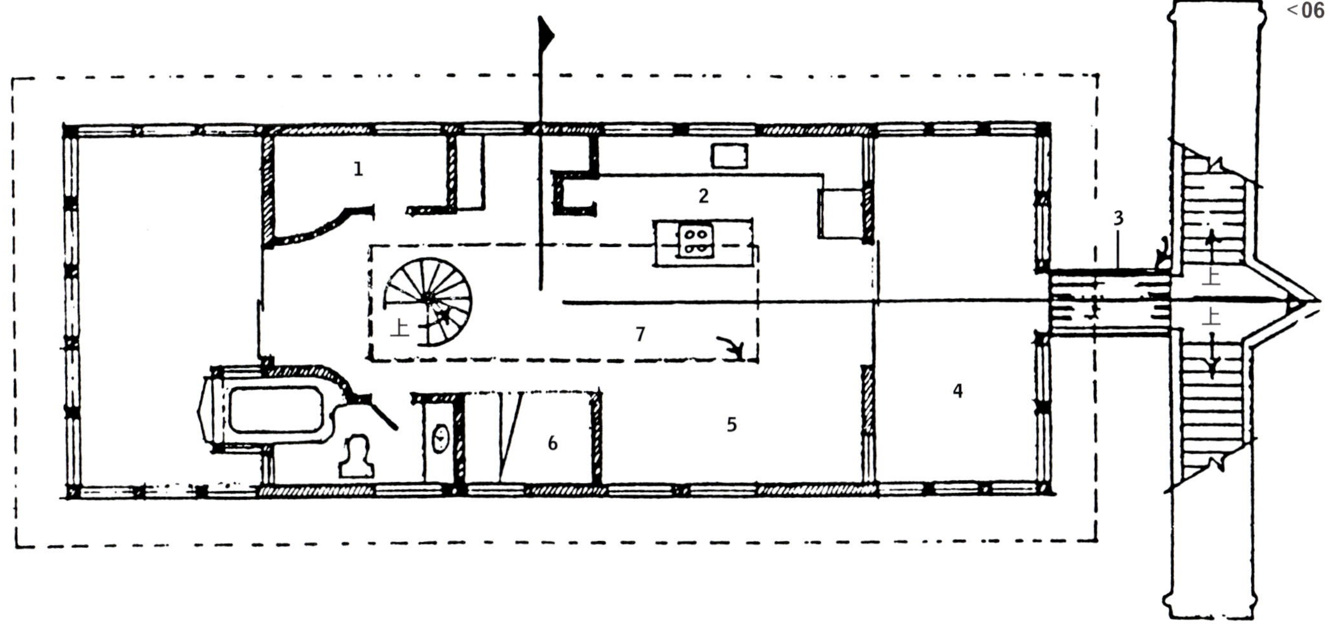

<06

07
^

06> 二层平面图，主要生活空间。

注释：

1 卫生间
2 厨房
3 天桥
4 入口门廊
5 起居
6 休息
7 阁楼

07> 上层的卧室

建筑名称：
玛瑞卡·艾德尔顿住宅

客户／所有者：	**完工日期：**
玛瑞卡·艾德尔顿	1994 年
使用者：	**总面积：**
玛瑞卡·艾德尔顿	N/S
地点：	**建筑成本：**
澳大利亚阿纳姆地	N/S
设计者：	**气候区：**
格兰·摩卡特	亚热带

建筑能源特性：

主要朝向：
南北向
自然通风（总室内自然通风的百分比）：
100%
夜晚通风提供：
自然
建筑外围热传输：
高
建筑物大量热存储是否作为能源策略之一：
否

太阳能控制系统：
自动／可变的外部
光照（白天所需室内人工照明的净地面积的百分比）：
0%
人工照明是否采用节省能源的控制：
否
其他：
——

HVAC 系统：

燃料利用（%）：	**机械通风：**
电力 100%	没有
锅炉类型：	**空气调节类型：**
没有	没有
供热系统：	**热回收：**
没有	——

能源性能：

总计：
N/S
人工照明：
N/S
制冷：
N/A
机械通风：
N/A

供热：
N/A
总估计二氧化碳输出：
N/S

环境／健康因素：

用以减少包含能源和传输能源消耗的材料／组件选择策略：
是
利用可再生的材料：
没有
属于被控制使用资源的木料：
硬木

特殊水保存设备：
没有
自然有机污水处理：
没有
鼓励公共运输工具的使用措施：
没有

玛瑞卡·艾德尔顿住宅

澳大利亚，阿纳姆地

25 年前，格兰·摩卡特(Glenn Murctt)设计了他位于澳大利亚乡间的家，其特点是通风、光线好，雅致而简洁。他的灵感来自于周围环境——简洁的平面和形式同周围形状各异、充满了细节和动感的植物，广阔的天空，以及存在于此环境下的简单的农家建筑——显得那么和谐。该住宅采用极为经济的建筑方式，材料的来源也比较容易，另外依从了密斯式建筑的适应功能需求的原则。

极好地佐证这一思路的新建筑就是我们这里要提到的玛瑞卡·艾德尔顿住宅（Marika Alderton），是为一位当地土著艺术家和她的家庭而设计的，属于澳大利亚北部的东阿纳姆地的依卡拉部族。这次设计必须首先适应当地的热带气候，并且建筑结构体系和详细设计中对预制构件的限制，要适应有限的预算，同时在这个偏远地区也缺乏相当的建筑技术。也是对设计师空间设计原则是否适应实际情况的检验——要部分地适应土著的生活方式。该方案有一个优雅而坚固的长长的厅，向各个面开合，像植物呼吸一样。

采用金属结构设计能阻挡最大时速达227km（140英里）的风。整栋建筑完全没有玻璃，立面是由宽的夹板或有板条的牛脂组成。8mm（1/4英寸）厚的木制百叶窗，它们的方位与其围合的房间的功能决定。白天，这些倾斜的面板就像个遮阳板，每边都张开着；到了晚上就都关闭了。自然通风不断保持着，私密性的满足程度可根据个人意愿来调整。屋顶覆盖所有的边，但是北边要稍微大一点，那儿面海，也有平台。沿着屋脊的文氏管(“venture”)驱散屋顶下面产生的所有热空气。

摩卡特的另外一个住宅建筑是辛普森·李住宅（Simpson-Lee），是位于新南威尔士蓝山的一座退休夫妇的住所。背靠西和东南风向，这所房子面朝东与东北。住所的两个功能分区呈一条线（一个居住用，另一个作工作室），一边通向池塘，另一边连着走道。功能区与走道都是从地面开始抬高的，并且呈跌落式朝向生活区。设计非常简朴，就像是修行人的住所。像所有摩卡特设计的建筑一样，这两者的设计都明显来源于现代主义的密斯的功能设计。然而，其建筑词汇很快扩展应用于澳大利亚乡村环境之中，并已经形成了影响，这种影响很难说多大程度上影响或者决定了独特的澳大利亚地方特色。

01>

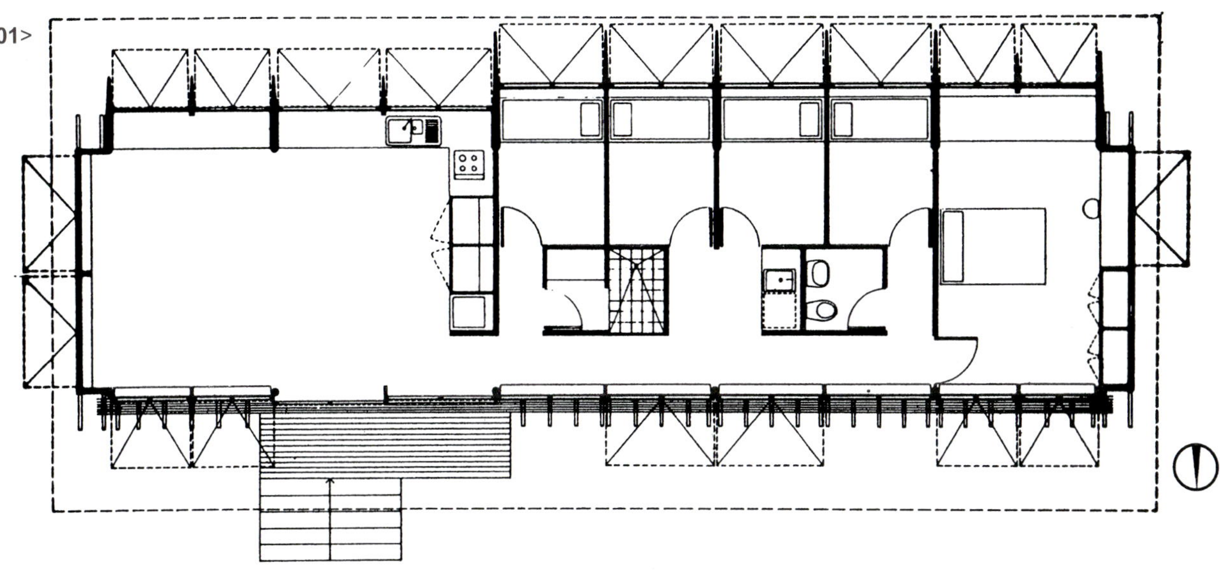

01> 平面图。矩形空间与活动墙板的简单划分。

02> 北立面图。可看到屋顶的热收集器和沿屋脊的通风口。

^
02

03

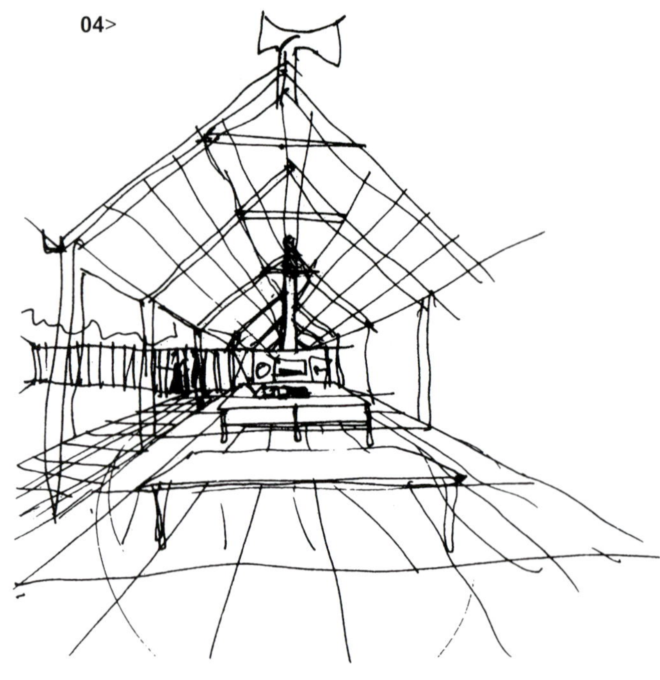

04>

05

06>

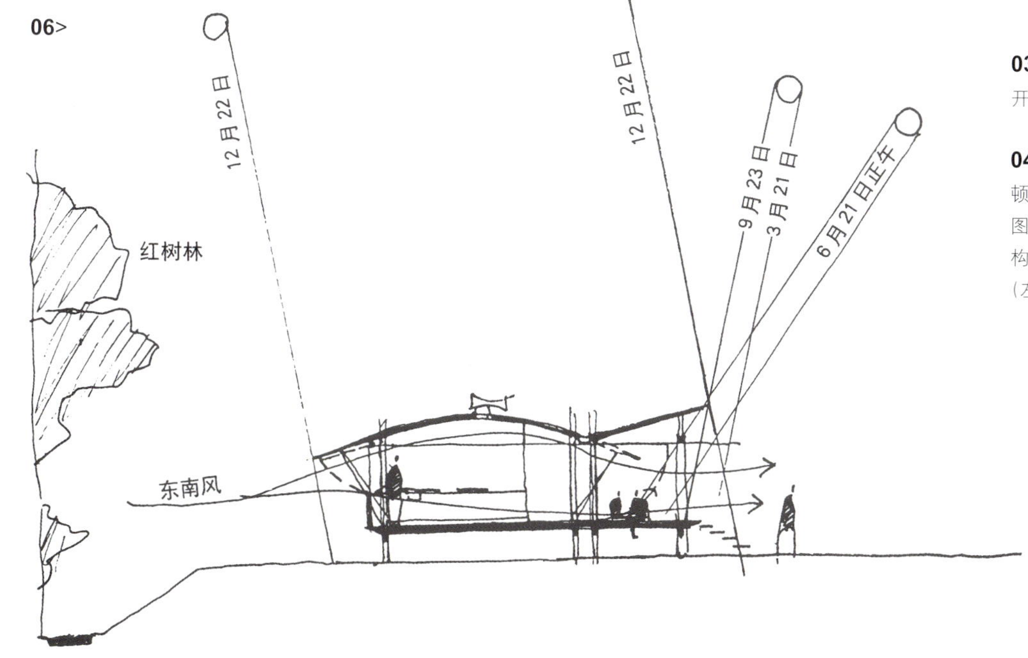

03> 住宅东端，墙板打开。

04+06> 玛瑞卡·艾德尔顿住宅的分析图（远的左图）；辛普森·李住宅的结构，通风与对气候的反应（左图）。

05> 东视图，悬挑的屋顶、垂直的遮阳板和活动墙板，为房屋提供足够的荫凉。

07> 辛普森·李住宅。不同的是走道与楼梯是硬木的踏板，房屋的建造采用了矿石元素：框架上采用镀银的钢材和铝材；屋顶采用金属的框与倾斜面板；浅灰色混凝土地板，以及刷白石灰的墙砖和玻璃。

^
07

建筑名称：
时间之殿或分离式住宅

客户／所有者：
当地权威建筑师矶崎新

地点：
日本，富山山谷的大岛

设计者：
Benson 和 Forsyth

完工日期：
1993 年

总面积：
70 m²

建筑成本：
256500 英镑

气候区：
大陆性

建筑能源特性：

主要朝向：
朝向北极星

自然通风（总室内自然通风的百分比）：
100%

夜晚通风提供：
自然

建筑外围热传输：
标准

建筑物大量热存储是否作为能源策略之一：
是

太阳能控制系统：
固定外部

光照（白天所需室内人工照明的净地面积的百分比）：
0%

人工照明是否采用节省能源的控制：
没有

其他：
——

HVAC 系统：

燃料利用（%）：
电力 100%

锅炉类型：
没有

供热系统：
没有

机械通风：
没有

空气调节类型：
没有

热回收：
没有

能源性能：

总计：
N/A

人工照明：
N/A

制冷：
N/A

机械通风：
N/A

供热：
N/A

总估计二氧化碳输出：
N/A

环境／健康因素：

用以减少包含能源和传输能源消耗的材料／组件选择策略：
使用未经处理的本地材料

利用可再生的材料：
竹子

属于被控制使用资源的木料：
硬木

特殊水保存设备：
用于灌溉的雨水

自然有机污水处理：
没有

鼓励公共运输工具的使用措施：
没有

时间之殿或分离式住宅

日本，大岛，富山山谷

现在的大岛是由一些工厂组成的，郊外的房屋分散在富山山谷的冲积平原上。与一群更古老的传统住所的模式类似，它们位于较高的地势，周围分布着稻田、丝瓜架子和干稻草。

分离式住宅的建造目的不是用于长期居住，从根本上说，它是一个深入的研究过程，包括过去与现在并存的礼仪、社会与环境问题。一个双层混凝土墙将住宅分割成两部分，楼梯延伸出去直指北极星。屋顶悬挑着一座有格栅的方形钢板，使得建筑的位置与地球的几何形状联系起来。

分离式住宅西面墙表现的是过去的传统，包括一系列垂直的木制翼肋，经过雕刻与碾压形成一种特别的形状，沿着翼肋的轮廓覆盖一层竹片，接着按照一定的错落形状，一片压一片形成形状的变化。狭窄的顶部覆盖着稻草，敞开的屋顶能够看到上面的格栅。东面墙一根圆柱，位于一座很好看的突起的混凝土立方体内，反映理性与现代感。

在西半部分，光线通过竹片缝隙落下来，照亮房间内部。设计的安排使得内部空间容易获得一整天的自然光。冬天的那些月份，低低的太阳光能够穿透围栏上裸露的竹板，从而获得热量，使内部温暖。夏天，高高的太阳被屋顶覆盖的浓密的稻草遮住了。尽管沿着西边的那些竹板没有保护，但是建筑的几何形状，在冬季会积雪，而雪本身就有天然的隔离保护作用。

在东半部分，相对表面来说，容量较小。好看的混凝土围栏逐渐吸收热量，混凝土的深度使得柱体整天保持凉爽，晚上却又能释放热量保持内部温度。西半边的那些竹板，以及东边开放的无玻璃的窗户在所有时间都保证了自然的通风。

01> 建筑外观，显示出它独具特色的两极化设计和统一的金属格栅。西半部反映的是传统与过去；东半部反映的是现在。

02> 冬天，建筑西半部分的几何形体易于积雪，使建筑具有天然的保护。

<01

^
02

03> 过程草图。

04> 西半部的内部视图，木制翼肋和竹片。

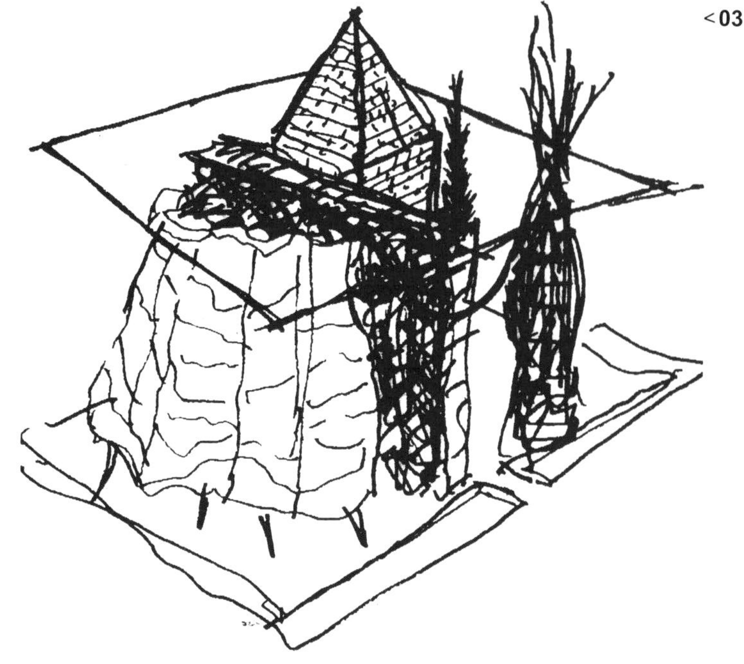

<03

^04

“庭院与营地是惟一能了解世界的地方。”

（柴斯特菲尔德伯爵，菲利普·道摩尔·斯坦霍普（Philip Dormer Stanhope，Earl of Chesterfield）于1747年写给他儿子的一封信）

“爱遍及营地、庭院与树林，因为爱就是天堂，天堂就是爱。”

（《唐璜》(*Don Juan*，C Ⅻ，xiii)，罗德·贝龙（Lord Byron））

“容忍洞穴与营地，阳光与剑。”

（《苏塞克斯》（*Sussex*），罗耶德·科普林（Rudyard Kipling））

4.3 园区

军营、校园、购物中心、实验园区、监狱与农场，这些都是相互关联、相互联系的建筑组成的群。其相互关系体现居住者和相应的功能、特点、交流与时间的流逝。建筑群形成空间，空间需要围合。园区——就是建筑群之间的空间，既是正的也可以说是负的项，但却像城市中的建筑一样重要。

建于13、14世纪的西班牙格拉纳达的阿尔罕布拉宫。

建筑名称：
妇女保护动物协会

客户／所有者：
妇女保护协会
使用者：
妇女保护协会
地点：
美国宾夕法尼亚州本赛勒姆
设计者：
苏珊·马克思曼

完工日期：
1994年6月
总面积：
2450 m^2
建筑成本：
190万英镑
气候区：
温带

建筑能源特性：

主要朝向：
东西向
自然通风（总室内自然通风的百分比）：
60%
夜晚通风提供：
动力
建筑外围热传输：
超标准
建筑物大量热存储是否作为能源策略之一：
否

太阳能控制系统：
固定外部；太阳能控制玻璃窗；东西落叶乔木；东西热反射玻璃
光照（白天所需室内人工照明的净地面积的百分比）：
N/S
人工照明是否采用节省能源的控制：
人体感应器
其他：
——

HVAC系统：

燃料利用（%）：
天然气100%
锅炉类型：
燃气
供热系统：
地下部分设在狗舍区；否则通过AC系统

机械通风：
不断的容量／可变空气量AC系统
空气调节类型：
燃气吸收冷却器；冷凝器热回收
热回收：
——

能源性能：

总计（kW/h/m²）：
8.08
人工照明（kW/h/m²）：
1.17
制冷（kW/h/m²）：
1.28
机械通风（kW/h/m²）：
4.60

供热（kW/h/m²）：
1.03
总估计二氧化碳输出：
N/S

环境／健康因素：

用以减少包含能源和传输能源消耗的材料／组件选择策略：
是
利用可再生的材料：
再生材料的地板、玻璃灯泡、卡车轮胎里衬和塑料
属于被控制使用资源的木料：
——

特殊水保存设备：
低水量洁具冲洗厕所；现场的井水用于清洁狗舍
自然有机污水处理：
没有
鼓励公共运输工具的使用措施：
没有

妇女保护动物协会　动物收容所

美国，宾夕法尼亚州，本赛勒姆

“妇女保护动物协会动物收容所”位于本赛勒姆郊外，用来取代一个位于城里的动物收容所，那里的养宠物者越来越少。新的建筑占地4.5hm^2（相当于12英亩），兼有湿地和长有野花的牧场区，还有一条主要电力线路通过。此建筑为动物收容所，由兽医门诊部和治疗室，宠物园，行政办公室、会议室和多功能共用室组成。

当地气候温和，夏季潮湿，冬季寒冷。因此建筑师苏珊·马克思曼优先考虑的是建筑和窗子的朝向，以防止夏日室内阳光过于充足，但自然光线也不可缺。建筑位于两个开放的庭院旁，入口的庭院朝东（朝向主要公路支线和公车线路）。建筑的主立面和宠物园为东西向，较窄的玻璃窗朝西，落叶树种植在东西两侧。

宠物区的天窗，以及门诊部、候诊室和走廊里高高的通风窗，是专门用来抵挡夏日的阳光。光传感器控制的高效率、高频率的沙囊荧光照明设备用来减少照明设备的负荷。

此动物收容所采用双层中空砌块墙，中间填满气体水泥黏性泡沫绝缘体。钢架屋顶有玻璃纤维棉絮或刚硬的美国polylsocyanurate（polylsocyanurate，聚异氰脲酸酯，译者注）绝缘体。窗户是双层透明玻璃，并具有可热反射和发射率低的特点。西面的窗子被更加严密地遮蔽了起来。

HVAC系统安排在某些区域以适应不同的功能区。一个集中燃气锅炉作为液体循环（水管）发送系统。冷气由一个燃气吸收冷却器提供，这样可以防止空调中的有害氟氯化碳和HCFC，并减少二氧化碳的排放。办公区都装有空调，设备是可调的AC系统和终端再热。门诊部和动物活动区需要100%的新鲜空气，以防止臭味。并安装有热力回收轮，可从排出的空气中吸回80%热量。有暖气的宠物区，通过外缠一层热回收线圈的干燥剂只能采用机械通风；这使冬天进入室内的空气干燥，温暖，夏天进入的空气干燥，清爽。安装于地板下的暖气系统的热量由吸收冷凝器中回收的热量提供。

01>

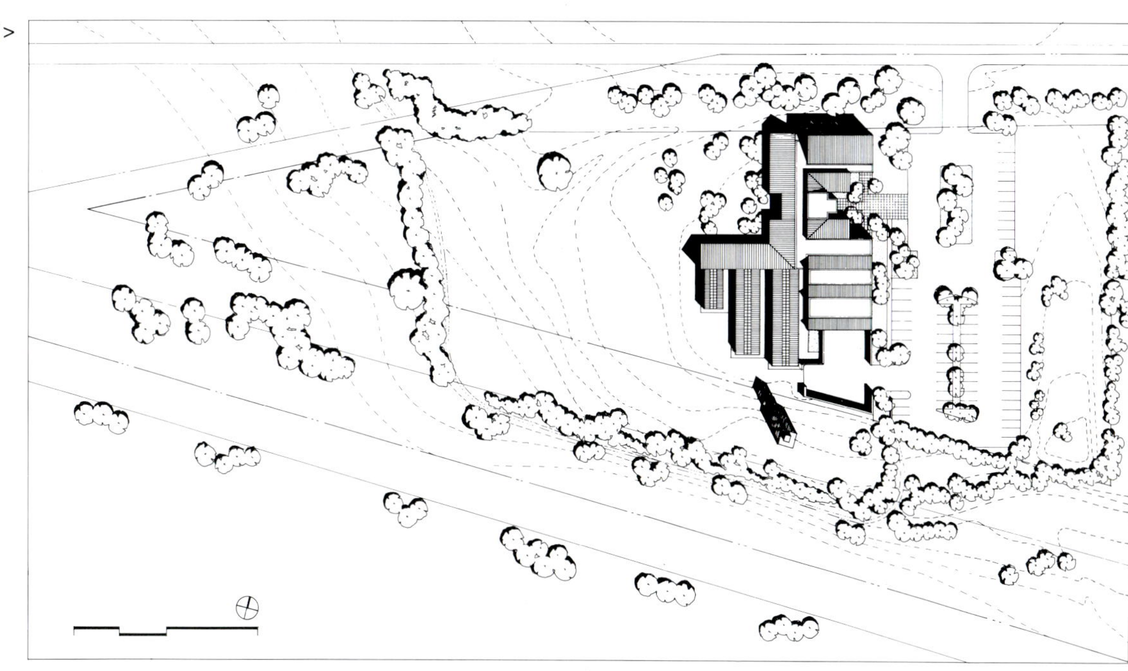

01> 总平面图。入口庭院朝东。

02> 西立面图。建筑以这种形式组织是为了避开电力线，并尽可能减少对周围自然环境的破坏。

02

<03

03> 宠物区正面，采用维护费用低、波纹状的金属材料。

04> 诊室剖面，再生的材料应用于WC隔间的地板瓷砖和绝缘材料（再生的聚苯乙烯）。

05> 走廊和实验室剖面，天窗和走廊的设计在夏天限制日光，在冬天让阳光进来。

06> 动物储藏室，可以看到光线从天窗透进来。

04>

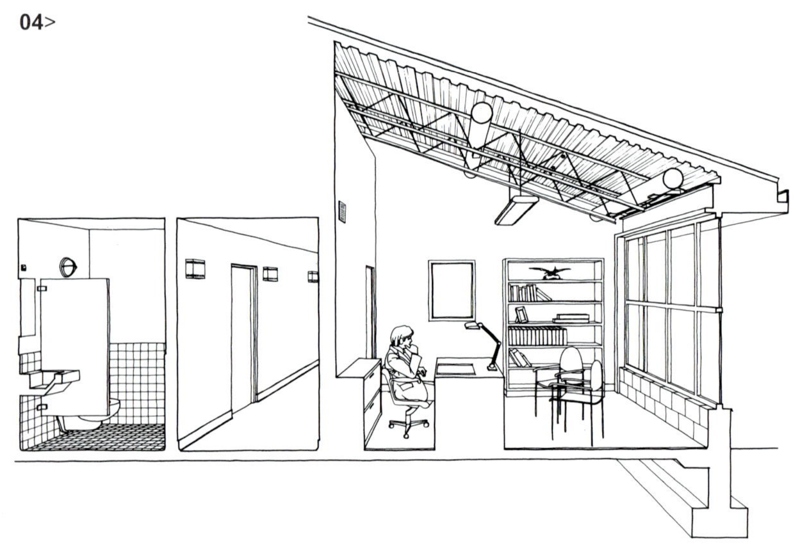

05>

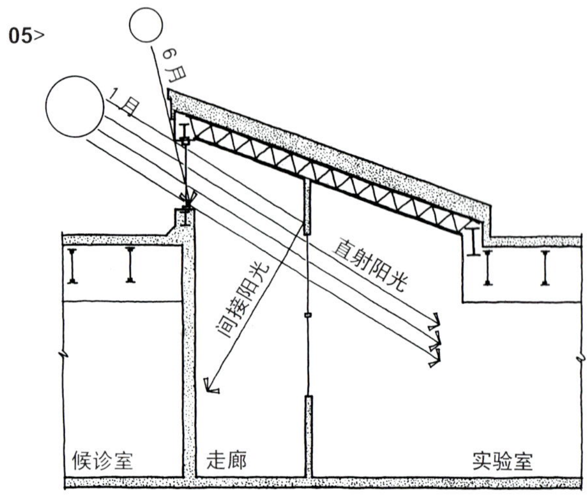

06>

建筑名称：
尤克池欧·那克亚冰雪博物馆

客户／所有者：
加贺城

使用者：
雪与冰博物馆

地点：
日本石川县的加贺

设计者：
矶崎新和同事

完工日期：
1994年6月

总面积：
760 m^2

建筑成本：
800万英镑

气候区：
温带

建筑能源特性：

主要朝向：
东西向

自然通风（总室内自然通风的百分比）：
73%

夜晚通风提供：
没有

建筑外围热传输：
超标准

建筑物大量热存储是否作为能源策略之一：
是

太阳能控制系统：
没有

光照（白天所需室内人工照明的净地面积的百分比）：
60%

人工照明是否采用节省能源的控制：
是

其他：
——

HVAC系统：

燃料利用（%）：
N/S

锅炉类型：
冷热水生成器

供热系统：
部分采用聚集热的方式；电能地下供热。

机械通风：
空气出口和入口通风

空气调节类型：
VAV变风量空调（展厅）；风扇（办公室）

热回收：
没有

能源性能：

总计（kW/h/m²）：
0.495

人工照明（kW/h/m²）：
0.057

制冷（kW/h/m²）：
0.185

机械通风（kW/h/m²）：
0.009

供热（kW/h/m²）：
0.244

总估计二氧化碳输出：
N/S

环境／健康因素：

用以减少包含能源和传输能源消耗的材料／组件选择策略：
是，包括合成海藻和泥巴墙

利用可再生的材料：
没有

属于被控制使用资源的木料：
是

特殊水保存设备：
没有

自然有机污水处理：
没有

鼓励公共运输工具的使用措施：
没有

尤克池欧·那克亚冰雪博物馆

日本，石川，加贺

这个博物馆是一个纪念尤克池欧·那克亚博士（Dr. Ukichiro Nakaya）的纪念馆，他是享誉世界的物理学家，专门研究雪的专家。他曾因惊呼"雪的结晶是来自天堂的象形文字"而闻名，是第一个使用人工方法提取雪的结晶的人。博物馆坐落在那克亚家乡的公园里，主要收藏、保存和展示他的著作和参考书，也包括收集和传播关于雪的信息。这项工程被设计了三次，直到博物馆和公园的权威人士认为在建筑物和环境之间达到了和谐才罢休。

在建筑场地，建筑师仔细地考查了柴山潟湖边的宏伟街景和远处神圣的白山（Hakusan）。流动的设计逐步将参观者带至海滨。从通往法庭的缓坡走近博物馆，参观者首先看到一排3个六边形多面塔体的屋顶。走近以后，就可看到塔的整体高度了。塔的基部是用泥筑成的，使用从附近的Noto半岛运来的硅藻土。自然材料是从传统日本文化继承来的——例如树木、草地和石头——这些材料被广泛地使用，它们与自然环境协调一致。那克亚的女儿福吉库（Fujiko）创作的一座"雾雕"，也是建筑物的一个特色。

这个博物馆融合了生态与气候的特性，与本部分描述的其他建筑物相同，很大程度上是有人文感情的。它给了参观者——大部分可能是从繁忙的日本都市来的旅游者——一个休闲的机会，并与自然交流。

^
01

2>

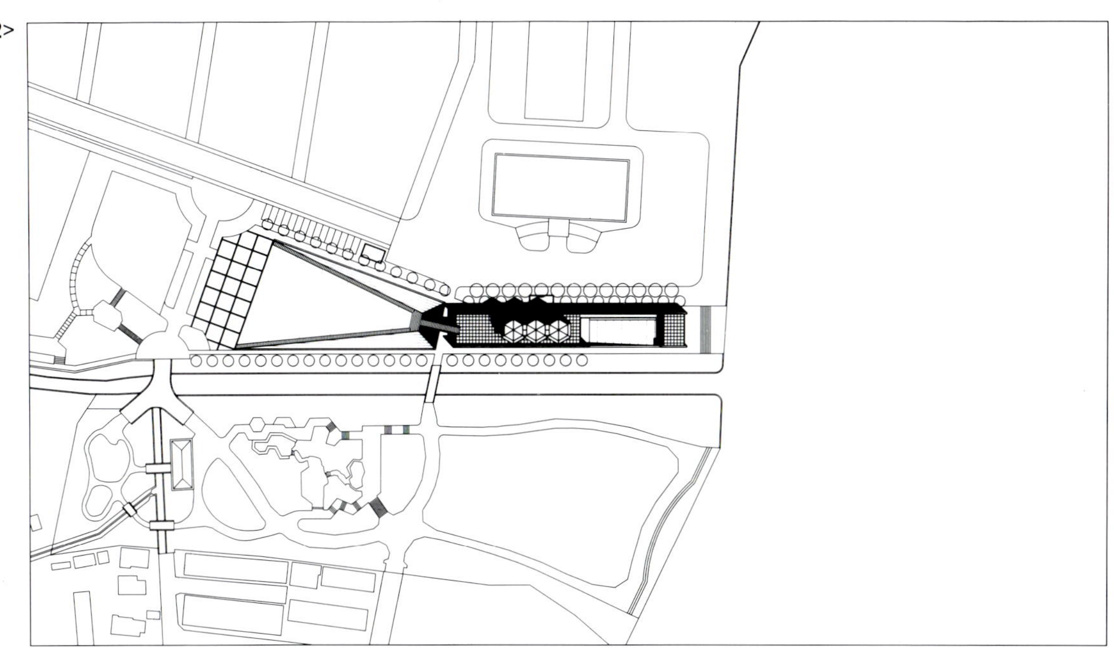

01> 雾雕。

02> 总平面图。倾斜的、逐渐变窄的入口庭院，桥，3个塔楼，立于方形底座上的雾雕，以及建筑物与湖泊的关系。

03> 从雕塑往下看的视图，跨过了柴山潟湖，远处是神圣的白山山脉。

^
03

04>

04> 3个塔楼的展览空间的上部。

05> 从前庭院看塔楼，远处是湖。

06> 底层平台的平面图和展览室层的平面图。

05

06>

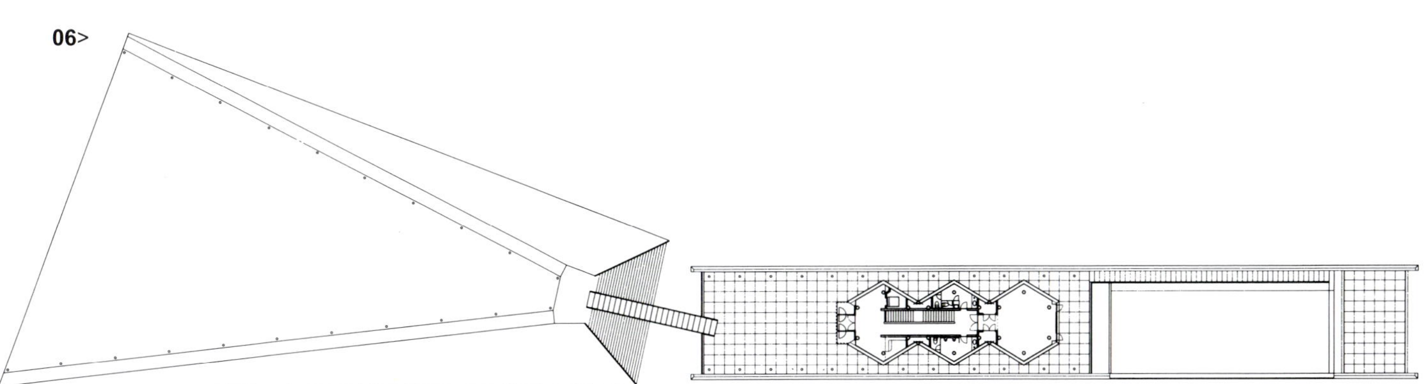

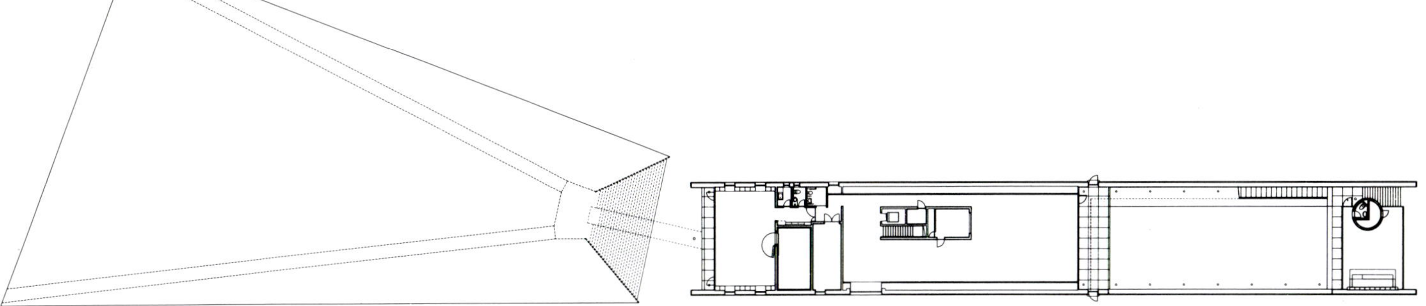

建筑名称：
青年教育学院宾馆

客户／所有者／使用者：
Pramonstratenser-Abtei Windberg
地点：
德国文德伯格
设计者：
托马斯·赫尔佐格（Thomas Herzog），合作者彼得·波恩费格（Peter Bonfig）

完工日期：
1991年
总面积：
1720m²
建筑成本：
160万英镑
气候区：
温带

建筑能源特性：

主要朝向：
南北向
自然通风（总室内自然通风的百分比）：
100%
夜晚通风提供：
自然
建筑外围热传输：
标准
建筑物大量热存储是否作为能源策略之一：
是

太阳能控制系统：
固定外部（悬挑式屋顶）；太阳能控制玻璃（绝缘玻璃）
光照（白天所需室内人工照明的净地面积的百分比）：
85%
人工照明是否采用节省能源的控制：
没有
其他：
——

HVAC系统：

燃料利用（%）：
电力40%，天然气60%
锅炉类型：
燃气
供热系统：
管道热空气

机械通风：
没有
空气调节类型：
没有
热回收：
是

能源性能：

总计：
N/S
人工照明：
N/S
制冷：
N/A
机械通风：
N/A

供热：
45kW/h/m²/y
总估计二氧化碳输出：
N/S

环境／健康因素：

用以减少包含能源和传输能源消耗的材料／组件选择策略：
是
利用可再生的材料：
没有
属于被控制使用资源的木料：
软木

特殊水保存设备：
没有
自然有机污水处理：
没有
鼓励公共运输工具的使用措施：
公共汽车服务

青年教育学院宾馆

德国，文德伯格

文德伯格（Windberg）是位于巴伐利亚森林南坡的一个小村落。村子的中心是一个修道院，由几幢宗教建筑和一个青年教育中心联合构成。这个中心大约有100个人，他们每年不定期地在这里停留一两个星期。

为保存能源，每个空间的温度要求和使用多长时间都有记录。这样，就可把那些一次使用几个小时的房间和那些只需要使用很短时间的房间区分开。不同需要的房间也用不同的材料建造。

建筑的南部包括长时间使用的房间。它的墙壁外部包有一层透明热绝缘体，吸收和加热阳光，也可阻止供暖期的热量散失。在夏季，深深的屋顶投影和外面的百叶窗可防止房间过热。建筑北部包括卫生设施、储藏室和流通区。这些空间只在每天的固定时间被短时间利用。朝南的房顶斜坡装有热水管，带有快速加热空气系统。为减少空气流通丢失的热量，在房顶空间中装有防散热设备。

^
01

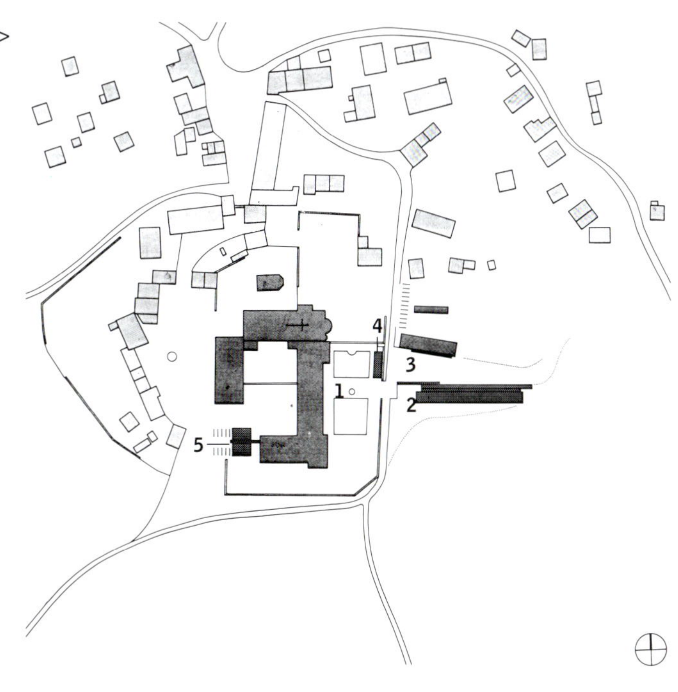

01> 北向服务区的立面处理。墙外面包裹着厚木板，屋顶是金属片。

02> 总平面图。旅店位于整个建筑群的东部。

注释：

1 修道院
2 新旅店建筑
3 老建筑
4 外屋
5 停车场

03> 入口与有屋顶的走道。

^
03

^
04

05>

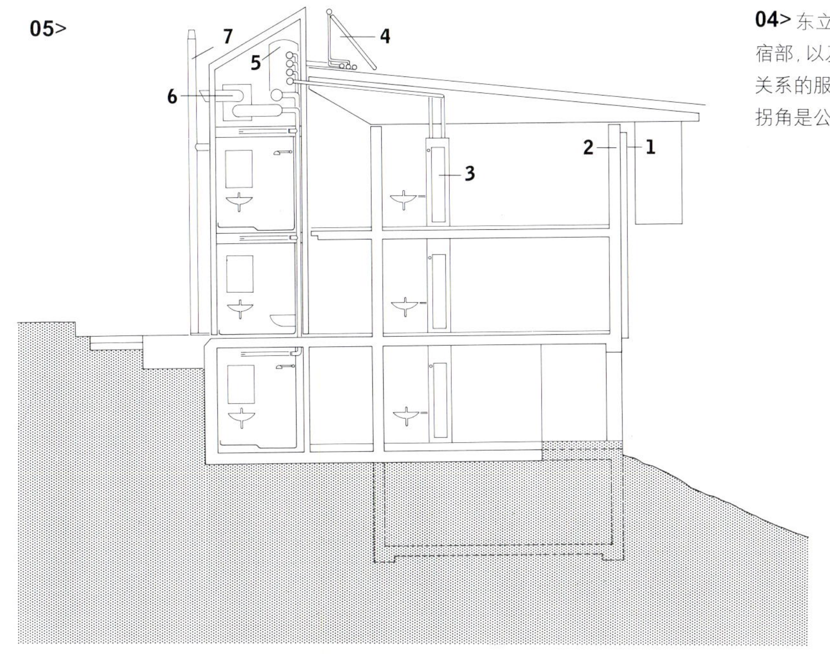

04> 东立面图。南向的住宿部，以及与其是背对背关系的服务区。住宿部的拐角是公共场所。

05> 剖面图

注释：

1 半透明的隔热层
2 窗户上面的通风口
3 低温散热器
4 太阳能集热器
5 热水罐
6 机械通风器
7 暖气管

06> 南立面图。突出的屋顶上有太阳能集热器。底层内缩且外有柱廊。

^
06

建筑名称：
再生研究中心

客户／所有者：
加州大学
使用者：
再生研究中心
地点：
美国加州波莫纳
设计者：
Dougherty

完工日期：
1994 年（第一阶段）；1996 年
总面积：
1667m²
建筑成本：
230 万英镑
气候区：
地中海式

建筑能源特性：

主要朝向：
南
自然通风（总室内自然通风的百分比）：
100%
夜晚通风提供：
自然
建筑外围热传输：
超标准
建筑物大量热存储是否作为能源策略之一：
是

太阳能控制系统：
固定外部：葡萄凉棚
光照（白天所需室内人工照明的净地面积的百分比）：
少于 10%
人工照明是否采用节省能源的控制：
木制
其他：
简洁的荧光与金属卤化物的灯

HVAC 系统：

燃料利用（%）：
电力 5%；光电 10%；间接太阳能 75%；生物电 10%
锅炉类型：
N/A
供热系统：
电力（第一阶段）；带太阳能热水的风扇（第二阶段）

机械通风：
循环风扇
空气调节类型：
没有
热回收：
没有

能源性能：

总计：
N/S
人工照明：
N/S
制冷：
N/S
机械通风：
N/S

供热：
N/S
总估计二氧化碳输出：
N/S

环境／健康因素：

用以减少包含能源和传输能源消耗的材料／组件选择策略：
是
利用可再生的材料：
钢制假山
属于被控制使用资源的木料：
软木

特殊水保存设备：
循环水用于洗手间和灌溉
自然有机污水处理：
是
鼓励公共运输工具的使用措施：
去校园的往返汽车和自行车

再生研究中心

美国，加利福尼亚，波莫纳

由 Dougherty 设计的加利福尼亚再生研究中心包含了一个居住区，住户为从事学科间环境与可持续性研究的学生。在建筑群中，它本身就是一个生物示范社区。最优化的设计高效利用了能源、材料和水，以应对南加州燥热的夏季和温和的冬季。建筑占地6.5hm²，毗邻Cal Poly校园，坐落在东西朝向的几乎没树的山谷中（先前是放牧的草地）。

沿着河边的建筑排列成排的一组水产养殖池塘，最终将联结成为一个完整的污水处理和灌溉系统。这个以轻木料框架，以混凝土柱为基础的建筑，盘旋在水边。建筑的外部被雪松和道格拉斯冷杉包围，宽阔的阳台、木制的凉棚和铜的屋顶使人联想起格林兄弟（Greene & Greene）的木瓦风格（Shingle Style）。上部的建筑偎依在山坡上，主要有员工住处、演讲室，以及用餐和公用的房间。基础处有混凝土挡土墙，上部楼层被雪松包围。室内地板为混凝土或砖铺成。

所有的建筑都为促进前后通风而设计，带有高低可调的可开启窗户。顶棚风扇用来在夏季降温，冬季混合空气层。太阳能冷暖器——流通空气塔高出屋面，位于屋顶北面。绝缘装置高于地方建筑法规设置的标准。在第一阶段紧密的电子空间加热器将最终由现场的可回收能源产生。在第二阶段空间供暖利用的是本地化的风扇装置产生的太阳能热水。照明设备使用高效紧密的荧光金属卤化灯。室内漆选用毒性低和耐久力强的，避免使用石化产品。太阳能收集装置用来加热水。使用低速水流冲洗厕所以及低用水量淋浴器。

场地包括一个太阳能装置场，集中了太阳能集热器和光电装置，以及一个鼓风机。在以后的时期，一个现成的、由洛杉矶建造的、利用沼气产生热量的工厂，将连同附近的垃圾原料一起被转让给该研究中心。

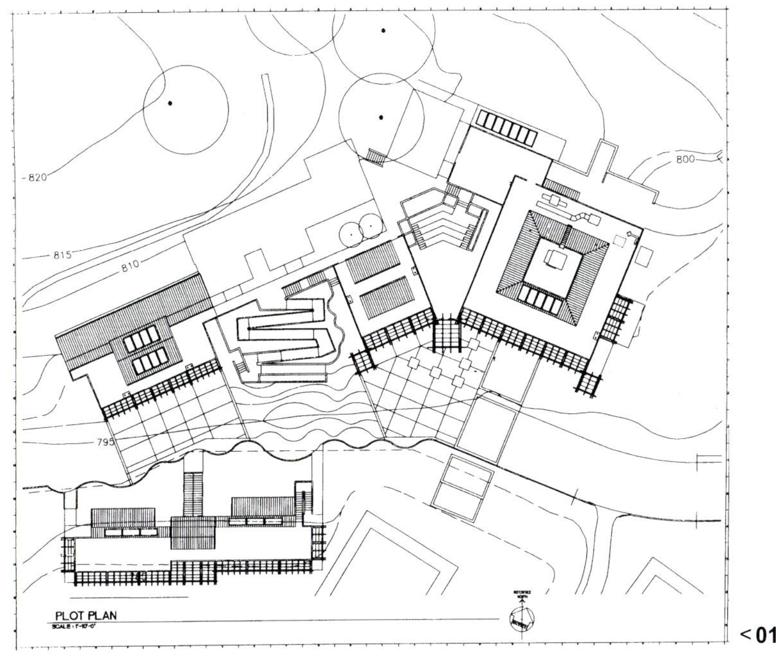

<01

01> 总平面图。围绕广场的4座建筑物。

02> 从北边山顶看这座建筑。中心位于洛杉矶以南40英里，在加州工艺学校与县垃圾场之间的一个半干旱的山谷中。

^
02

03

03> 演讲与研究会所的周围遍布雪松，这是从剪刀式斜坡看去的样子。

04> 在南边平台上的建筑首层平面图。

05> 西北视图，包括教师宿舍。植物攀延的藤架和葡萄树可以遮阳。

注释：

1 教员住所
2 剪刀式斜坡
3 学院设施
4 演讲与研究会所
5 阶梯教室
6 公共场所
7 演讲楼
8 公共厕所

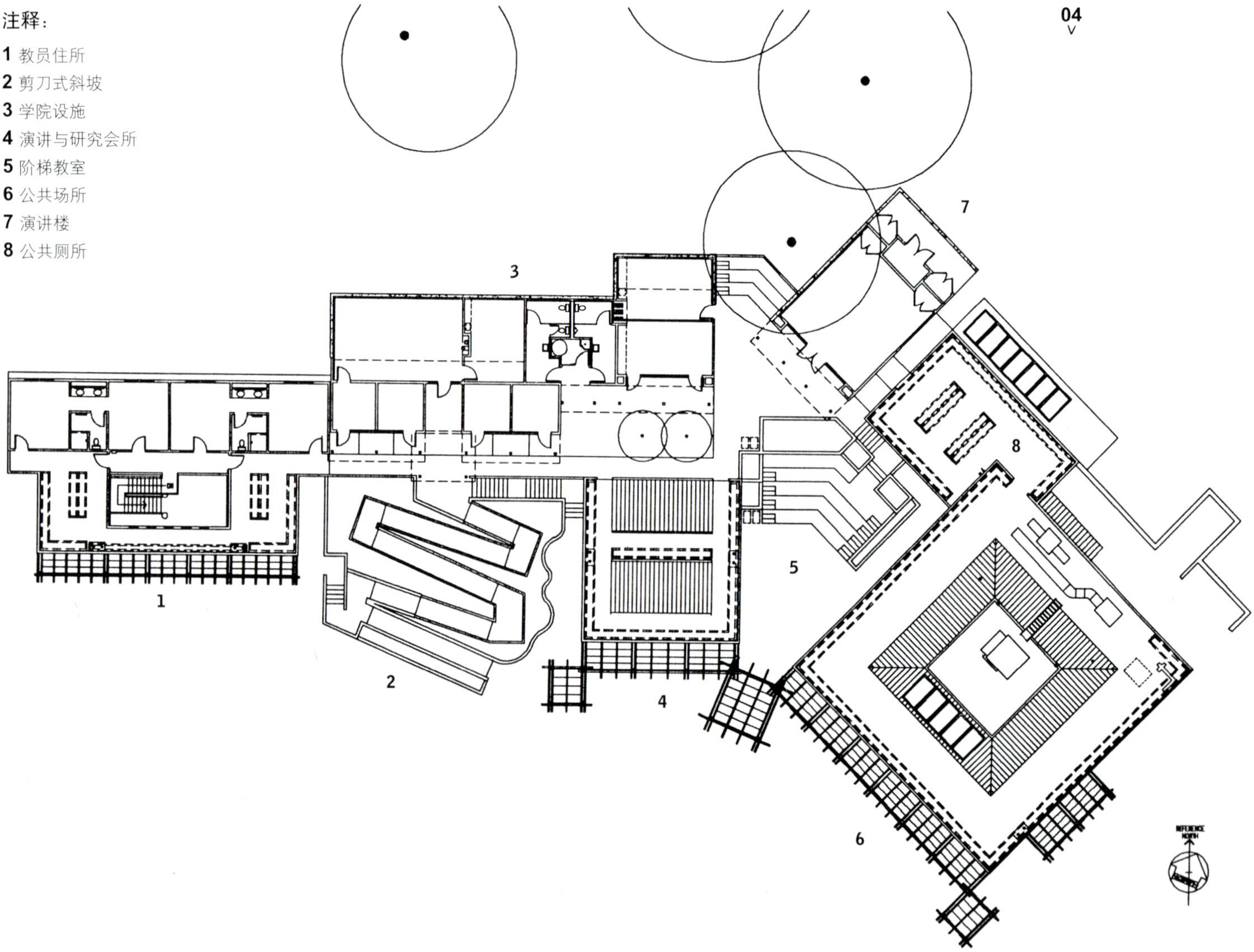

04

建筑名称：
印度尼西亚大学日本研究中心

客户／所有者：
印度尼西亚大学
使用者：
印度尼西亚大学
地点：
印度尼西亚，西爪
设计者：
Akihiko Takeuchi

完工日期：
1995年3月
总面积：
6269 m^2
建筑成本：
620万英镑
气候区：
热带雨林

建筑能源特性：

主要朝向：
南北向
自然通风（总室内自然通风的百分比）：
78%
夜晚通风提供：
自然
建筑外围热传输：
标准
建筑物大量热存储是否作为能源策略之一：
没有

太阳能控制系统：
深深的出檐
光照（白天所需室内人工照明的净地面积的百分比）：
5%
人工照明是否采用节省能源的控制：
没有
其他：
——

HVAC系统：

燃料利用（%）：
N/S
锅炉类型：
N/S
供热系统：
N/A

机械通风：
消耗型窗户扇
空气调节类型：
风扇／带有空气制冷类型的热泵
热回收：
——

能源性能：

总计（kW/h/m^2）：
0.066
人工照明（kW/h/m^2）：
0.048
制冷（kW/h/m^2）：
0.018
机械通风：
N/A

供热：
N/A
总估计二氧化碳输出：
N/S

环境／健康因素：

用以减少包含能源和传输能源消耗的材料／组件选择策略：
没有
利用可再生的材料：
没有
属于被控制使用资源的木料：
没有

特殊水保存设备：
没有
自然有机污水处理：
有
鼓励公共运输工具的使用措施：
没有

印度尼西亚大学　日本研究中心

印尼，西爪哇

印度尼西亚大学是该国最大的大学之一。这个校园把先前位于雅加达的3个不同部分合在一起。现在该市的建筑风格同其他很多环太平洋的城市一样，都是有空调的高楼。而这个校园使用了完全不同的方法。它是低楼，在布局上是分散的，特点是人性化的。没有特别从传统中借鉴，同时反映了印度尼西亚民族多样性和传统日本建筑的沉稳风格。每个院系反映了传统印尼建筑的一些侧面。统一的元素是呈45°角倾斜的黏土铺成的屋顶和白色支撑结构。

建筑是以传统的日本风格组织的：以研讨会礼堂为中心，不拘次序。风景的特点是波形草坡，这片草坪位于保留下来的繁茂树木的阴影下。

雅加达有大量降雨的热带气候。建筑师的应对措施是在可能的地方采用自然通风，在建筑更深处使用空调，以悬挑屋檐的形式提供大量的遮阳，确保建筑物之间所有的人行道都是开放但完全避雨的。

提高较大的室内空间的层高，包括大量的由极为倾斜屋顶形成的空间，使它们显得更加庄严，同时也便于通风。屋顶透进的阳光，进一步扩大了这些空间。

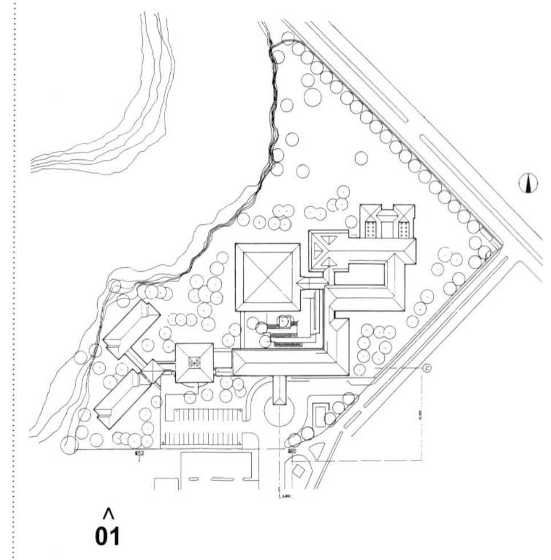

^
01

01> 总平面图。校园建筑分散在研究生中心大楼四周。

02> 一个主厅的剖面图。

03> 校园建筑物采用铺土屋顶，使整体设计倾向于一种精致的人为的非正式的景象。

02>

2,800
3,000
3,000
3,000
3,000
2,800
230
10
10
230
1,500
3,230
2,740
3,400
9,950
3,000
5,090
6,186
12,921
3,000
1,000
1,900
1,900
6,735
4,121
2,250
3,200
3,550
900
1,200
2,150
3,550
3,200
2,100
2,250
3,000
3,000
3,000
3,200
3,000
3,000
12,200
5,800
6,000
5,800

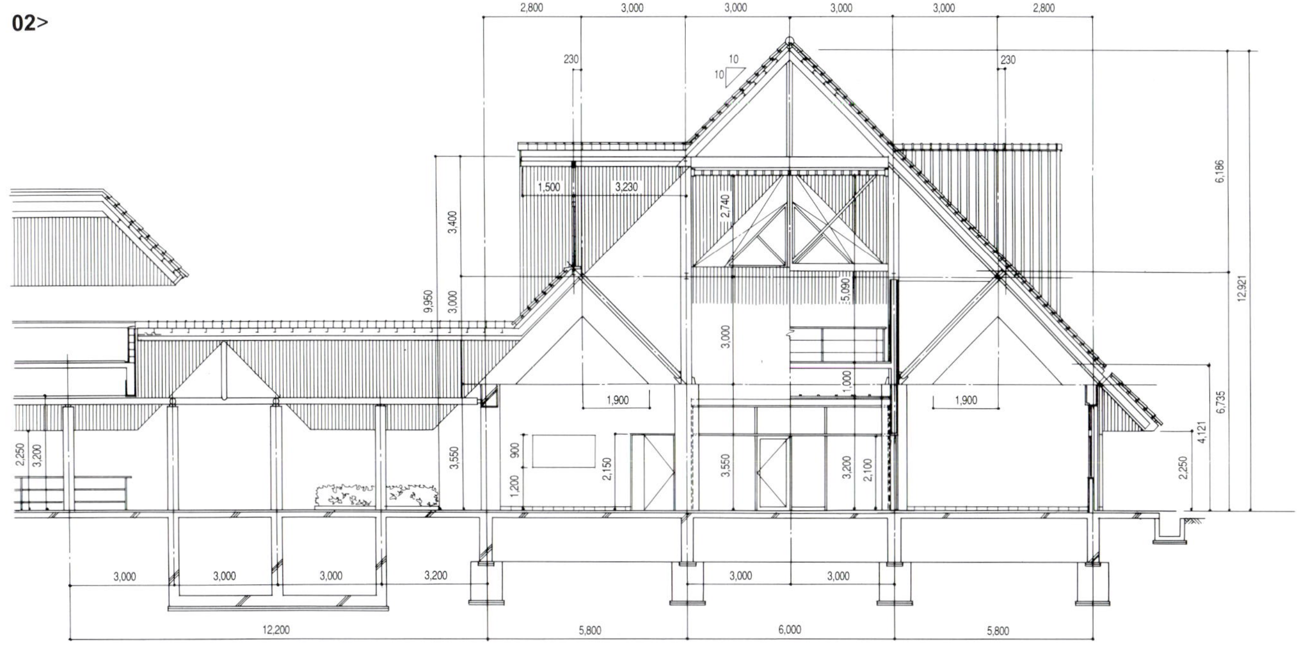

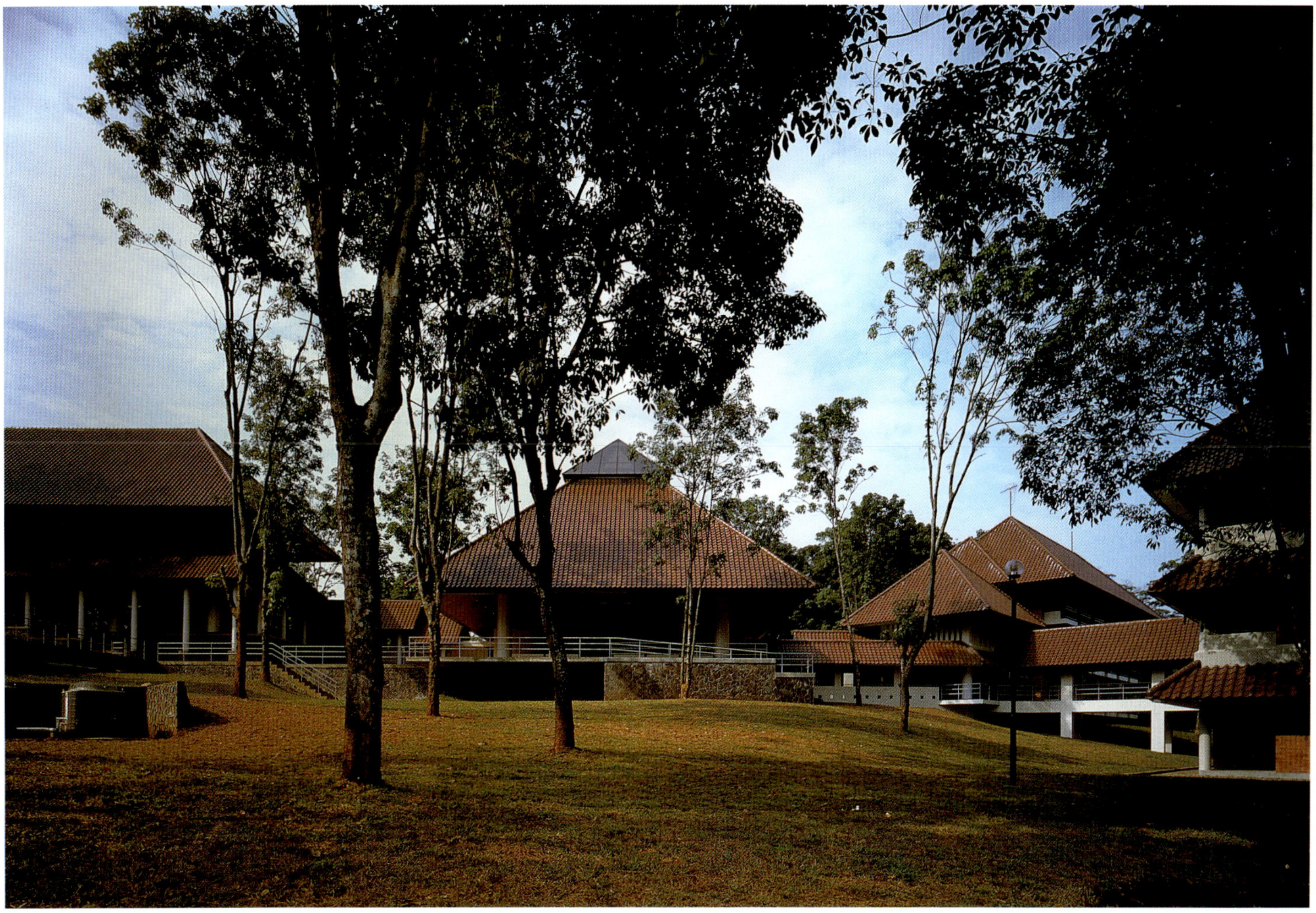

03

04

05

06

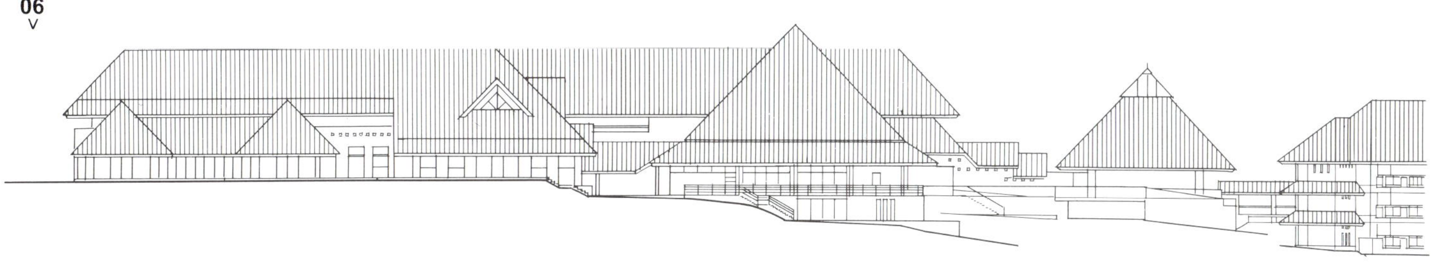

04> 立面图，简单与一致性，对颜色的使用有一定限制。

05> 建筑之间的连接部分有屋顶。

06> 立面图。

07> 内部庭院。

07

建筑名称：
Uluru - Kata Tjuta 国家公园文化中心

客户／所有者／使用者：
Mufifjulu Community and Parks Austrilia-Environment Australis
地点：
澳大利亚北部地区
设计者：
Gregory Burgess Architects

完工日期：
1995 年 10 月
总面积：
1500 m²
建筑成本：
190 万英镑
气候区：
沙漠

建筑能源特性：

主要朝向：
多向
自然通风（总室内自然通风的百分比）：
100%
夜晚通风提供：
自然
建筑外围热传输：
标准
建筑物大量热存储是否作为能源策略之一：
是

太阳能控制系统：
固定外部：有孔的沙砖墙：鹅卵石
光照（白天所需室内人工照明的净地面积的百分比）：
15%
人工照明是否采用节省能源的控制：
没有
其他：
——

HVAC 系统：

燃料利用（%）：
柴油发电 100%
锅炉类型：
浓缩燃气
供热系统：
没有

机械通风：
在洗手间和厨房
空气调节类型：
——
热回收：
——

能源性能：

总计：
N/S
人工照明：
N/S
制冷：
N/S
机械通风：
N/S

供热：
N/S
总估计二氧化碳输出：
N/S

环境／健康因素：

用以减少包含能源和传输能源消耗的材料／组件选择策略：
是
利用可再生的材料：
没有
属于被控制使用资源的木料：
硬木

特殊水保存设备：
屋顶收集饮用水
自然有机污水处理：
Diston 净水污水系统
鼓励公共运输工具的使用措施：
N/A

Uluru-Kata Tjuta 国家公园文化中心

澳大利亚，北部地区

该建筑处在宏伟的 Uluru（艾尔斯岩 Ayers Rock）的阴影中。这块著名的岩石是 Uluru - Kata Tjuta 国家公园的焦点，它在地理位置上处于澳大利亚内陆的中心，同时也具有象征意义。该文化中心向游客展示了阿南古族（Anangu）的文化、当地的土著居民以及他们与这块神圣的土地的关系。

在开始着手设计以前，建筑师用了一个多月的时间通过与当地社区协作来展开调查。他们希望得到对场地和周围环境的了解，以及如何将该地方的本质和精神的重要性融入建筑。他们研究出了一个大纲，在沙地里草拟出初步创意。得出一个重要的结论就是这个建筑应该建在沙漠的沙丘与伞状的灌木丛、红木树林和草地等 Uluru 特有景色的地方。确保最小程度地打扰该地区居民同样是必要的。他们决定把一棵古老的沙漠橡树作为整个建筑群的焦点。

建筑引起了沙漠上沙丘的移动，但是这种景致下，也形成了一些静止的地点。主体建筑包括两部分：南楼包括入口和主要陈列走廊；北楼包括商店、咖啡屋和一个环形多功能厅。两楼由围栏和有顶的走廊连接，走廊包括室外展览区和一个舞池。这两块区域不久将被传统的 Wiltja 结构和灌木丛遮阴。对当地人来讲，两个蜿蜒的建筑代表了神话中的蛇，在分离和结合中取得平衡。

在建筑结构方面吸取了当地的一些做法。一些材料是从当地直接取材的：墙是砖块，由沙漠中的沙子做成，可与稳定的沙地板共同聚集热量。木材主要为径向锯开的硬木和自然木材。建筑利用自然通风，显得舒适。一些落在屋顶上的雨水被保存起来用作饮用水。

该建筑成功地抓住了Uluru的精髓和诗意，没有降格成为在旅游地经常看到的粗糙的作品。

<01

01> 建筑物周围的环境。在艾尔斯岩下面。

02> 总平面图。沙漠中两座蜿蜒的建筑彼此对望。

03> 这棵古老的橡树正是这座建筑的焦点。

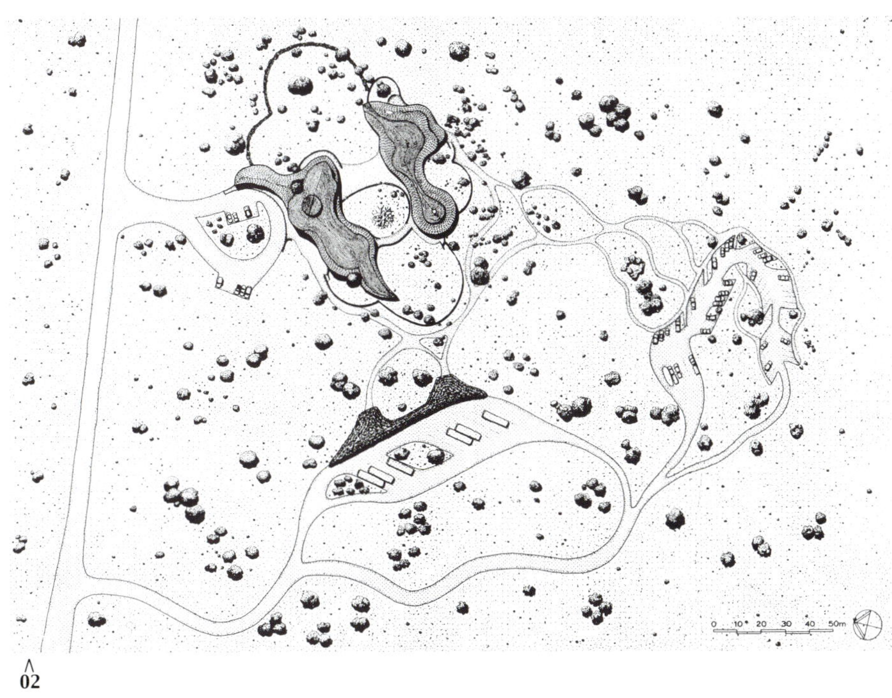

02

03

04> 内部展示空间。中心有树干形状的柱子，通过上面的枝干可以仔细地控制透过的阳光。

05> 南面的建筑。有着悬挑非常大的屋顶。

06> 南、北建筑的剖面图。

^
05

06>

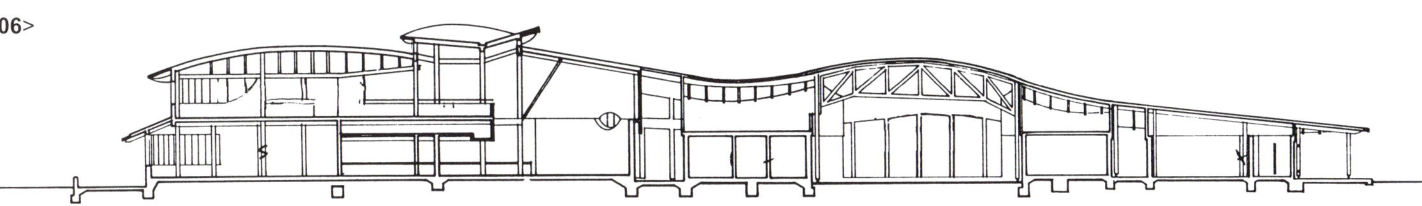

北楼

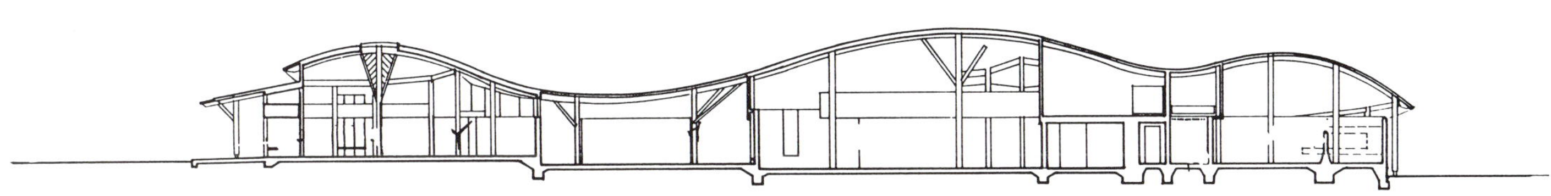

南楼

<04

建筑名称：
伊丽莎白·弗赖伊大楼，英国东英格兰大学

客户／所有者：
东英格兰大学
使用者：
东英格兰大学
地点：
英国诺福克的诺里奇
设计者：
约翰·米勒与其同伴

完工日期：
1996年1月
总面积：
3250 m^2
建筑成本：
290万英镑
气候区：
温带

建筑能源特性：

主要朝向：
南北向
自然通风（总室内自然通风的百分比）：
100%
夜晚通风提供：
动力
建筑外围热传输：
超标准
建筑物大量热存储是否作为能源策略之一：
是

太阳能控制系统：
固定外部；内部百叶窗
光照（白天所需室内人工照明的净地面积的百分比）：
20%
人工照明是否采用节省能源的控制：
没有
其他：
——

HVAC系统：

燃料利用（%）：
电力40%，天然气60%
锅炉类型：
浓缩燃气（总共60kW）
供热系统：
没有分布式供热系统

机械通风：
可调节供应
空气调节类型：
——
热回收：
再生（回热）式热回收

能源性能：

总计（kW/h/m^2/y）：
71
人工照明（kW/h/m^2）：
15
制冷：
N/A
机械通风（kW/h/m^2）：
16

供热（kW/h/m^2）：
40
总估计二氧化碳输出：
N/S

环境／健康因素：

用以减少包含能源和传输能源消耗的材料／组件选择策略：
是
利用可再生的材料：
没有
属于被控制使用资源的木料：
是

特殊水保存设备：
雨水用于灌溉
自然有机污水处理：
没有
鼓励公共运输工具的使用措施：
公共汽车服务

伊丽莎白·弗赖伊大楼，英国东英格兰大学

英国，诺福克，诺里奇

这幢新的教学楼形成了东英格兰大学校园西端的教学和学生宿舍综合发展的一部分。宿舍包括下面的一层为本科生使用的报告厅；上面的一层为对外短期课程培训灵活使用的小演讲室、研讨会和教学区；另外还有餐厅和厨房。在最高的楼层上，则包括办公室、教学和行政办公室、普通房间、娱乐间和研究生室。

为在建筑和周围环境内达到使用低能量也能舒适的目的，利用建筑的结构作为能量的储备处，结合使用了低压机械通风装置、热回收系统和可开启的窗户。通过使用中空的地板结构，完全新鲜的空气就会传送进来；也可使空气在建筑内分散流通。为了达到能量低消耗，这幢建筑的外层是由超级绝缘材料：200mm厚的矿石棉、较重的水泥块和3层玻璃窗构成的。还有些特别的措施，例如在窗户和墙壁间的双层密封机械装置用来确保最小程度的空气流通。建筑没有热桥，而通过遮蔽的夏日阳光也降到最小。结果建筑全部的热需求来自24kW的锅炉，并且没有机械制冷设施，建筑面积3000m^2，潜在用户为780人。

这幢高效能建筑使用不显眼的方法达到了目的。它的建筑形式依赖于对形式、空间和光的整体考虑，达到了对能源的最高效地利用。

01> 伊丽莎白·弗赖伊大楼总平面图。位于大学建筑群的东北部。

02> 北立面中部的圆弧形成了建筑的入口。

01>

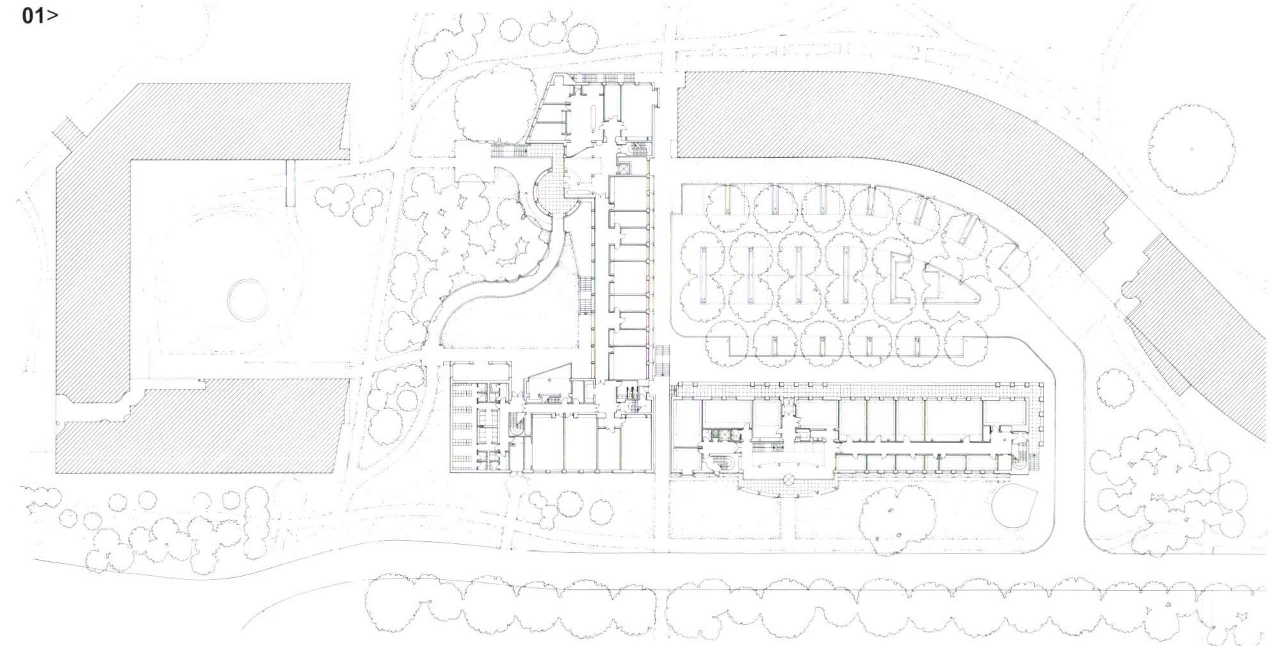

<02

∧
03

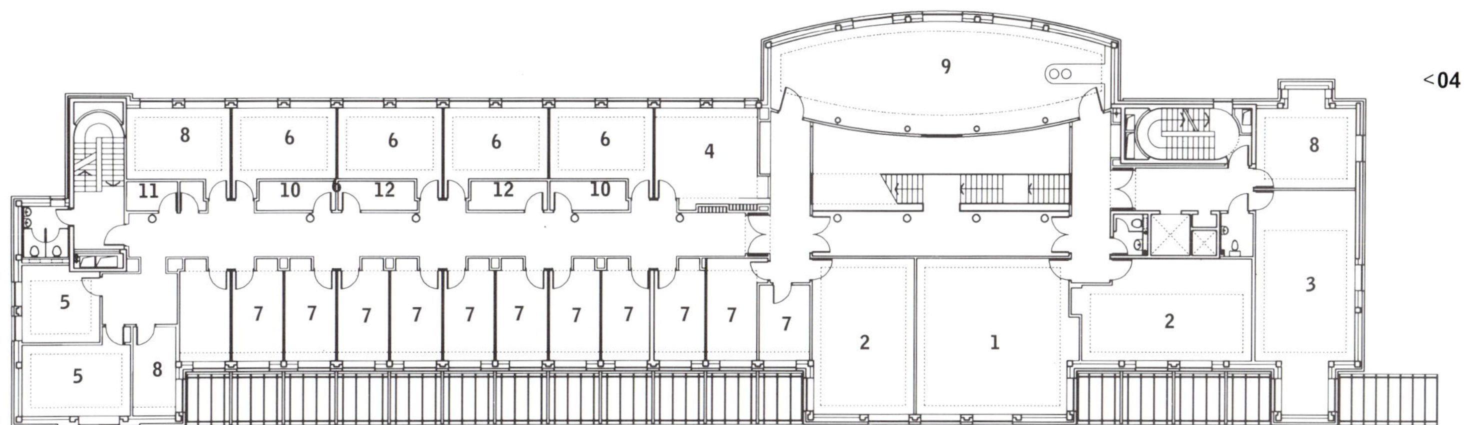

<04

03> 阳光从屋顶照下来，洒落在主楼梯上。

04> 首层平面图。

注释：

1 报告厅
2 研讨会堂
3 研究室
4 行政接待部
5 教授／导师办公室
6 教师办公室（双开间）
7 教师办公室（单间）
8 秘书办公室
9 公共场所
10 档案室
11 储藏室
12 复印室

05> 南立面有遮阳的走廊。

∧
05

06> 剖面图。厚厚的隔离层的屋顶特殊设计，"Termodeck"预制的室内地板，这样空气能够更好地流通。

07> 3层的主会议室，有北向的带形窗。

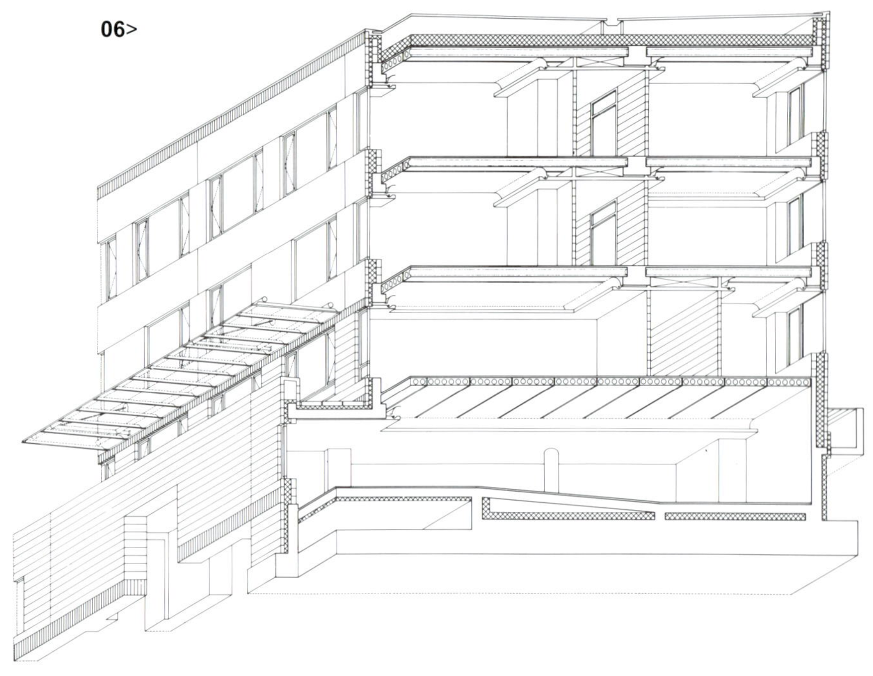

06>

07

“在这其中聚集了月桂和爱神木，正朝着黎明掩映下的会所隐约闪现——这是一幅美妙的图画——小小的，大理石般的，比例匀称的，带着柔美的白色……”

（利·亨特(Leigh Hunt)，《里米尼的传说》，第三篇（*The story of Rimini*，Canto Ⅲ））

4.4 小型建筑

密斯为1929年西班牙巴塞罗那国际展览会设计的德国会馆。

小型的建筑物会比大型的建筑灵活些，因为那些大型建筑有些操作技术上的束缚。在它们的基地上设计小型的、令人愉悦的建筑时，建筑师和他们的业主知道这是为建筑设计立意和实践服务的舞台。宏伟的大厦有极为复杂的需求，而亭阁、会馆类的小型建筑则是例外。但是，并不是说它们微不足道，建筑新的里程往往是从这些小型建筑开始的。

建筑名称：
春湖公园游客中心

客户／所有者：
索诺玛县水利机构
使用者：
索诺玛公园及接待处
地点：
美国加州圣罗莎
设计者：
Obie G. Bowman

完工日期：
1992 年
总面积：
186 m^2
建筑成本：
25 万英镑
气候区：
地中海式

建筑能源特性：

主要朝向：
北、南、东、西（太阳能收集器是朝东南的）
自然通风（总室内自然通风的百分比）：
100%
夜晚通风提供：
N/A
建筑外围热传输：
标准
建筑物大量热存储是否作为能源策略之一：
是

太阳能控制系统：
固定外部
光照（白天所需室内人工照明的净地面积的百分比）：
0%
人工照明是否采用节省能源的控制：
没有
其他：
调光器

HVAC 系统：

燃料利用（%）：
间接太阳能 95%；木头 5%
锅炉类型：
燃烧木头的锅炉
供热系统：
空气太阳能收集器和鼓风机

机械通风：
空气管；风扇
空气调节类型：
没有
热回收：
没有

能源性能：

总计：
N/S
人工照明：
N/S
制冷：
N/S
机械通风：
N/S

供热：
N/S
总估计二氧化碳输出：
N/S

环境／健康因素：

用以减少包含能源和传输能源消耗的材料／组件选择策略：
是
利用可再生的材料：
没有
属于被控制使用资源的木料：
软木

特殊水保存设备：
N/A
自然有机污水处理：
N/A
鼓励公共运输工具的使用措施：
——

春湖公园游客中心

美国，加利福尼亚，圣罗莎

春湖公园游客中心是由木材和玻璃建成的、正方形金字塔状建筑，深嵌在山坡的密林中，可以俯瞰北加利福尼亚的春湖。由于火山岩的土质，周围的橡树和七叶树显得尤为脆弱。建筑物和周围景观在山坡上优雅地塑造出了一系列开放与闭合的空间，可供观景、研究自然和交谈用。蜿蜒的小径顺坡而上，从停车场环绕到入口，进入一个围合的露天“讲故事”的洞，直径 2.5m，由石头建成，树干在建洞的时候就被移走。一个室外圆形剧场建在中心后面的东南山坡上，西面有一个观测台。建筑有交互式陈列室和给孩子们玩耍的封闭式场地，布帐篷从顶棚覆盖下来，基部被大石头压住拉紧。

游客中心金字塔坐落在面朝西北的一侧。为双层玻璃墙，混凝土基础，钢结构支撑，并有杉木阁楼顶。外面红木天窗呈递升排列，从宽到窄，以便保护玻璃墙壁，同时可在此观看下面山谷的全景。东南面是一个巨大的太阳能板，收集阁楼的温暖空气。吹风机将这股空气通过暴露的管道系统吹到下面的单一空间的房间里。在寒冷的天气里，取暖系统通过装有催化式排气净化器的烧木料的炉子得到补充供暖。在夏季，空气通过位于地下的制冷管系统，从凉爽的北面通过底部的通风孔吸入。顶棚的风扇，通过阁楼屋檐下的通风孔换气。

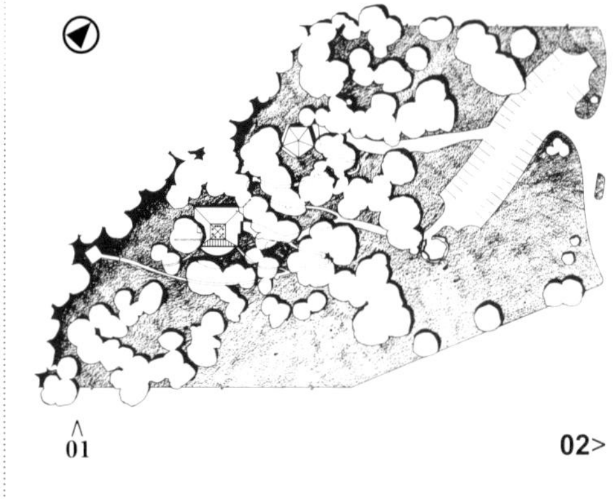

01> 总平面图。树林中的游客中心和停车场。

02> 北面视图。建筑完美地与环境融合在一起。通过再利用现存的停车场，以及仅允许步行者进入，使得对树林的影响最小。

注释：

1 接触式燃烧木料的炉子

2 太阳能集热器

3 提供带有鼓风机的多支管

4 带有过滤通道的入口多支管

注释：

1 地下冷却管道的入口

2 顶棚风扇通过屋檐下的通风孔排出热空气

3 屋顶通风口的自动天窗口聚集器

03＞

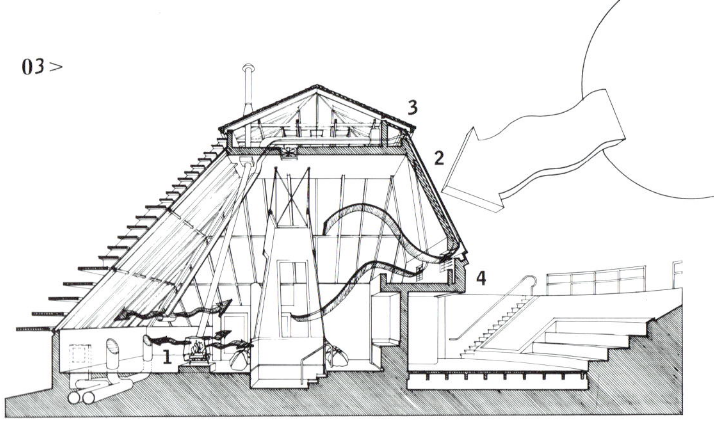

加热剖面

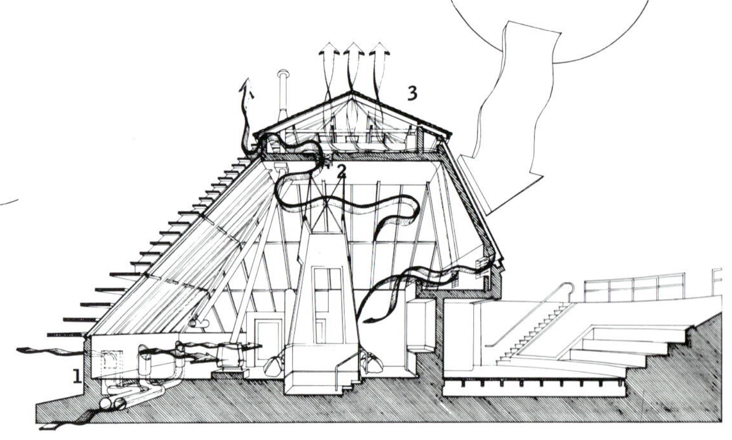

制冷剖面

^
04

05

06

03> 穿过建筑的南北剖面图。冬天的时候，朝南的空气聚集器的操作模式（左图）；夏天时（译者注）反射性的隔离面板覆盖这个空气聚集器，阁楼的入口敞开释放热空气（右图）。

04> 建筑的玻璃墙和木制百叶窗。讲故事的布帐篷在左边。

05> 南立面图。下边是个室外的圆形剧场，上边是太阳能集热器。

06> 建筑的西北角。百叶窗让阳光照进来，能看到外面的树林，同时却能遮阳，防止阳光直射。

建筑名称：
渔民博物馆

客户／所有者：
The Foundation of Tokai Suisan Kagaku Kyoukai

地点：
日本米埃县多巴城

设计者：
内藤建筑事务所

完工日期：
1992年6月

总面积：
18058 m^2

建筑成本：
160万英镑

气候区：
温带

建筑能源特性：

主要朝向：
多向

自然通风（总室内自然通风的百分比）：
没有

夜晚通风提供：
没有

建筑外围热传输：
标准

建筑物大量热存储是否作为能源策略之一：
是

太阳能控制系统：
建筑构造

光照（白天所需室内人工照明的净地面积的百分比）：
N/A

人工照明是否采用节省能源的控制：
N/A

其他：
——

HVAC系统：

燃料利用（%）：
电力100%

锅炉类型：
没有

供热系统：
冷空气加热泵

机械通风：
管道风扇（展厅）；工业通风器（仓库）

空气调节类型：
冷空气加热泵

热回收：
没有

能源性能：

总计：
N/S

人工照明：
N/S

制冷：
N/S

机械通风：
N/S

供热：
N/S

总估计二氧化碳输出：
N/S

环境／健康因素：

用以减少包含能源和传输能源消耗的材料／组件选择策略：
N/S

利用可再生的材料：
N/S

属于被控制使用资源的木料：
N/S

特殊水保存设备：
水池循环泵

自然有机污水处理：
没有

鼓励公共运输工具的使用措施：
公共汽车服务

渔民博物馆

日本，米埃县，多巴城

这是一个与渔民以及他们所使用的工具和他们的文化有关的博物馆。展品主要从当地米埃县的志摩地区收集。这个地区有着优美的海岸线，渔民博物馆就位于海边的小山上。这个工程主要需要考虑的一个问题是怎样解决盐腐蚀带来的侵害，强风和大雨也是该地区的特点。解决的办法是参考当地的建筑风格。

由于海洋带来的盐腐蚀的问题，不能使用金属材质建造屋顶，因此采用了传统的日本平铺瓦屋顶。但是，平铺的方式易受到强风的袭击，所以有必要通过植树建防风林和在建筑外围建土堤来弥补这个缺陷。简单的三角形屋顶使博物馆和其周围环境在视觉上和谐统一。

博物馆主要分为展览厅和贮藏室。后者需要保持较高湿度以利保存渔船和渔网，从而要应用混凝土结构。由于预算紧张，需用预制混凝土。拖车运输限制模块要在2.25m（$7^1/_2$英尺）的宽度内，和跨度有5个单位的后拉预应力组成。树脂保护层直接喷在预筑混凝土的表面。

展览大厅采用木结构，与博物馆的展示内容更加自然地融合。这里外部墙壁由涂有柏油的木板组成。这类似于当地的磨光手法及传统上使用鲸鱼油作为面漆的手法。在内部，大跨度的木制横梁组成的构架象征着一条船的龙骨。这种木结构加上省略了展示墙（多数展品是不需要支撑的）在参观展品和建筑外的环境之间建立了一种紧密的可见的联系。通过结合新技术（例如后拉预应力混凝土和预筑混凝土）和传统技术，渔民博物馆在有限预算的约束下，仍然获得一种耐久力和简朴的力度美的效果。

∧
01

01> 两个展厅，展览永久的展品。

02> 总平面图。显示储藏室、展厅和外部空间的关系。

注释：

1 入口
2 展厅A
3 展厅B
4 主入口
5 水池广场
6 庭院

03> 西北的屋顶

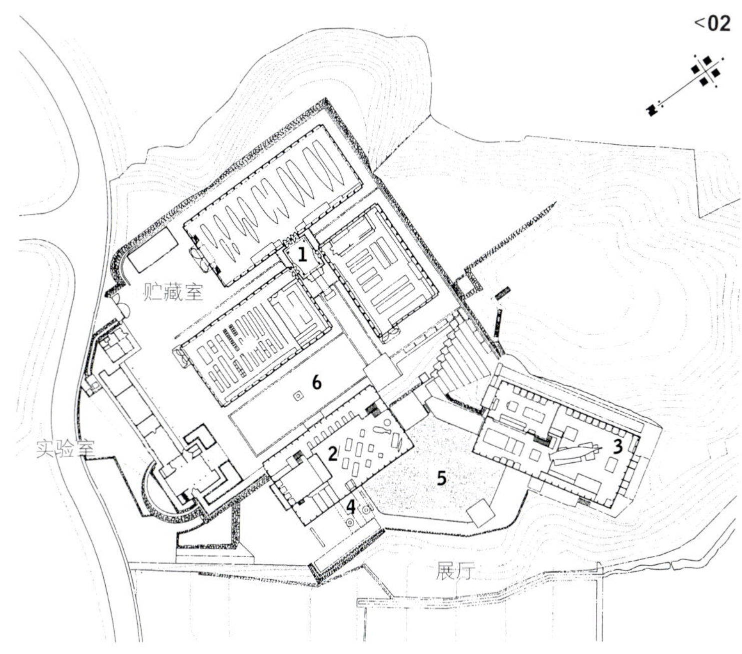

∧
03

^04

04> 两个木材作外墙面的展厅之间，水的庭院通向混凝土储藏室。

05> 北立面图。

06> 展厅A的剖面图，表现了建筑适应水平高差的变化及其木结构。

07> 一个展厅的木结构屋顶，表现了屋顶采光。

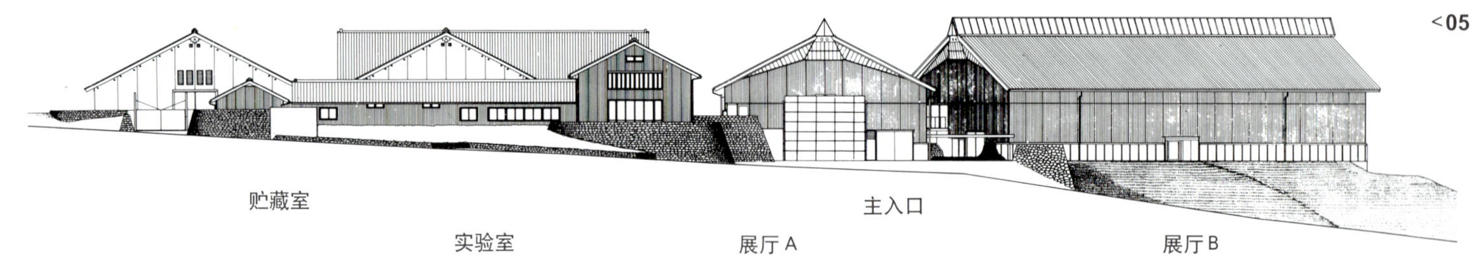

<05

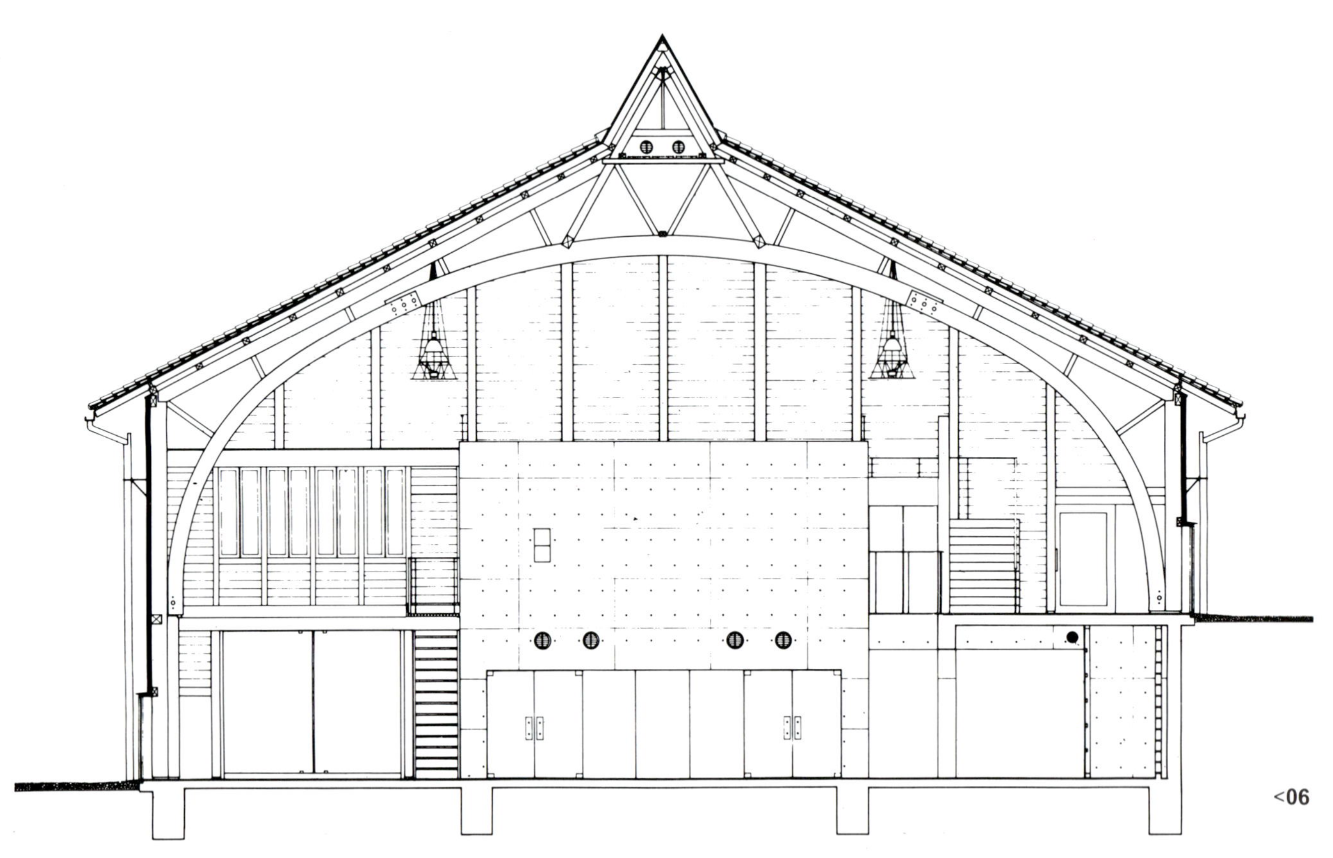

<06

07

建筑名称：
纸教堂和纸木屋

客户／所有者：
高取町天主教堂
使用者：
当地社区
地点：
日本神户的长门
设计者：
坂茂

完工日期：
1996年9月
总面积：
150 m^2
建筑成本：
N/S
气候区：
地中海式

建筑能源特性：

主要朝向：
N/A
自然通风（总室内自然通风的百分比）：
100%
夜晚通风提供：
自然
建筑外围热传输：
高
建筑物大量热存储是否作为能源策略之一：
否

太阳能控制系统：
固定外部；自动／可变内部（译者注）
光照（白天所需室内人工照明的净地面积的百分比）：
0%
人工照明是否采用节省能源的控制：
没有
其他：
——

HVAC系统：

燃料利用（%）：
电力100%
锅炉类型：
没有
供热系统：
没有

机械通风：
没有
空气调节类型：
没有
热回收：
没有

能源性能：

总计：
N/A
人工照明：
N/A
制冷：
N/A
机械通风：
N/A

供热：
N/A
总估计二氧化碳输出：
N/A

环境／健康因素：

用以减少包含能源和传输能源消耗的材料／组件选择策略：
是
利用可再生的材料：
纸
属于被控制使用资源的木料：
软木

特殊水保存设备：
没有
自然有机污水处理：
没有
鼓励公共运输工具的使用措施：
没有

纸教堂和纸木屋

日本，神户，长门

建筑师坂茂（Shigeru Ban），通过使用再生纸张制成的巨大管子作为基本建筑材料，发明了一种新的建筑技术，同时也是一种基本的工程技术。最初他在室内使用这种材料，作为阿尔瓦·阿尔托展览的安装材料。然后他进一步发展了这项技术，使用管子构建临时建筑，然后就是建造永久性建筑。

由于有建造紧急收容所的经验，坂茂于1995年1月参观了神户地震区。在遭到破坏的地区，他发现韩国和越南天主教社区的住宅和教堂遭到了毁坏，于是提出帮助重建教堂。

建筑工程包括58个工业等级标准的椭圆形管子，直径330mm（13英寸），这些管子支撑着一个沉重的特氟纶外层的布质隔膜屋顶，被容纳于一个150m^2的矩形方盒子中，这个方盒子是建在一个轻型钢制框架上的，且装有铰链的透明塑料制成的百叶式面板。这样合成出来的单间结构有一种内在、雅致和轻快的感觉——最高效地达到了目的，即作为社区大厅和临时祈祷的场所。

建筑师发现个人要负责整个工程的基金、设计和建造。基金是最吃力的任务，多数来自于私人募捐，也有以货代款捐赠的。教堂大体上是建起来了，是由建筑系学生花了5个星期的时间建造的，就在灾难后的第8个月开放了。

像教堂一样，坂茂也负责地震后的一些紧急住房的建造。这些住房都使用相同的设计，并很快就能建成。建造它们不需要特殊技术，且只需使用最少的资源。在神户，每个这种纸质木房屋都设计成正方形的，尺寸是4m × 4m（13英尺 × 13英尺）。地板、墙壁和屋顶构架都是由直径108mm的纸管建造的。每个建筑的地基由装满沙子的啤酒柳条箱铺成，这个地基约束着房屋的上部结构。房顶是双层特氟纶面层的布料，在尖顶屋两端山形墙的末端留有通风的边。

纸管的用途最初用来作为一种独特的美学设计，但是发展成为房屋建筑构架，则既表现了对社会和生态的关注，又不失其与众不同的外形上的特性。这是著名的利用标准和低能量成分的例子，它并未刻意地以建造房屋为目的，适应了紧迫的社会和生态需求。

01>

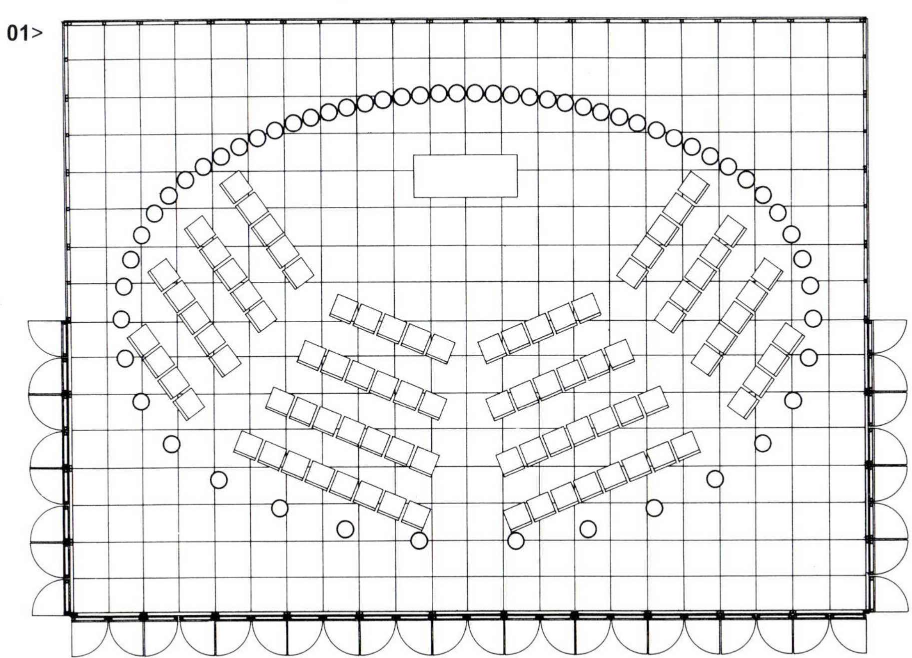

01> 教堂／社区大厅平面图。

02> 建筑内部很多根柱子和百叶窗式的板子连接起来，有层层的包围感。

∧
02

<0

04>

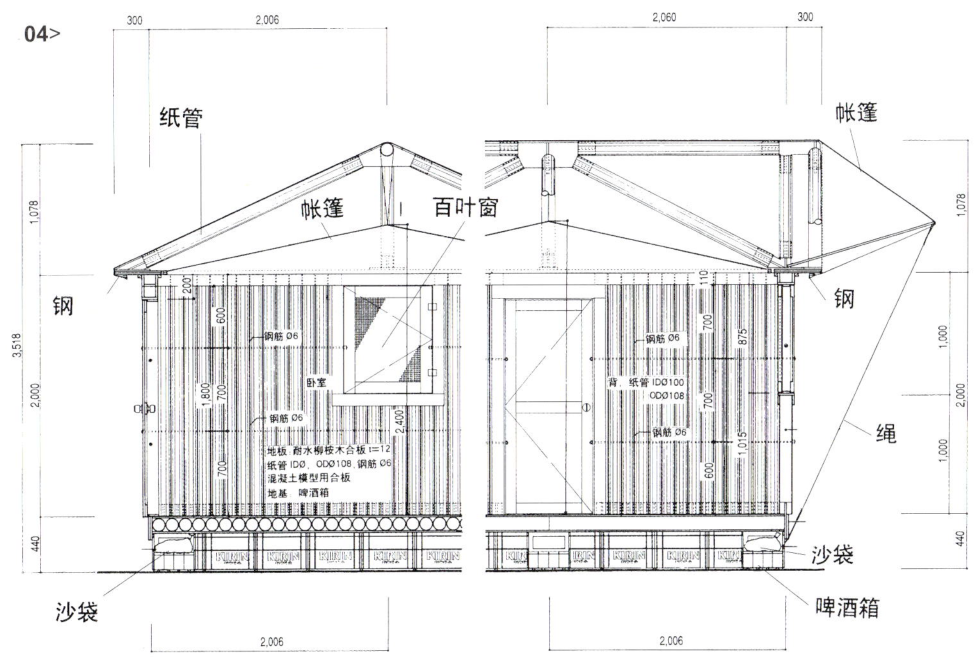

05

03> 纸封的管状柱廊和很轻的屏风之间的空间，屏风可以向内向外轻轻地开合。

04> 方形临时住房的正面和剖面。管状的墙和屋顶结构。屋顶的覆膜紧系于基础，并留有通风的边。

05> 正在使用的临时住房。

建筑名称：
展厅 26，汉诺威梅斯

客户／所有者：
Deutsche Messe AG
使用者：
变化
地点：
德国汉诺威
设计者：
赫尔佐格（Herzog）及同伴

完工日期：
1996 年
总面积：
25400 m^2
建筑成本：
N/S
气候区：
温带

建筑能源特性：

主要朝向：
南北向
自然通风（总室内自然通风的百分比）：
0%
夜晚通风提供：
动力
建筑外围热传输：
标准
建筑物大量热存储是否作为能源策略之一：
没有

太阳能控制系统：
固定外部；太阳能控制玻璃
光照（白天所需室内人工照明的净地面积的百分比）：
10%
人工照明是否采用节省能源的控制：
N/S
其他：
——

HVAC 系统：

燃料利用（%）：
N/S
锅炉类型：
N/S
供热系统：
已加热的空气和热回收

机械通风：
没有
空气调节类型：
VAV（总共冷容量 4450W）
热回收：
是

能源性能：

总计：
N/S
人工照明：
N/S
制冷：
N/S
机械通风：
N/S

供热：
N/S
总估计二氧化碳输出：
N/S

环境／健康因素：

用以减少包含能源和传输能源消耗的材料／组件选择策略：
没有
利用可再生的材料：
没有
属于被控制使用资源的木料：
N/S

特殊水保存设备：
没有
自然有机污水处理：
没有
鼓励公共运输工具的使用措施：
N/A

汉诺威梅斯 26 号展厅

德国，汉诺威

26 号展厅是一个 25400m^2 的展览空间，位于汉诺威梅斯的大型综合交易会所，建筑师们被要求主要做规划。展览空间由 3 个 70m 的开间组成，每个开间都在末端设有服务中心。混凝土服务节点的外面有木质面层，房顶架在 4 个“A”型钢框架上，墙壁是玻璃幕墙。屋顶上覆盖预制的木板层。

空间的舒适感依靠的是变换通风口位置。但是，空气不是从地板吹进来的，而是沿着离地板 4.1m 的支撑结构的巨大玻璃管道吹入的。管道的玻璃墙确保了空间的连续性。新鲜的空气向下流动，均匀散布到地板上。然后空气被在建筑内部产生的热量慢慢向上，并通过每个区域屋脊处的连续开口排出。这些开口由可调节的副翼控制。为达到取暖目的，通风系统可以调节为这样的形式：即预热的空气通过可调节的长管道水平注入室内。部分热空气可被循环使用。

大厅内的自然光经由沿着建筑主要支撑结构排布的大型灯和悬挂屋顶最低点的光栅间发出。偏转光栅引导日光进入悬挂屋顶的下面，并向下照射到公共区域。辅助的和丰富的人工照明设备遵循着同样法则。

26 号展厅所采用的各种被动的和主动的系统均是完全综合性的和相互支持的。而这样的结果则使建筑物既雅致又实用。

∧
01

01> 大厅端部立面图，显示"A"字形框架结构，还有上面那个遮阳板。

02> 结构原理示意图。

03> 悬挂屋顶和矩形服务节点。

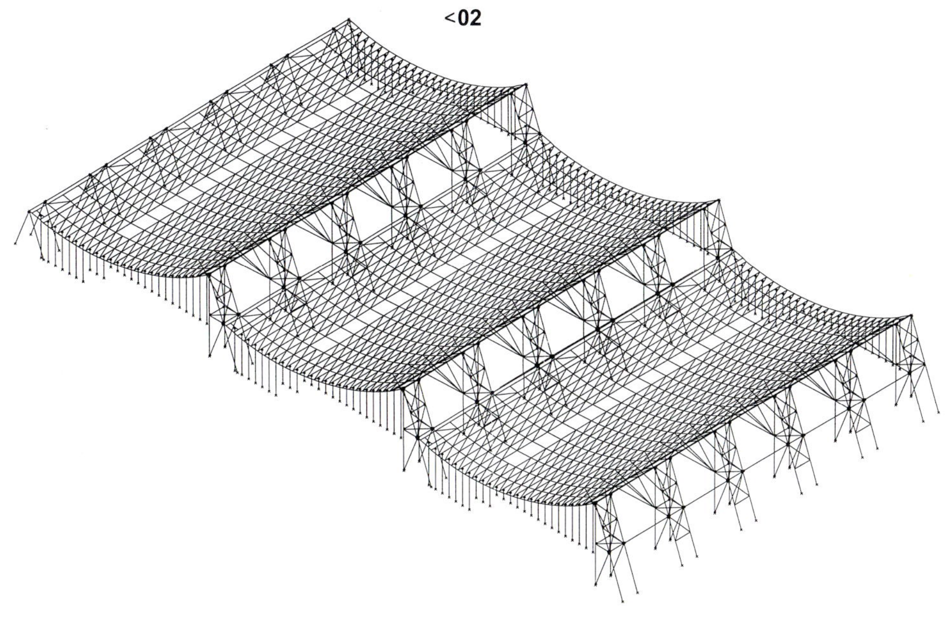

<02

∧
03

04> 建筑与众不同的屋顶。

05> 玻璃的无遮挡的空气交换站，空气通过粗管口直接发散。

06> 玻璃的空气交换站，使得大厅的整个空间清晰可见，没有遮拦。

07> 示意剖面图。

04

05

07A>机械与自然通风设施

降温操作：

1 自然风从正面由通风口进入

2 玻璃的通风管，地面的管道有冷空气出口

3 内部热源产生的热量上升

4 屋脊的管道使室内自然通风

取暖操作：

5 从长距离的管口机械地发散热空气

6 从附近的通风设备抽吸空气

07B>日照系统

1 直接的阳光

2 外部的遮阳板

3 带有光栅格的三角玻璃，能反射太阳光

4 漫反射的阳光

5 使光偏斜的百叶窗

6 镜子拱腹部位

07C>人工照明系统

1 旁边有照明设备的玻璃管口

2 经由镜子拱腹的间接照明

3 悬挂的一排照明设备

06

07>

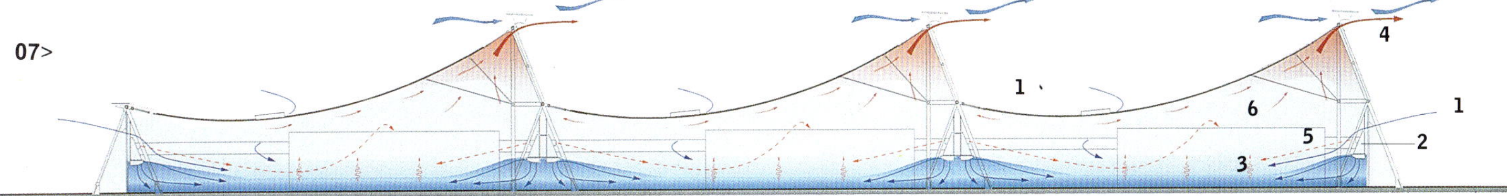

A

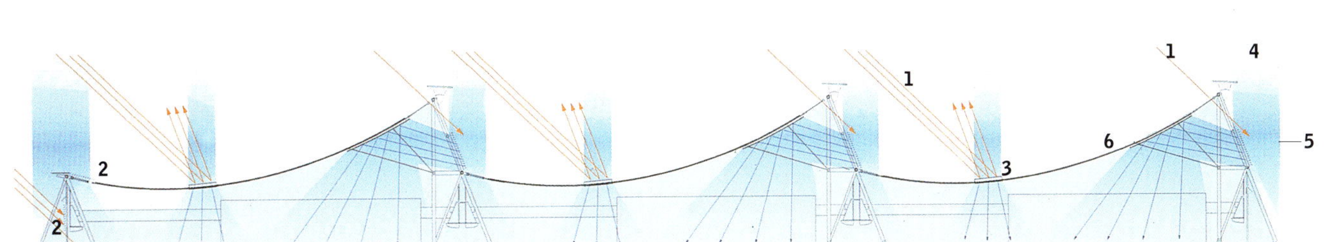

B

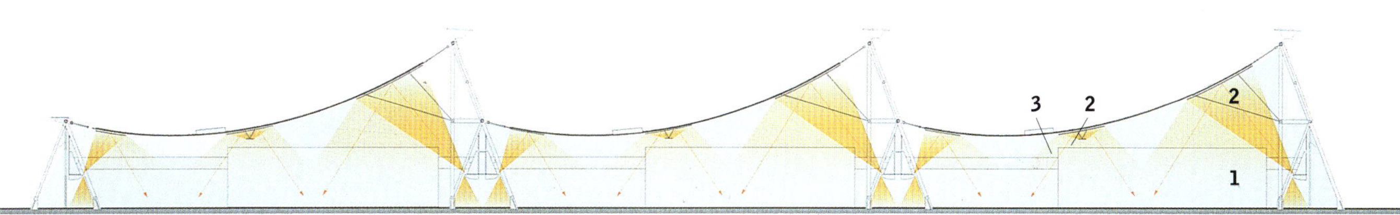

C

建筑名称：
森林博物馆

客户／所有者： Hyogo Prefecture	**完工日期：** 1994 年 4 月
使用者： ——	**总面积：** 2695m²
地点： 日本兵库县的美方郡	**建筑成本：** N/S
设计者： 安藤忠雄	**气候区：** 温带

建筑能源特性：

主要朝向： 多向	**太阳能控制系统：** 建筑构造
自然通风（总室内自然通风的百分比）： N/A	**光照（白天所需室内人工照明的净地面积的百分比）：** N/A
夜晚通风提供： N/A	**人工照明是否采用节省能源的控制：** N/A
建筑外围热传输： 标准	**其他：** ——
建筑物大量热存储是否作为能源策略之一： N/A	

HVAC 系统：

燃料利用（%）： 电力	**机械通风：** N/S
锅炉类型： ——	**空气调节类型：** N/S
供热系统： 没有	**热回收：** 没有

能源性能：

总计： N/S	**供热：** N/S
人工照明： N/S	**总估计二氧化碳输出：** N/S
制冷： N/S	
机械通风： N/S	

环境／健康因素：

用以减少包含能源和传输能源消耗的材料／组件选择策略： 是	**特殊水保存设备：** 没有
利用可再生的材料： N/S	**自然有机污水处理：** 没有
属于被控制使用资源的木料： N/S	**鼓励公共运输工具的使用措施：** 没有

森林博物馆

日本，兵库县，美方郡

"在充满了对我们地球的环境危机和我们精神文化堕落的忧惧的年代中，寻找一个新的开始就显得十分重要。在我们对环境的新的理解中，在对森林和树林文化的新认识中，人们的内心丰富能够起来"。（安藤忠雄）建造这个森林博物馆的目的在于呈现人们对树林认识的所有角度，鼓励人们利用树林的传统和文化。结构参考的是日本的亭阁，设计者安藤忠雄，是1992年为凯迪拉克（Seville）展览会设计的。它最初打算在展览闭幕时，空运到日本，为庆祝国际劳动节展出。但是由于法律和技术因素，这项计划不得不被放弃，从而只好设计一幢新的建筑来取代它。

该场地位于兵库县的山中一个隐蔽的地点。这是一个树林茂密的地区，环形的建筑镶嵌在自然景致中对自然环境的破坏作用很小。在建筑中央的一块空地设计成一个水塘。水塘内有架在栅格上的喷泉。庭院的围墙由拉普兰木料制成的支架建成，它垂直上升，延伸向上，形成一片圆形的天空。这幢建筑把上面的天空和下面的水塘戏剧性地连在一起。博物馆是一个单一的18m（59英尺）高的环形空间。支柱在空间内沿圆弧排列，显示了木制的柱子和梁构成的空间所特有的力量。这里沿着穿过内部空间的曲线形坡道，展示了与森林和树林文化相关的展品。一个斜桥穿过房屋，穿过池塘，通往附属建筑。将人们带至周围的森林里，看到更加丰富的景观。

来博物馆参观的游客，会感受到深邃的森林带来的丰富财富，又可感觉到这个建筑给人的有力的空间感，一个人造的森林之神的遗产代表。博物馆成为把人类文化和自然相连的具有深远意义的媒介。此建筑位于树林中，加上其构架和陈列的自然感觉，将空间、自然和建筑有力地联系在一起。

01>

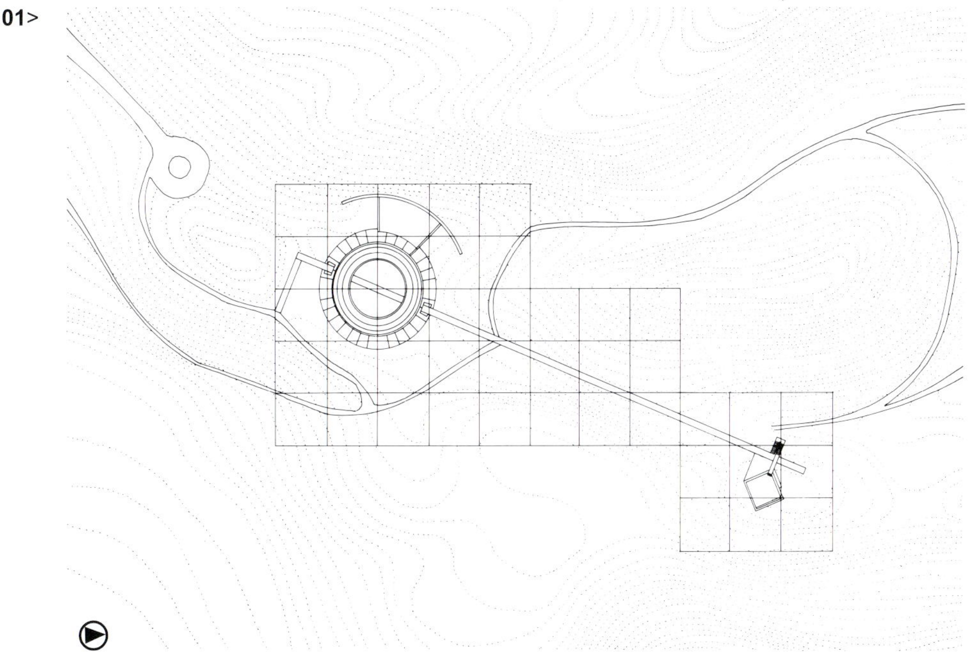

01> 总平面图。

02> 森林中的博物馆鸟瞰图。

02

03>

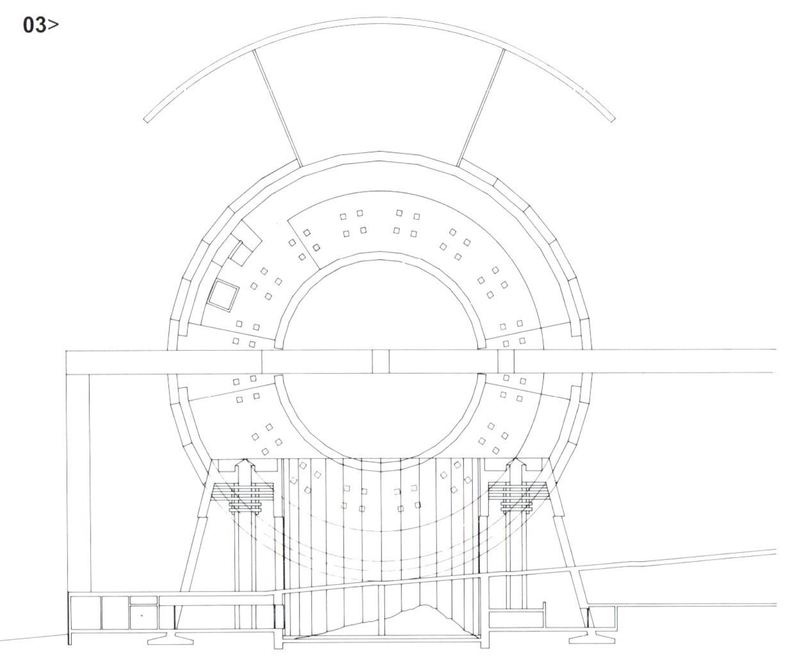

04

05

∧
06

03> 主要展厅的平面图，和叠加其上的剖面图。

04> 穿过中心圆厅的坡道，位于天水之间。

05> 与树顶齐平的入口，引领参观者来到这个木外墙的展厅。

06> 展览空间是木的"森林"。

建筑名称：
BRE 未来办公大楼

客户／所有者：
BRE
使用者：
BRE
地点：
英国赫德福德郡的加斯顿
设计者：
Feilden Clegg Architects

完工日期：
1996 年 12 月
总面积：
2000 m^2
建筑成本：
3 百万英镑
气候区：
温带

建筑能源特性：

主要朝向：
南
自然通风(总室内自然通风的百分比)：
100%
夜晚通风提供：
自然
建筑外围热传输：
超标准
建筑物大量热存储是否作为能源策略之一：
是

太阳能控制系统：
动力／可变外部；内部百叶窗
光照（白天所需室内人工照明的净地面积的百分比）：
5%
人工照明是否采用节省能源的控制：
是
其他：
——

HVAC 系统：

燃料利用（%）：
主要电力28%；光电5%；吸收太阳能与照明 22%；天然气 45%
锅炉类型：
低氧化氮压缩煤气和标准低氧化氮煤气
供热系统：
地下加热的低压热水和循环供暖器

机械通风：
洗手间换气扇
空气调节类型：
N/A
热回收：
没有

能源性能：

总计（kW/h/m^2/y）：
83
人工照明（kW/h/m^2/y）：
9
制冷（kW/h/m^2/y）：
2～3.5
机械通风（kW/h/m^2/y）：
0.5

供热（kW/h/m^2/y）：
47
一般电力消耗（kW/h/m^2/y）：
23
总估计二氧化碳输出（kW/h/m^2/y）：
31

环境／健康因素：

用以减少包含能源和传输能源消耗的材料／组件选择策略：
是
利用可再生的材料：
核心采用混凝土和砖；木楼板
属于被控制使用资源的木料：
没有

特殊水保存设备：
低水量洗手间
自然有机污水处理：
没有
鼓励公共运输工具的使用措施：
没有

BRE 未来办公大楼

英国，赫德福德郡，加斯顿

未来办公大楼位于建筑研究组织[Building Research Establishment （BRE）]，在沃特福德（Watford）的偏远市郊。位于英国气候温和的南方，是噪声最少、空气质量问题最少的地区。该办公楼结合了最先进的减少能量消耗的策略，展现了英国对能量艺术级的利用，并且作为BRE关于环境研究的尝试。

办公区有3层，由东到西紧密排列，为开敞的分格式平面布置，另外还有会议室。平面布置是不对称的，有一个朝南 7.5m（25 英尺）的空间，一个中央走廊和一个朝北的4.5m（15英尺）的空间。建筑表面绝缘很好，低反射率的充氩双层玻璃，可开启的窗户，占据了大约50%的主要墙面。南面外墙有自动玻璃天窗，遮挡照射到办公空间的阳光（滴流通风由BMS控制高窗，在顶层带有手动滴流通风孔）。

层高 3.7m，比常规的办公室要高。起伏的混凝土板结合抬高的通道板，提供平坦的地板表面和服务；为空气流动提供的低阻力大空间；并可安装地板下的暖气系统和制冷管道。外部空气由BMS控制运转的窗户可以直接进入室内（在板内的“高点”）或进入建筑内的空间（在板内的“低点”）。南面有五个玻璃通风烟囱，可以提供太阳能辅助供暖；它们有低速度螺旋推进风扇，来帮助在热的、静止的空气条件下利用堆栈效应通风。在过渡气候中，建筑通过敞开的窗户通风。在寒冷的气候中，它由地下管道和周边散热器加热，散热器由一个冷凝锅炉和一个低氧化氮锅炉联合发动，新鲜空气通过 BMS 控制的高窗补给。窗户在炎热天气提供辅助通气和夜间降温。地板层如需进一步的降温，则由就地开凿的地洞中的水源提供。

高频率荧光灯，使用新的可调光 T5 灯，并可以由建筑的住户控制。也应用了光传感器（由 BMS 管理），与高频荧光灯合成一体，以将人工照明需求量保持在最低的限度内。

此建筑在环境设计的实践上是一个很好的范例。先前占据该处的建筑96%的构架是可再生的。在新的建筑里使用了再生砖和再生集合体，都是产自粉碎了的混凝土板，也用在地基、地板和上部结构的混凝土中，这种方法是在英国首次使用。

能源系统为适当规模的办公楼精心设计，但重要的发现应来自以后几年的影响上，这将使下一代知晓如何建造生态写字楼。

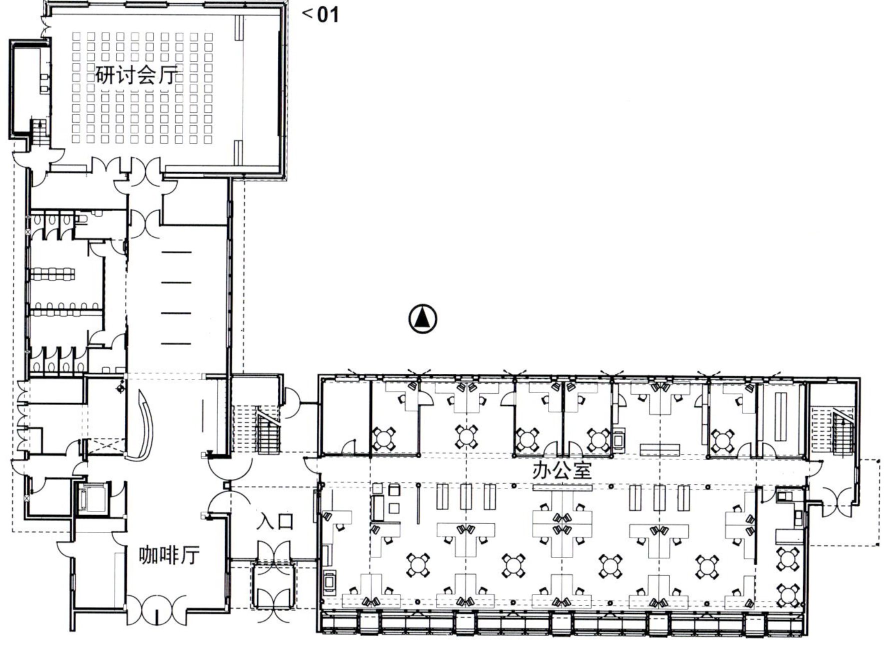

02

01> 首层平面图。

02> 南立面图。通风塔和外侧的玻璃百叶窗系统。最近添加的是引用了有栅格连接的小光电组板，它们被垂直地固定在主入口的附近。

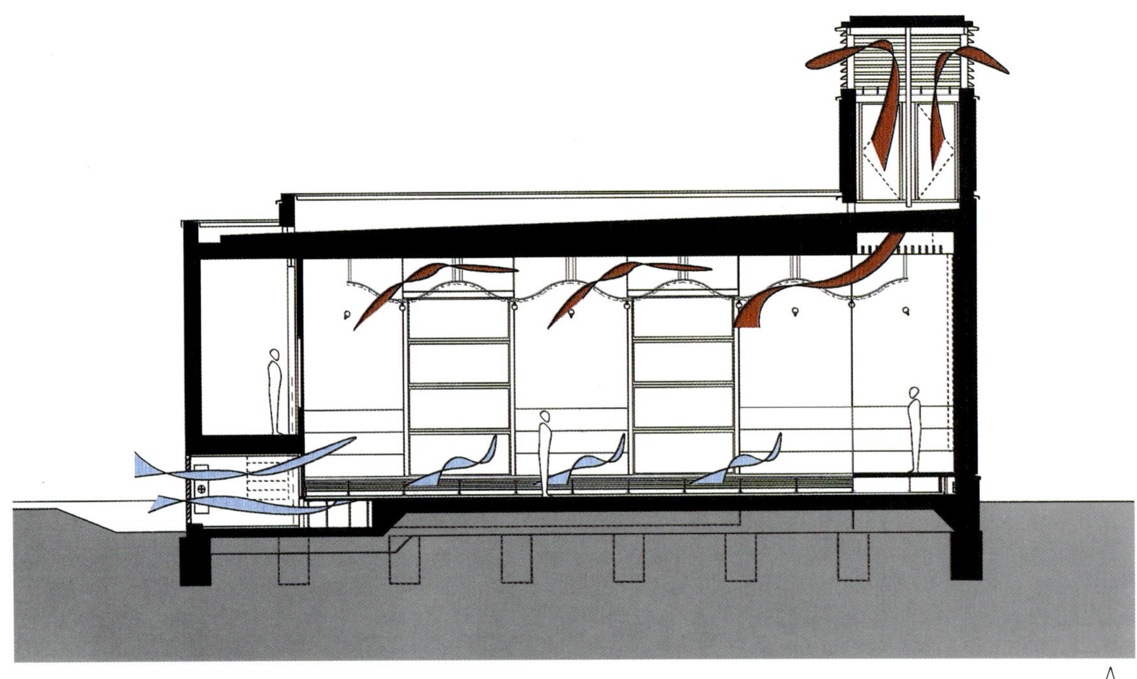

03

04

03> 小研讨会厅的剖面图，自然通风设计。

04> 外部水平排列的玻璃百叶窗，用于对阳光的调节。

05> 办公室剖面图，显示了空气的流动。

06> 顶棚起伏的办公区。右边是标准办公空间。

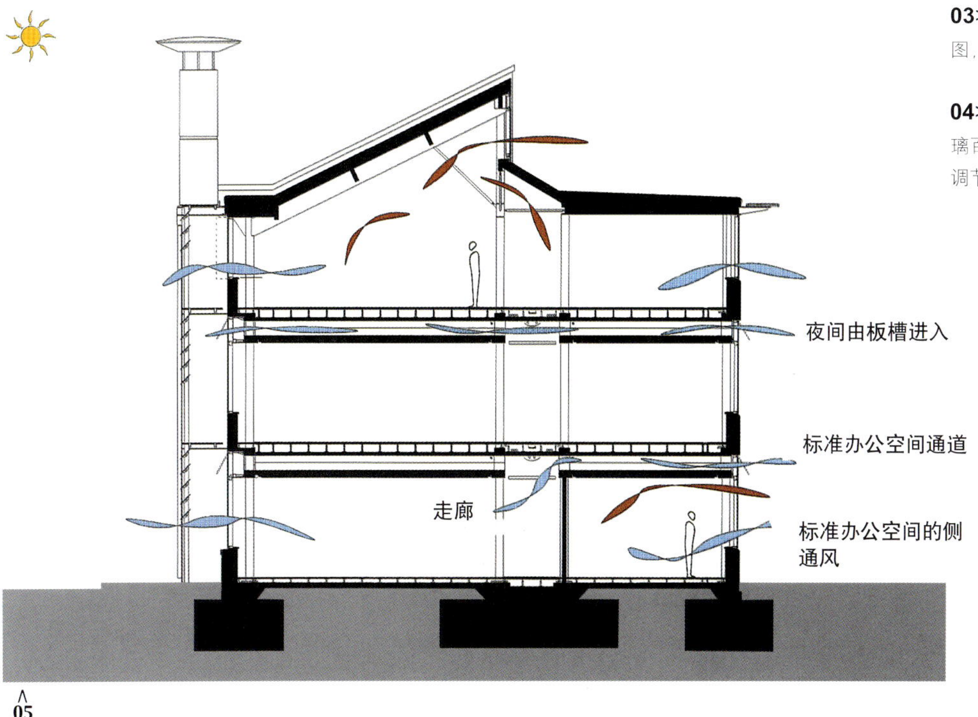

05

06

建筑名称：
种子培养室和森林学中心

客户／所有者：
瓦龙（Wallon）地区政府
使用者：
森林与自然部门
地点：
比利时马什·恩·法麦那(Marche–en–Famenne)
设计者：
Samyn 与同伴

完工日期：
1995 年 11 月
总面积：
1144 m^2
建筑成本：
812240 英镑
气候区：
温带

建筑能源特性：

主要朝向：
东西向
自然通风（总室内自然通风的百分比）：
0%
夜晚通风提供：
动力
建筑外围热传输：
低于平均
建筑物大量热存储是否作为能源策略之一：
是

太阳能控制系统：
太阳能控制玻璃
光照（白天所需室内人工照明的净地面积的百分比）：
17%
人工照明是否采用节省能源的控制：
没有
其他：
——

HVAC 系统：

燃料利用（%）：
电力；煤气
锅炉类型：
N/S
供热系统：
辐射板

机械通风：
管道抽取系统
空气调节类型：
N/A
热回收：
没有

能源性能：

总计：
N/S
人工照明：
N/S
制冷：
N/S
机械通风：
N/S

供热：
N/S
总估计二氧化碳输出：
N/S

环境／健康因素：

用以减少包含能源和传输能源消耗的材料／组件选择策略：
是
利用可再生的材料：
没有
属于被控制使用资源的木料：
是

特殊水保存设备：
没有
自然有机污水处理：
没有
鼓励公共运输工具的使用措施：
N/A

种子培养室和森林学中心

比利时，马什·恩·法麦那

比利时南部瓦龙地区的公共管理部门曾渴望鼓励当地建生态建筑。当一个森林学（林学）中心被提议建起的时候，他们坚持此建筑应该是一个令人充满想象的使用木料的典范建筑。

该中心包括一个伸长的圆屋顶，高 12.5m（41 英尺），长 43 m（141 英尺）。利用木材建筑了一个矩阵，包括横向拱形的2层和纵向拱形的3层。所有横向拱是相同半径（允许成分重复）的，而纵向拱的半径是多样化的，根据在圆屋顶的位置不同而不同。拱以正确的角度相互穿插，形成了一个框架，来支撑1691片薄玻璃板的屋顶。木材一般是正方形的断面，根据必要的曲率做成弯曲状。在圆形屋顶内有两个纵向结构的巨大方形空间，里面有办公室和其他设施。在中间的更高空间用作放置机械装备。此工程在现代建筑中使用木材方面是一个力作。虽然这样一幢给人深刻印象的建筑在功能上似乎显得有一点平凡，但它所创造的内部空间却具有令人惊叹的美丽。

然而，能源策略并未经过深思熟虑。没有绝缘的、夏季内部很少遮阳的影响，最终需要大量机械通风装置在最热的月份中降温。在冬季使用大型热辐射暖气，现在有人建议增加一个水平的半透明的隔膜来减少热量和削减热负荷。

屋顶的遮盖物形成了一个壳，类似于一个巨大的乌龟。所有的入口都在首层，没有服务管道通过这个壳状屋顶。将来这可能在适应性方面成为一种限制。然而尽管有些缺欠，此建筑也代表了对可更新的自然资源具有灵感的开发。

∧
01

01> 森林学研究中心位于森林中的一片空地上。

02> 平面图，显示了建筑的外形轮廓，以及内部的住宿区。

03> 夜晚建筑里面耀眼的灯光穿过了玻璃面层。

<02

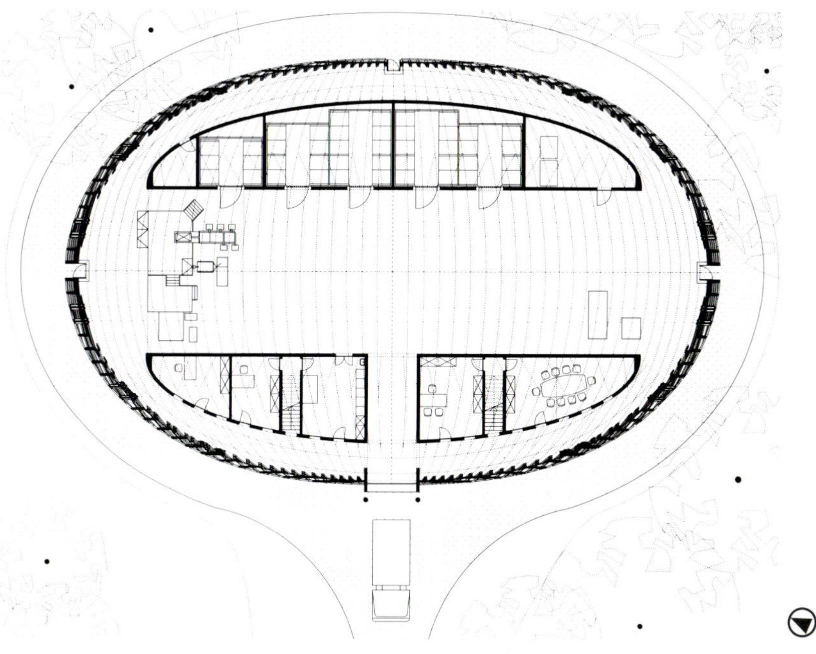

∧
03

<04

05>

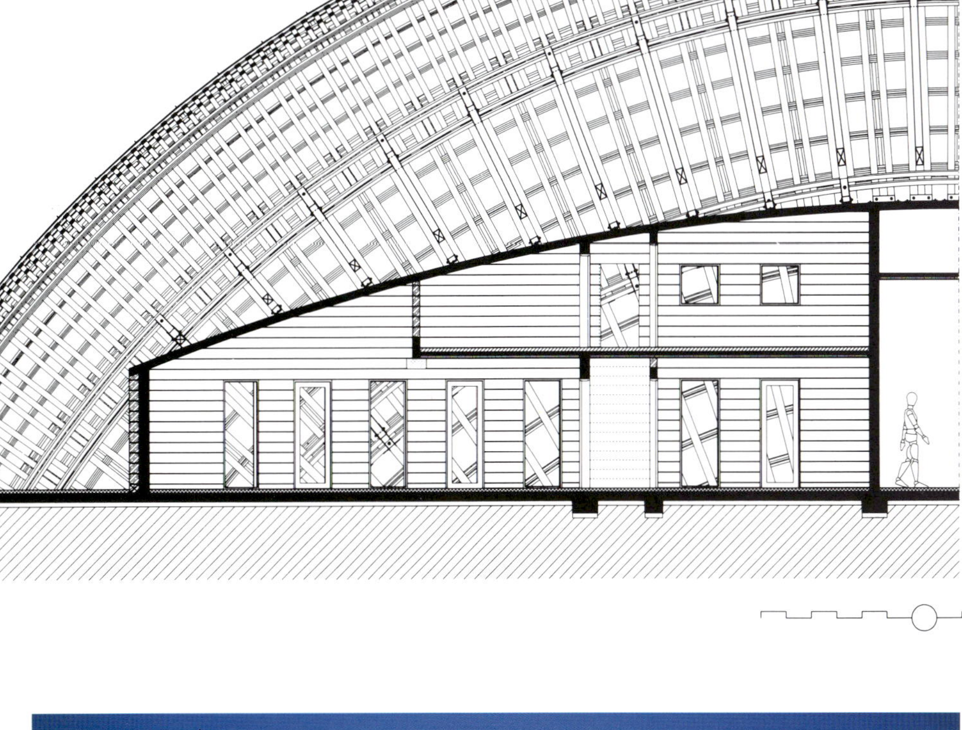

04> 外面木框架与砖石结构的办公房间之间的区域。光线的模式说明了木框架透光面积的比例。

05> 穿过建筑端部的纵向剖面图。通过采用所有相同半径的横向拱形结构，使这些预制的木结构变得更为简化。

06> 位于地面上的建筑就像一个巨大的土鳖。木结构的复杂性与精确性很明显。外面表层是薄片玻璃板。

∧
06

建筑名称：
Toyo 村砖瓦博物馆

客户／所有者：
Toyo 村
地点：
日本熊本县
设计者：
Yasufumi Kijma & Yas 与都市学家

完工日期：
1993 年 12 月
总面积：
830 m^2
建筑成本：
180 万英镑
气候区：
温带

建筑能源特性：

主要朝向：
多向
自然通风（总室内自然通风的百分比）：
100%
夜晚通风提供：
没有
建筑外围热传输：
标准
建筑物大量热存储是否作为能源策略之一：
是

太阳能控制系统：
N/A
光照（白天所需室内人工照明的净地面积的百分比）：
80%
人工照明是否采用节省能源的控制：
N/A
其他：
——

HVAC 系统：

燃料利用（%）：
N/S
锅炉类型：
N/S
供热系统：
N/S

机械通风：
N/S
空气调节类型：
空气加热泵
热回收：
没有

能源性能：

总计：
N/S
人工照明：
N/S
制冷：
N/S
机械通风：
N/S

供热：
N/S
总估计二氧化碳输出：
N/S

环境／健康因素：

用以减少包含能源和传输能源消耗的材料／组件选择策略：
是
利用可再生的材料：
——
属于被控制使用资源的木料：
——

特殊水保存设备：
没有
自然有机污水处理：
没有
鼓励公共运输工具的使用措施：
没有

东洋（Toyo）村砖瓦博物馆

日本，熊本县

这个博物馆为赞美石匠的手艺而建。Toyo是一个九州南部的小村庄，曾经很多泥瓦匠都来自这个村子。被称为Taneyama的泥瓦匠，他们建成了很多宏伟的石桥，主要都在九州，也负责建东京宫殿的石桥。

建筑师把建筑本身作为博物馆陈列整体的一个组成部分。墙壁是石匠传统工艺的典型代表，屋顶由传统的日本木结构组成。建筑的成功之处依赖于泥瓦匠的专门技术，但是在村子中，已很少留存着这些技术，在中国仍然留有这种技术，因而泥瓦匠不得不从中国引进。通过与Toyo的泥瓦匠合作，他们重新解释和发展了传统技艺，从切割石块到摆放石块，涉及到了这个职业的各个方面。

这个工程的另一个目标就是重新解释当地木屋顶结构的建筑技术，采用合理化的现代加工方法。木材在日本现代建筑学中已经不如以往流行，部分原因是其"原始的"内涵，也因为传统日本建筑所要求的细节的复杂性。在这种情况下，计算机成为了建筑师的帮手。他们测量每一块圆木，并把全部建筑计算必需的信息输入计算机程序。通过应用革新的建筑逻辑输入档案数据，他们发现通过特别装配，圆木可以非常合适地组成圆屋顶。结果使建筑戏剧性地表达了木材和石料结构的结合。

01

01> 博物馆建造于九州山谷的美丽风景之中。

02> 总平面图。

03> 博物馆的外观体现了其采用各种各样的石头墙面的技术。

<02

∧
03

<04

05>

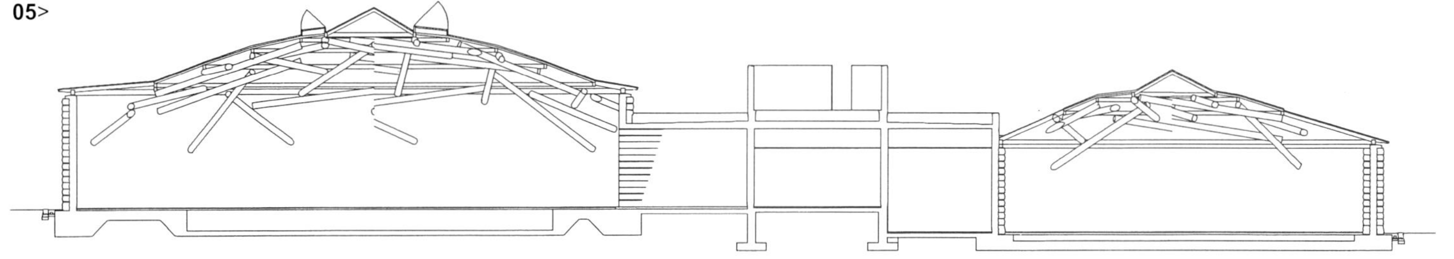

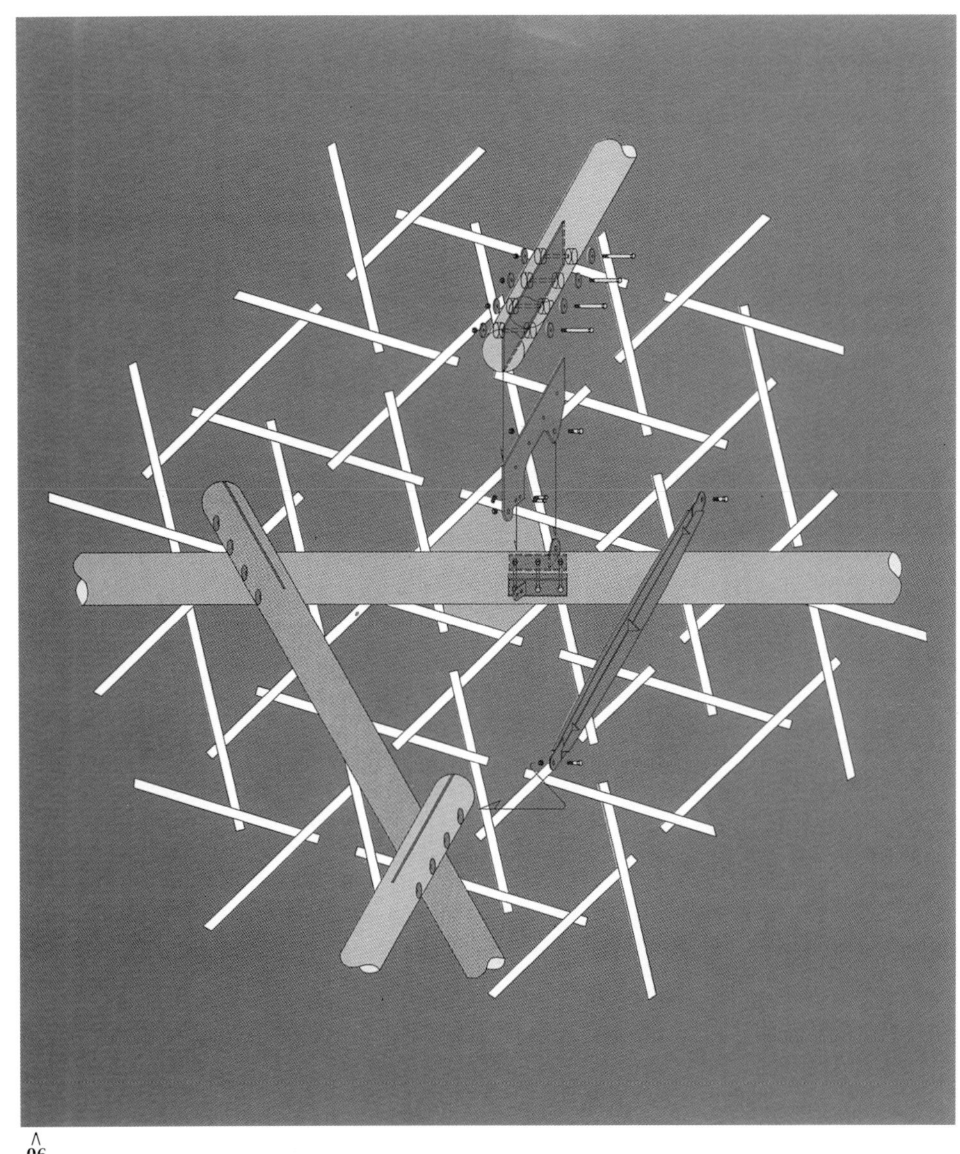

06

04> 主展厅的屋顶是个复杂的木结构。中心部分的特点是一个石头拱和支撑的木架。

05> 穿过展厅的剖面图。

06> 屋顶构造规则的示意图。

建筑名称：
EDF 地区总部

客户／所有者：
法国电力公司
使用者：
法国电力公司
地点：
法国波尔多
设计者：
福斯特及合伙人

完工日期：
1996 年
总面积：
7230 m^2
建筑成本：
710 万英镑
气候区：
地中海式

建筑能源特性：

主要朝向：
东西向
自然通风(总室内自然通风的百分比)：
混合模式
夜晚通风提供：
自然
建筑外围热传输：
标准(透明绝缘和低 E 玻璃)
建筑物大量热存贮是否作为能源策略之一：
是

太阳能控制系统：
固定外部
光照（白天所需室内人工照明的净地面积的百分比)：
50%
人工照明是否采用节省能源的控制：
是
其他：
——

HVAC 系统：

燃料利用（%)：
电力 100%
锅炉类型：
热泵
供热系统：
地板下安装 APELSA 水垫子

机械通风：
中心排气的风扇排管
空气调节类型：
冷却／加热；仅在湿度上减少
热回收：
没有

能源性能：

总计(kW/h/m²)：
65
人工照明(kW/h/m²/y)：
8
制冷(kW/h/m²/y)：
31
机械通风(kW/h/m²/y)：
13

供热(kW/h/m²/y)：
13
总估计二氧化碳输出：
低(用核或水力发电)

环境／健康因素：

用以减少包含能源和传输能源消耗的材料／组件选择策略：
是
利用可再生的材料：
没有
属于被控制使用资源的木料：
是

特殊水保存设备：
没有
自然有机污水处理：
没有
鼓励公共运输工具的使用措施：
没有

EDF 地区总部

法国，波尔多

这幢新的地区总部位于波尔多，为法国电力公司建造，聚集了先前分散在城市中的各分部。该建筑准备作为一个使用电力的革新精品。由于应用自然通风和其他适合法国南部温暖气候的节能装置的独创性，这幢4层的、以电力供给为主的建筑有望消耗大约少于法国同等建筑 30% 的能量。在效率上，它可以与使用煤气的建筑媲美。

建筑的外层使热量损失(同时减少来自西部繁忙马路上的交通噪声)达到最小化。为防止太阳热量的散失，装有漂白杉木天窗，这是此建筑最突出的外部特点。天窗是固定的，并提供遮阳，但是并不会使得视线模糊。通过限制办公设备朝向中央空调区产生热量，使内部热量的聚集最小化。

在所有可能的地方利用自然通风。裸露的混凝土顶棚拱腹聚集的热量帮助维持室内舒适的日间温度。夜间东西面的窗子自动开启，冷空气使混凝土降温。

高效利用能源的、基于水的供暖和制冷系统，由一个电子加热泵带动，集中清理排气。被水冷却的地板保持周围环境温度，夏季在20℃，冬季在22℃。尽可能多地利用自然采光，目标是日照度在入口中庭 200lx，在办公室是 450lx。

明亮的颜色与木屏风的自然色调形成对比：内部循环区域被漆成鲜明的黄色，而外部蓝色混凝土结构可见。一条栽种着本土树木的林荫道沿入口轴线伸展，与附近的 Raba 城堡交相呼应。

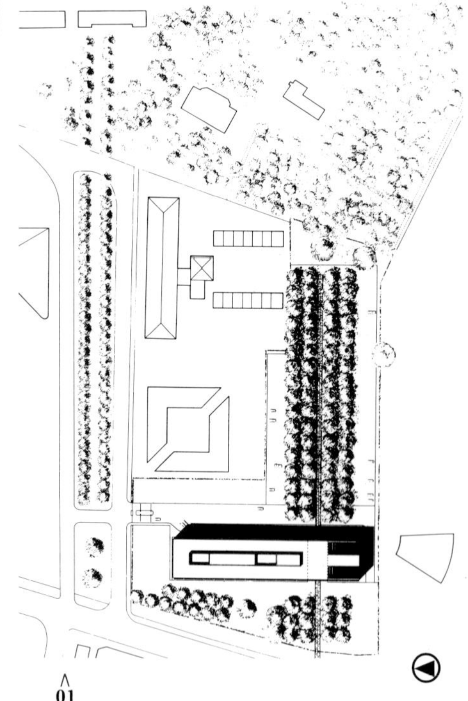

01

02>

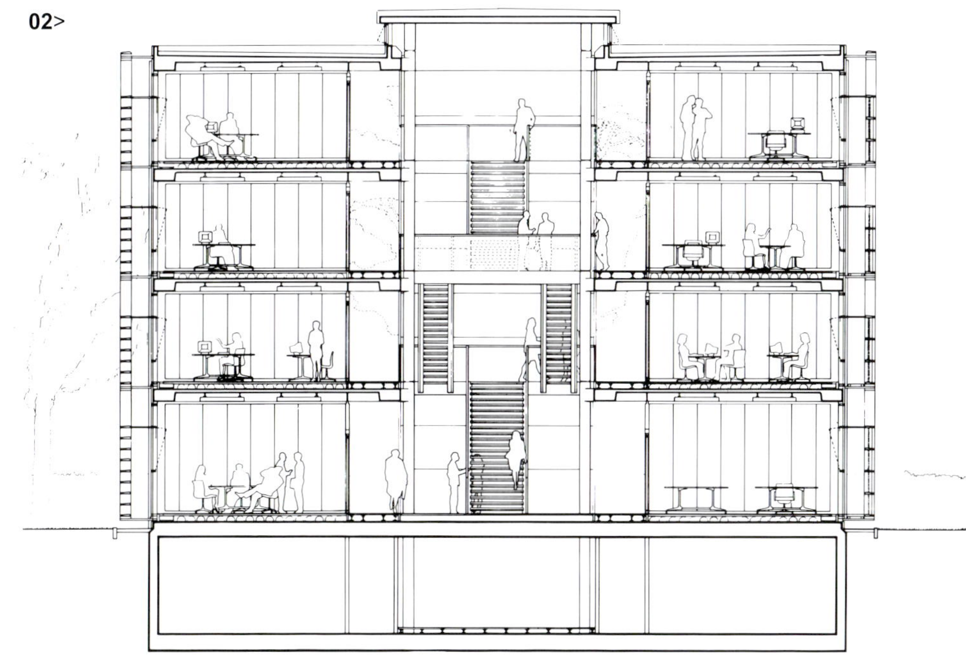

01> 总平面图。建筑的设计与附近Raba城堡的几何形状相关。林荫道形成了入口。

02> 剖面图(横截面)。显示了标准办公室和研讨会室围绕中心交通区的布局。在波尔多地区的气候环境下,取暖是个主要问题。电气室设备放在中心通风的地方。建筑外形提供高度绝缘,固定的百叶窗在主要立面部分减少了太阳辐射的热量。

03> 建筑西南外观。通过西立面的百叶窗能够建筑。右边的小区域包括贸易联合会办公室和职员餐厅。

∧
03

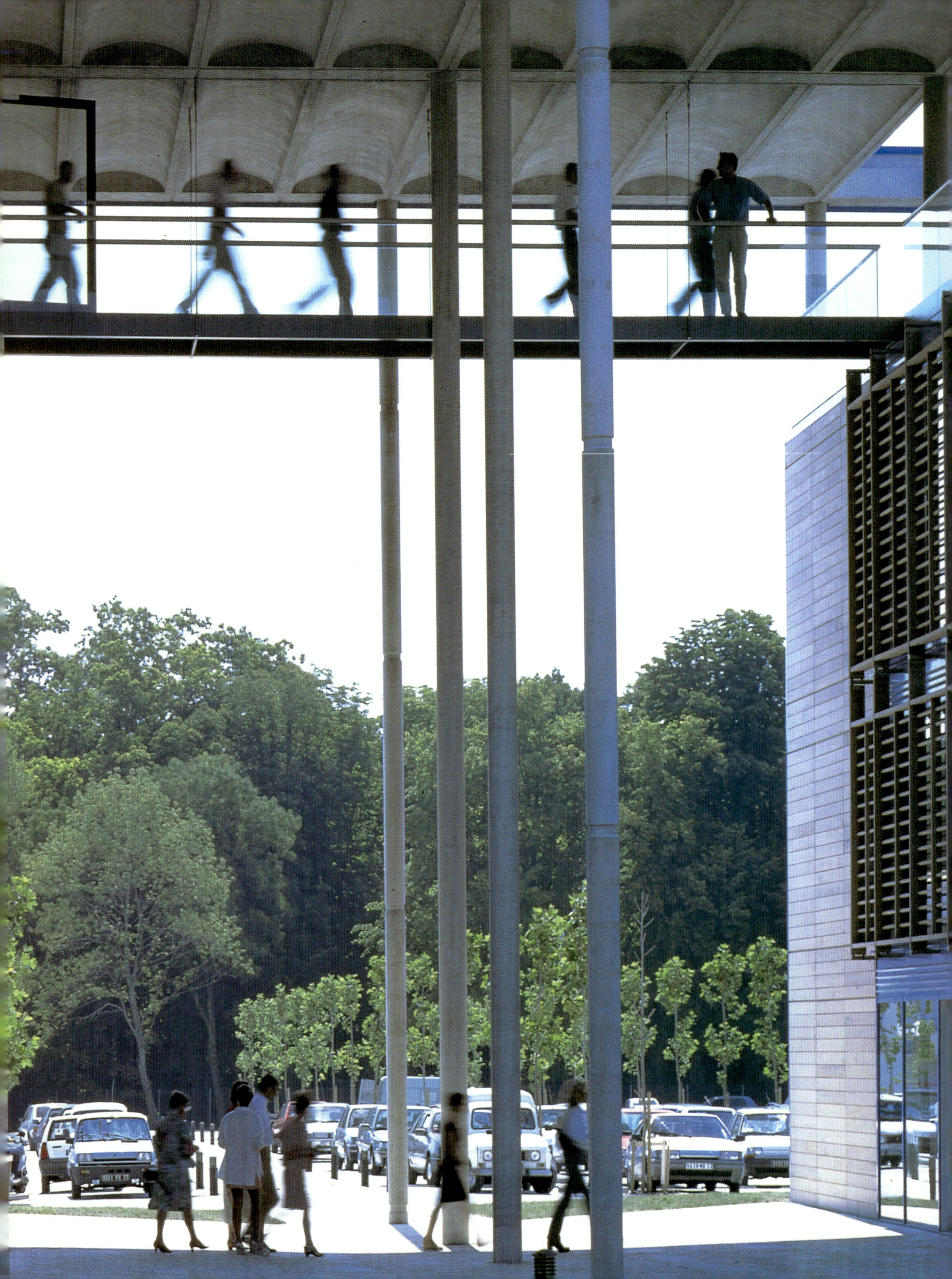

<04

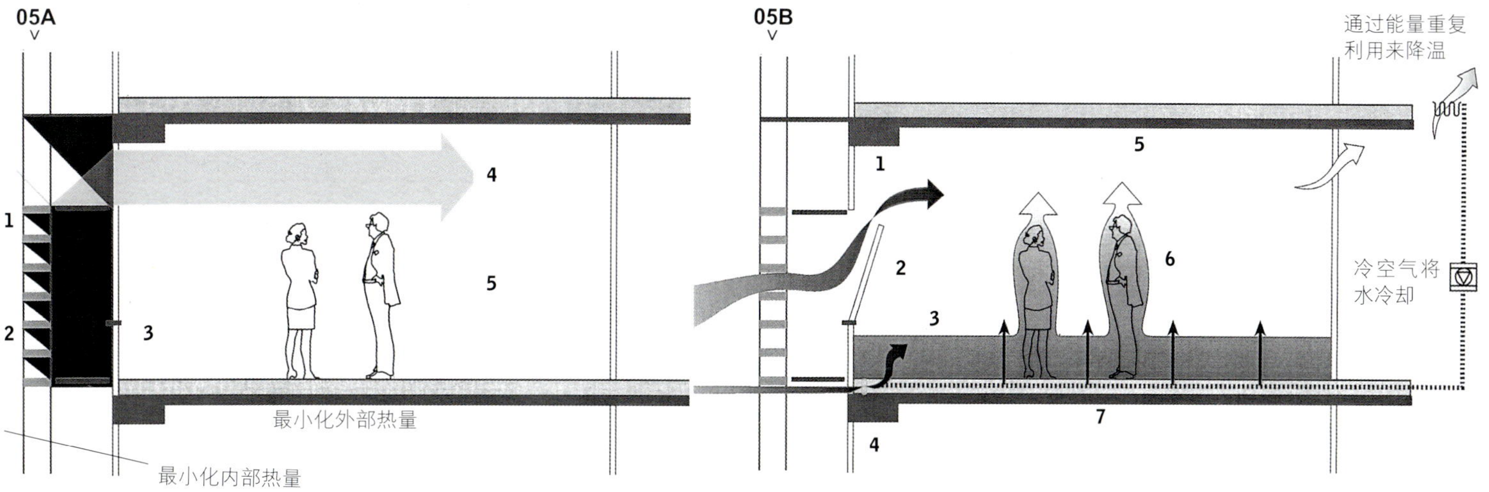

注释：

05A>能源需求的降低。

1 透明的绝缘体与反光板能够优化光线

2 固定的遮阳板能够尽量减少太阳能

3 高效的建筑外表面减少了吸收周围的热量

4 阳光降低由于人工照明产生的热量

5 热量生成装置从办公室转移到支撑空间

05B>能源的重复利用和自然降温的采用。

1 混凝土结构在夜晚的降温作用

2 开窗户就不必使用落地扇

3 新鲜的冷空气层

4 落地扇和湿度控制

5 晚上混凝土板减少了机械降温装置的需求

6 从人的周围升起新鲜的空气

7 充满冷却水的垫子使地板冷却

04>办公楼主入口。上层搭建的一座桥廊将这座大厦两个分离的部分连接起来。

05>能源节约策略的示意图。自然通风和光线很容易获得。混凝土顶棚的热聚集作用在白天保持屋内温度，而充水的地板是取暖与制冷系统的一部分。

06>东立面上固定的雪松木制的百叶窗。这些百叶窗与西边前面的那些不一样。

06

建筑名称：
威斯敏斯特小屋

客户／所有者：
Parnham Trust
使用者：
Parnham Trust
地点：
英国多塞特
设计者：
建筑师爱德华·卡里南（Edward Cullinan）

完工日期：
1996 年 4 月
总面积：
190 m²
建筑成本：
165000 英镑
气候区：
温带

建筑能源特性：

主要朝向：
多向
自然通风（总室内自然通风的百分比）：
100%
夜晚通风提供：
自然
建筑外围热传输：
超标准
建筑物大量热存储是否作为能源策略之一：
没有

太阳能控制系统：
固定外部
光照（白天所需室内人工照明的净地面积的百分比）：
0%
人工照明是否采用节省能源的控制：
没有
其他：
——

HVAC 系统：

燃料利用（%）：
电力 100%
锅炉类型：
没有
供热系统：
电力存储加热器

机械通风：
没有
空气调节类型：
没有
热回收：
没有

能源性能：

总计(kW/h/m²)：
0.0686
人工照明(kW/h/m²)：
0.0136
制冷：
N/A
机械通风：
N/A

供热(kW/h/m²)：
总估计二氧化碳输出：
N/S

环境／健康因素：

用以减少包含能源和传输能源消耗的材料／组件选择策略：
是
利用可再生的材料：
没有
属于被控制使用资源的木料：
是

特殊水保存设备：
没有
自然有机污水处理：
没有
鼓励公共运输工具的使用措施：
没有

威斯敏斯特小屋

英国，多塞特

威斯敏斯特小屋作为接受训练课程的胡克公园大学（Hooke Park College）学生的一个住所。该大学目前建于巴哈姆住宅（Parnham House）附近，是为了研究和示范如何利用木料产品建造房屋，特别是利用细木头方面（细嫩的树干对一般建筑结构来讲太细了）。建筑本身就是革新的木材技术的示范。他们在多希特乡村的树林地带建起一个生态社区，在那里具有海洋性温和的气候，冬天寒冷，夏季温和。

这是当地第一个使用细圆木建造标准空间单元的建筑。细木头有很小的剪力，所以这是一个有利于“全面地”使用它们的优点。柱在截面上没有被切割，所以整个柱的力量可以被利用。

垫式基础上由木支柱支撑着平台，建筑就建在这平台上。4 对双人房间围绕在中央起居室和餐厅的周围。细圆木形成双格子，构成碟状的屋顶。屋顶上覆有绝缘体和草皮。一个圆形屋顶灯照亮了中央区域。隔断墙同样采用细圆木建造。结果是使这栋令人愉悦的建筑在森林中飘浮于风铃草之上。

01

<02

01> 中心会议室。屋顶结构是由细木头交错搭在墙上，形成双层的方格子形状。

02> 穿过木框架和玻璃屋顶的剖面图。天窗保证光照与通风。

03> 南立面外观。这座建筑位于林地上空的一个平台上，该平台由支架支撑。屋面是个弯曲的玻璃顶。

^
03

建筑名称：
水寺庙

客户／所有者：
Hompukuji
使用者：
Hompukuji
地点：
日本兵库县津名郡
设计者：
安藤忠雄

完工日期：
1991年9月
总面积：
417 m^2
建筑成本：
N/S
气候区：
温带

建筑能源特性：

主要朝向：
多向
自然通风（总室内自然通风的百分比）：
N/S
夜晚通风提供：
N/A
建筑外围热传输：
低
建筑物大量热存储是否作为能源策略之一：
N/S

太阳能控制系统：
N/A
光照（白天所需室内人工照明的净地面积的百分比）：
N/A
人工照明是否采用节省能源的控制：
N/A
其他：
——

HVAC系统：

燃料利用（%）：
N/S
锅炉类型：
N/S
供热系统：
N/S

机械通风：
N/S
空气调节类型：
N/S
热回收：
N/S

能源性能：

总计：
N/S
人工照明：
N/S
制冷：
N/S
机械通风：
N/S

供热：
N/S
总估计二氧化碳输出：
N/S

环境／健康因素：

用以减少包含能源和传输能源消耗的材料／组件选择策略：
N/S
利用可再生的材料：
N/S
属于被控制使用资源的木料：
N/S

特殊水保存设备：
没有
自然有机污水处理：
没有
鼓励公共运输工具的使用措施：
没有

水寺庙

日本，兵库县，津名郡

在佛教创始的神话中，水是第一个成分。水生了荷花，荷花是佛教中对精神唤醒的象征。这个为Hompukuji建的新主厅水御堂（Mizumido）是一个真言宗教派的庙宇，它建在卵形荷花池（大小为40m × 30m）的地下。被两个朝向东南方向、6m（20英尺）高的一直一弯的混凝土墙遮挡。寺庙位于一个叫淡路的小岛内断崖上，在这里可看到大片大阪海岸的风景。

通向水御堂的路沿一条白沙小径而上，穿过外面的直墙，游客就面对里面的曲墙了，在它的任意一端可以看到大海。在这面曲墙后面，一条小路通向中轴线上的斜坡。这里有一个楼梯穿过池塘，向下通到下面的主大厅。

祈祷室是不对称的造型，位于盘子形水池的下面。它的几何形状是圆形和方形，包括一个方格栅木屏风和镶板，嵌在同样结构的圆柱形墙壁内。空间简单、平静和适于祈祷，从西北面的小山坡洒下的阳光由水池渐至照向海湾。墙壁是红色的，当太阳照进来的时候，房间充满了淡红色的光。寺庙充满庄严的自然力，是精神上的管弦乐组曲。通往圣地的错综复杂的路径，帮助人们摆脱日复一日的骚动，让人们的思想为沉思做好准备，轻轻地把朝圣者纳入一个融洽静止的超脱空间。

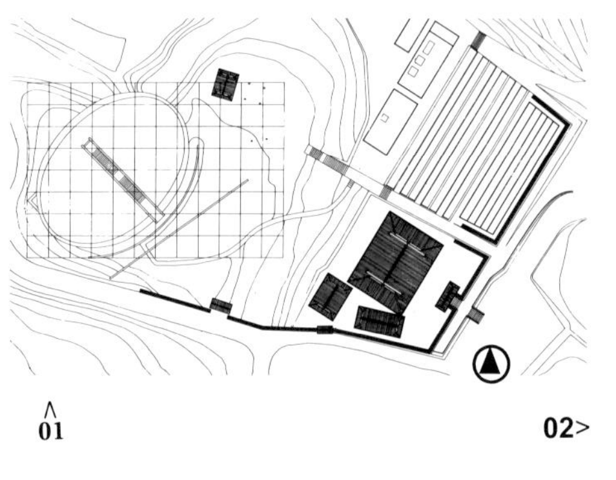

^ 01 02>

01> 总平面图。这座新庙宇能够眺望到大阪海湾。

02> 穿过莲花池能够看到大阪海湾。

<03

03> 从这个池子走下去就是水御堂（Mizumido）。

04> 立面图和两张剖面图。通过庙宇看到这个池子（即屋顶）嵌入山坡的方式。

04>

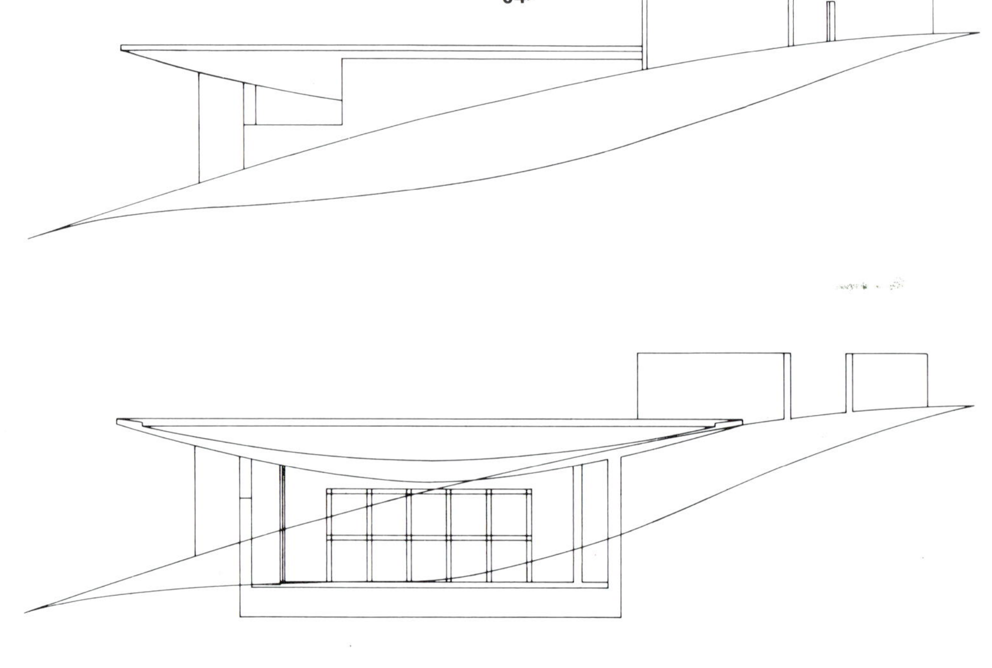

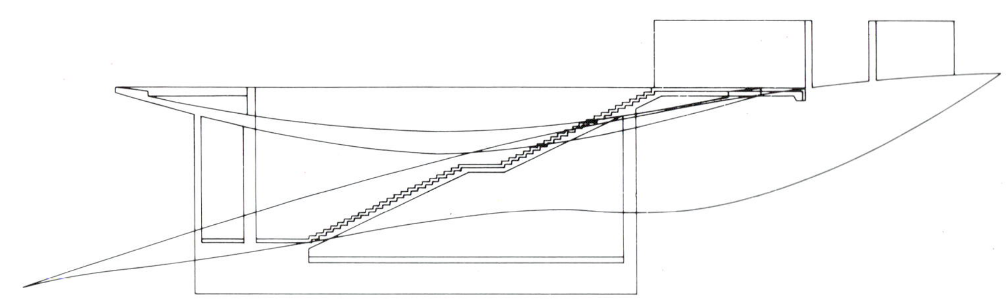

“人们聚集到城市是为了生活：他们集聚在一起是为了生活得更好。”

——引自亚里士多德，L·孟福特（L. Mumford，《城市的文明》，1938 年

4.5 大都会

在古罗马旧址上的花园城市，1935 年，意大利 Fruili。

人类理想中的城市：中世纪的艺术家们在他们的手稿中描绘得明亮如宝石一样耀眼；文艺复兴时期创造了秩序与美感；现代主义运动的建筑师们将它们大胆设计为新科技世界。但是矛盾却一直存在着。城市的存在是为了生活，然而生活必然会有残酷的经济需求。城市在不断变迁，不断地适应经济和社会环境的变化。在这个加速变化的世界，新的服务加入进来，新的交通工具被使用，新的房子被建造，然而在创造了城市文明的同时，如何减轻城市环境的恶化变得棘手、困难和紧迫。

建筑名称：
哈拉雷东门

客户／所有者：
Old Mutual Properties
使用者：
综合部门
地点：
津巴布韦哈拉雷
设计者：
Pearce Partnership

完工日期：
1996年4月
总面积：
44650 m^2
建筑成本：
3亿5千万津巴布韦元
气候区：
热带

建筑能源特性：

主要朝向：
南北向
自然通风（总室内自然通风的百分比）：
——
夜晚通风提供：
动力
建筑外围热传输（W／m^2°C）
屋顶：
1.5；墙：2.3；窗户：5.9
建筑物大量热存储是否作为能源策略之一：
是

太阳能控制系统：
固定外部
光照（白天所需室内人工照明的净地面积的百分比）：
60%
人工照明是否采用节省能源的控制：
白天光传感器设备用于控制人工照明的需求

HVAC系统：

燃料利用（%）：
电力100%
锅炉类型：
没有
供热系统：
电力围边供热器

机械通风：
被动式降温通风。利用烟囱效应完全被动的自然通风
空气调节类型：
没有
热回收：
——

能源性能：

总计（kW／h／m^2）：
9.1
人工照明（kW／h／m^2）：
4.1
制冷：
N/A
机械通风（kW／h／m^2）：
0.8（白天）；0.6（晚上）

供热（kW／h／m^2）：
4.2
总估计二氧化碳输出：
N/S

环境／健康因素：

用以减少包含能源和传输能源消耗的材料／组件选择策略：
最少量采用玻璃和铝材；主要采用本地材料。采用本地长成的木料支撑屋顶瓦片
利用可再生的材料：
没有

特殊水保存设备：
地下室地面凿洞渗漏式供水灌溉植物
自然有机污水处理：
没有
鼓励公共运输工具的使用措施：
市区

哈拉雷东门

津巴布韦首都，哈拉雷

这项著名的工程利用了很多已确定的原则，在减少能源消耗方面获得了引人注目的效果。哈拉雷的气候特别舒适、温暖和干燥，只有短暂的高温潮湿天气。全年夜晚清凉，使得建筑整晚通过对流和辐射降温，为第二天做准备。

东门是津巴布韦最大的同时具有办公和商业功能的建筑。两个狭窄的街区，长150m（500英尺），东西方向并列排列（这是减少吸热的最好定位）。在二者之间是一个贯通上下的中庭，形成一条街，包括建筑群内的楼梯和天桥。

每个街区上面的7层是办公室，而首层和二层是商店和停车场。在二层和三层之间是一个大型压力通风系统，风扇把街上的空气（二层高度的）吸入，并通过大型垂直管道（每个街区有16个管道）输送到上层的办公区。

然后空气通过每个办公室的双层地板，包括预制的混凝土浇筑的曲径楼板，可以增加热量传输，通过窗台下面周边的铁格子散出。建筑结构形成的凉爽降低了这些进入的空气的温度。空气特别是在照明设备周围的热空气，通过烟囱效应被向上导出，最后从烟囱排出大楼。白天小风扇每小时提供两次空气交换，对办公区域来讲是很充分的空气流通，同时充分吸收热量，不造成额外的温度升高。夜晚空气转凉，更大的风扇每小时产生10次空气交换，以降低建筑群的温度，为第二天的散热作准备。

体贴的设计减少了太阳光的穿透，优化了建筑表面，帮助从照明和其他热源中吸收热量。大楼内的空气温度一般在21°C～25°C，而外部周围环境在5°C～33°C。但是在十月的10天内，高湿度和干球温度计显示高温的时候，通常在多云的夜晚，建筑师的记录中会出现3天时间达到2小时的28°C，但这3天并不连续。年节能消耗，与一座全部安装空调的哈拉雷建筑相比，节省了25万英磅，这有赖于有效的空气调节设施。这个优秀项目的荣誉不只归功于建筑设计师和工程师，还应感谢发起设计哲学的有远见的客户。

∧
01

01> 内部街道或中庭，包括商店、楼梯和天桥。一排连接形式复杂的金属阳台和栏杆与那些厚重而坚硬的混凝土构件形成对比。

02> 立面图。模数化的钢筋混凝土的立面处理，以及柱状被动式空气通风系统。

∧
02

建筑名称：
雅典中心市场

客户／所有者：
雅典中心市场
使用者：
商人
地点：
希腊雅典
设计者：
N.Fintikakis-Synthesis and Research Ltd.

完工日期：
1997年
总面积：
3216 m^2
建筑成本：
4亿埃居（ECU）
气候区：
地中海式

建筑能源特性：

主要朝向：
东北向
自然通风（总室内自然通风的百分比）：
0%
夜晚通风提供：
动力
建筑外围热传输：
标准
建筑物大量热存储是否作为能源策略之一：
是

太阳能控制系统：
固定外部；动力／可变外部；太阳能控制玻璃；落叶植物
光照（白天所需室内人工照明的净地面积的百分比）：
10%
人工照明是否采用节省能源的控制：
没有
其他：
——

HVAC系统：

燃料利用（%）：
电力100%；光电；间接太阳能
锅炉类型：
没有
供热系统：
空气热交换；太阳能空气加热器

机械通风：
是
空气调节类型：
——
热回收：
——

能源性能：

总计（kW/h/m^2）：
41
人工照明（kW/h/m^2）：
17
制冷：
N/A
机械通风（kW/h/m^2）：
12

供热（kW/h/m^2）：
12
总估计二氧化碳输出：
N/S

环境／健康因素：

用以减少包含能源和传输能源消耗的材料／组件选择策略：
没有
利用可再生的材料：
没有
属于被控制使用资源的木料：
没有

特殊水保存设备：
N/A
自然有机污水处理：
N/A
鼓励公共运输工具的使用措施：
市区

雅典中心市场

希腊，雅典

雅典古老的中心市场是宏伟的19世纪建筑。它也是该城社会经济生活的一个重要部分；它突出满足了低收入市民的需求，自建成以来就一直在运营。1995年，决定要对这栋楼进行修复和改造。方法采用了具有环保性质的措施。

建筑四角的塔尖，被作为“空气传输烟囱”，吸入和抽出空气。废弃热量回收设施支持冬季供暖，同时使用过滤器以确保防止污染。太阳能控制的玻璃装在屋顶，透进更多的阳光，但减少了热量的获得。玻璃上方的落叶植物，在夏日提供更多遮阳。

温度调节的天窗和主要入口处的“气帘”（把空气压缩向下喷成之无形门帘），可使在保持开启的状态下而没有热量流失，这也是新特点。自动化元素（例如天窗）是以光电电池为动力的。应用了一个制冷和供暖混合系统。这个系统由空气一空气热交换器（接地管）、空气收集器（一系列太阳能空气加热器）和一个通气分配设备组成。

当大楼重新开张的时候，这些措施将把原先冬天漏风、夏天污染不通气的地方变成一个全年都是干净、明亮和舒适的市场，同时运营成本低廉。

∧
01

01> 建成后市场内部的计算机效果图。

02> 市场大厅的剖面图，显示通风设计策略。

03> 示意图，显示冬季光线、通风、热回收策略。

02>

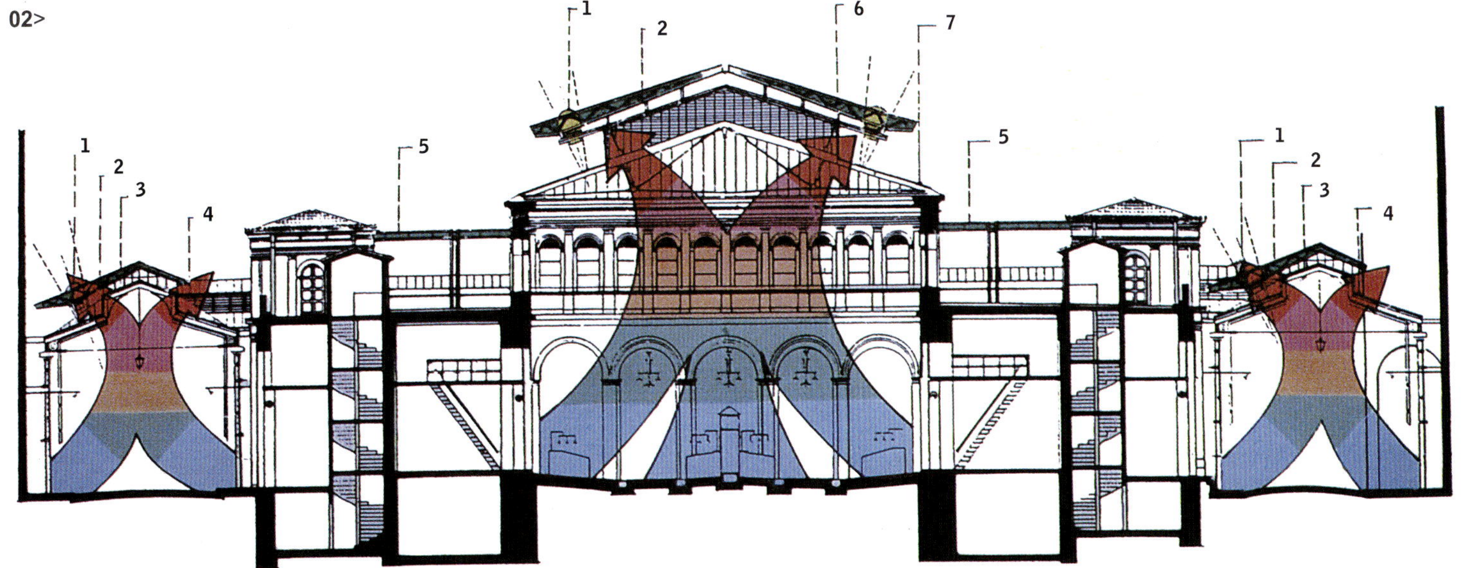

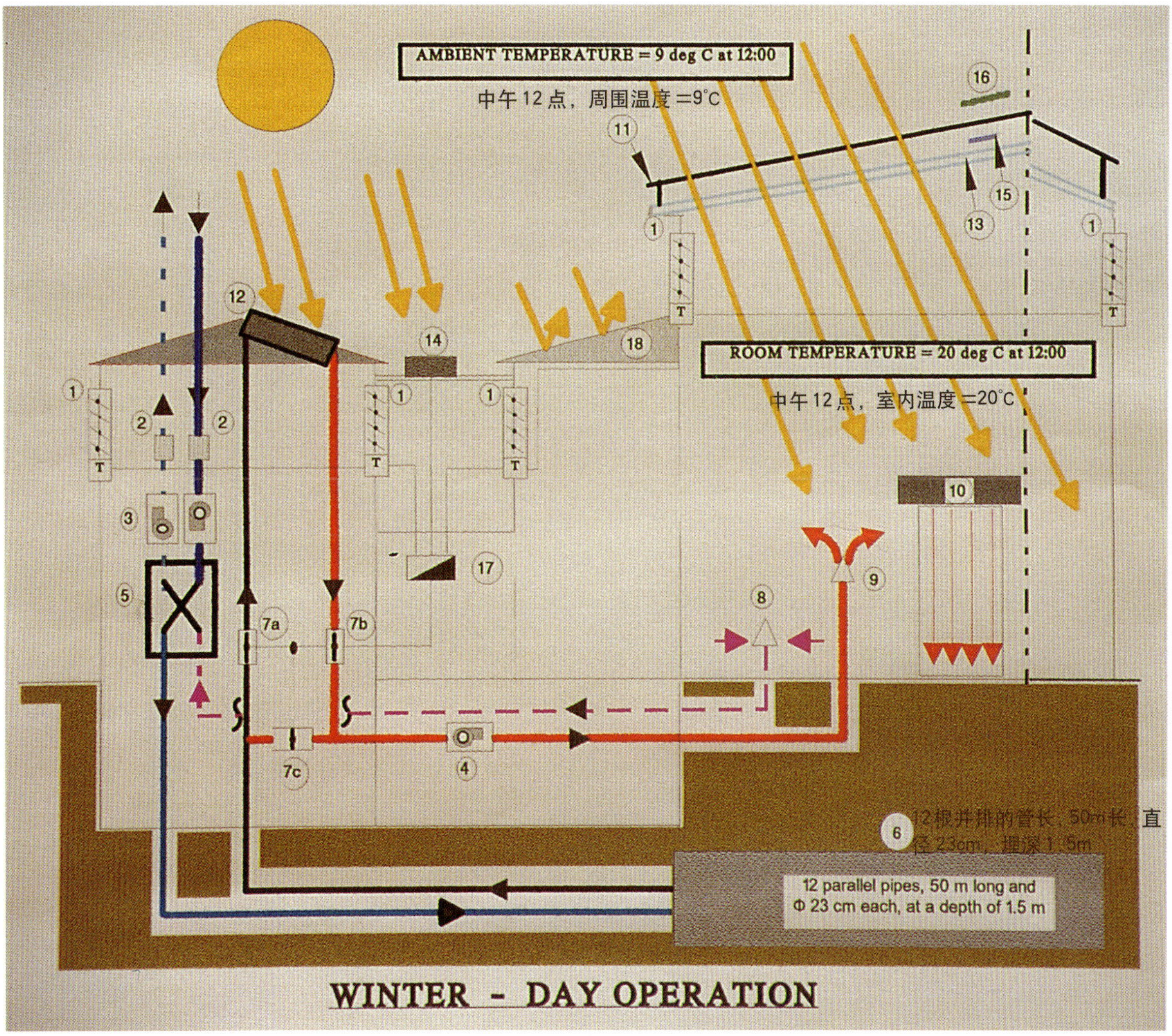

AMBIENT TEMPERATURE = 9 deg C at 12:00

中午12点，周围温度=9°C

ROOM TEMPERATURE = 20 deg C at 12:00

中午12点，室内温度=20°C

12根并排的管长，50m长，直径23cm，埋深1.5m

12 parallel pipes, 50 m long and Φ 23 cm each, at a depth of 1.5 m

WINTER - DAY OPERATION

03

02>注释：

1 透镜设备

2 环境面板

3 玻璃屋顶

4 Dampalon 面板

5 棚架

6 百叶窗

7 不透明的屋顶

03> 中午12点，周围温度为9°C，室内20°C。在1.5m（5英尺）深的地下有12根并排的管子，50m（164英尺）长，每根直径23cm（9英寸）。

建筑名称：
赫利孔

客户／所有者：
伦敦和曼彻斯特保险公司
使用者：
Marks & Spencer
地点：
英国伦敦
设计者：
Sheppard Robson

完工日期：
1996 年 10 月
总面积：
20530m²
建筑成本：
2900 万英镑
气候区：
温带

建筑能源特性：

主要朝向：
东西向
自然通风（总室内自然通风的百分比）：
0%
夜晚通风提供：
没有
建筑外围热传输：
标准
建筑物大量热存储是否作为能源策略之一：
空置地板充满空气

太阳能控制系统：
顶层和中庭采用太阳能控制玻璃；带通风洞的全活动可收回百叶窗
光照（白天所需室内人工照明的净地面积的百分比）：
30%（办公区）
人工照明是否采用节省能源的控制：
是
其他：
——

HVAC 系统：

燃料利用（%）：
电力用于制冷；煤气用于供热
锅炉类型：
煤气燃烧
供热系统：
供热管道

机械通风：
可置换空气系统
空气调节类型：
冷却顶棚和地板
热回收：
空气系统（recirc.）

能源性能：

总计（kW/h/m²）：
237（基本安装风扇、电梯与抽水机）
人工照明（kW/h/m²）：
34
制冷（kW/h/m²）：
25
机械通风（kW/h/m²）：
36

供热（kW/h/m²）：
70
总估计二氧化碳输出：
N/S

环境／健康因素：

用以减少包含能源和传输能源消耗的材料／组件选择策略：
没有
利用可再生的材料：
没有
属于被控制使用资源的木料：
是（门与门框）

特殊水保存设备：
没有
自然有机污水处理：
没有
鼓励公共运输工具的使用措施：
市区

赫利孔（Helicon）

英国，伦敦

赫利孔建筑群占据了伦敦城中一个完整的街区。它包括上部6层办公空间；下面5层商业区，其中地下2层。一般的商业区具有多种标志符号，对货物和垃圾通道有较高要求，通常同办公空间是分离的。在这里，开发商非常幸运地吸引了一个零售商 Marks & Spencer，它并没有过度地影响上面的办公空间。

建筑表面广泛应用了金属和玻璃，没有特别注意环境的可持续性。但是，对办公区的能量策略更深刻的考察，相比 1980 年大量煤气的开发利用，使用了一个更加深谋远虑和有效的方法。大楼没有采用综合空气调节装置，而是应用了一种精密复杂的“混合模式”，结合了很好的绝缘和屏蔽阳光的建筑表层，以及敏感的空气处理设备。

大楼没有开启的窗户，代之使用的是空气系统和冷却顶棚的结合使用。冷凝水（Water-chilled）面板（15℃/60°F）固定在一个金属悬挂顶棚上，空气通过照明装置在高空被吸收。空气通过抬高的地板中的扩散体供给。“自然降温”是室外的空气经过滤器被导入。冬天，新鲜空气与过滤了的回流空气相混合。如果必要，周边散热器可以额外供热。

建筑师想要达到外墙高度的透明；因而外墙由地板到顶棚的3层玻璃构成。在建筑的东西立面，每面外部的单层玻璃用螺钉固定在里面的竖框上，中空（cavity）近900mm（35 ½ 英寸）宽内部是双层玻璃。打孔的铝制软百叶帘就置于中空，它们的展开与倾斜是由复杂的自动调节系统控制的。通风的中空进一步减少了太阳光照射。办公区有一个中庭使日光照入建筑的中心，空气也通过那里被抽取，这样就减少了在办公楼顶安装大型抽气管道的必要。

对位于城市中心的建筑物来说，能量存储是困难的，因为内部需要完全防尘和防噪音。因此低能量的解决方案，倾向于一个高水平的混合方案，而不是那些同类建筑所需要的方案。赫利孔就是这样一例。能量策略的成功很大程度上依赖于这种处理手段。

01> 首层、第4层、第8层与顶层平面图。

02> 商场入口。

01>

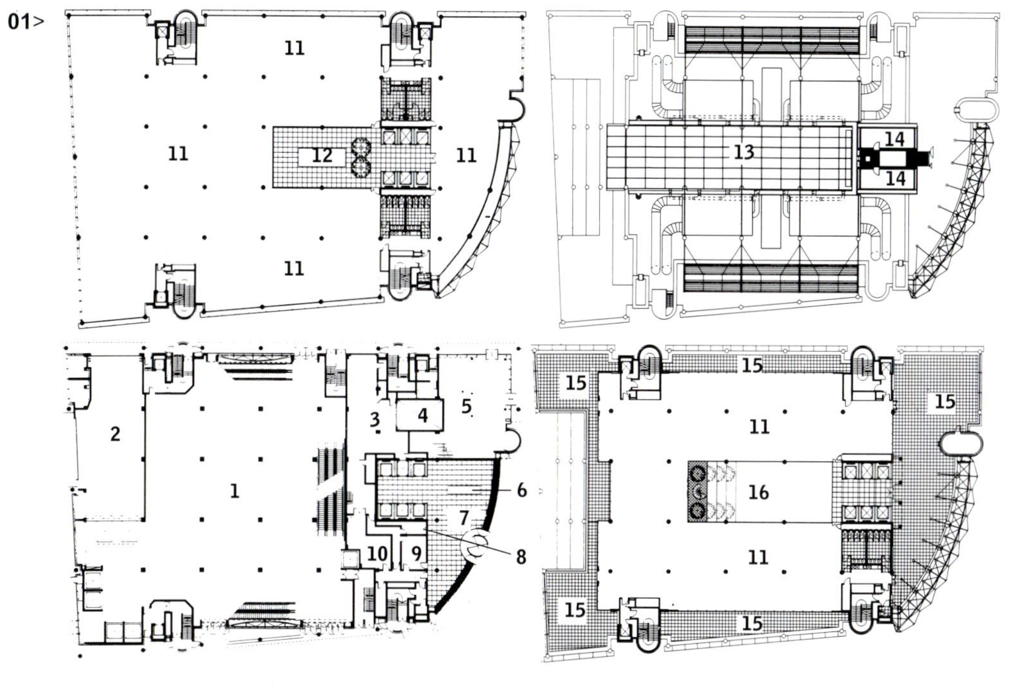

注释：

1 零售商店
2 零售仓库
3 仓库
4 升车机
5 银行
6 水池
7 入口大厅
8 服务区
9 保安室
10 垃圾站
11 办公室
12 中庭水池
13 中庭屋顶
14 冷却塔
15 露台
16 中庭

<02

^
03

04

03> 东西立面，都有900mm宽的空间，其间安装了软百叶帘。冷空气流过这个空间降低太阳光的热量。

04> 6层的办公空间的中庭有一个透明的筒形拱顶。透明的无色玻璃保证最大的自然光照。

05> 示意图，显示被动式通风和降温策略，由欧文·阿鲁普（Ove Arup）及其同伴设计。

05>

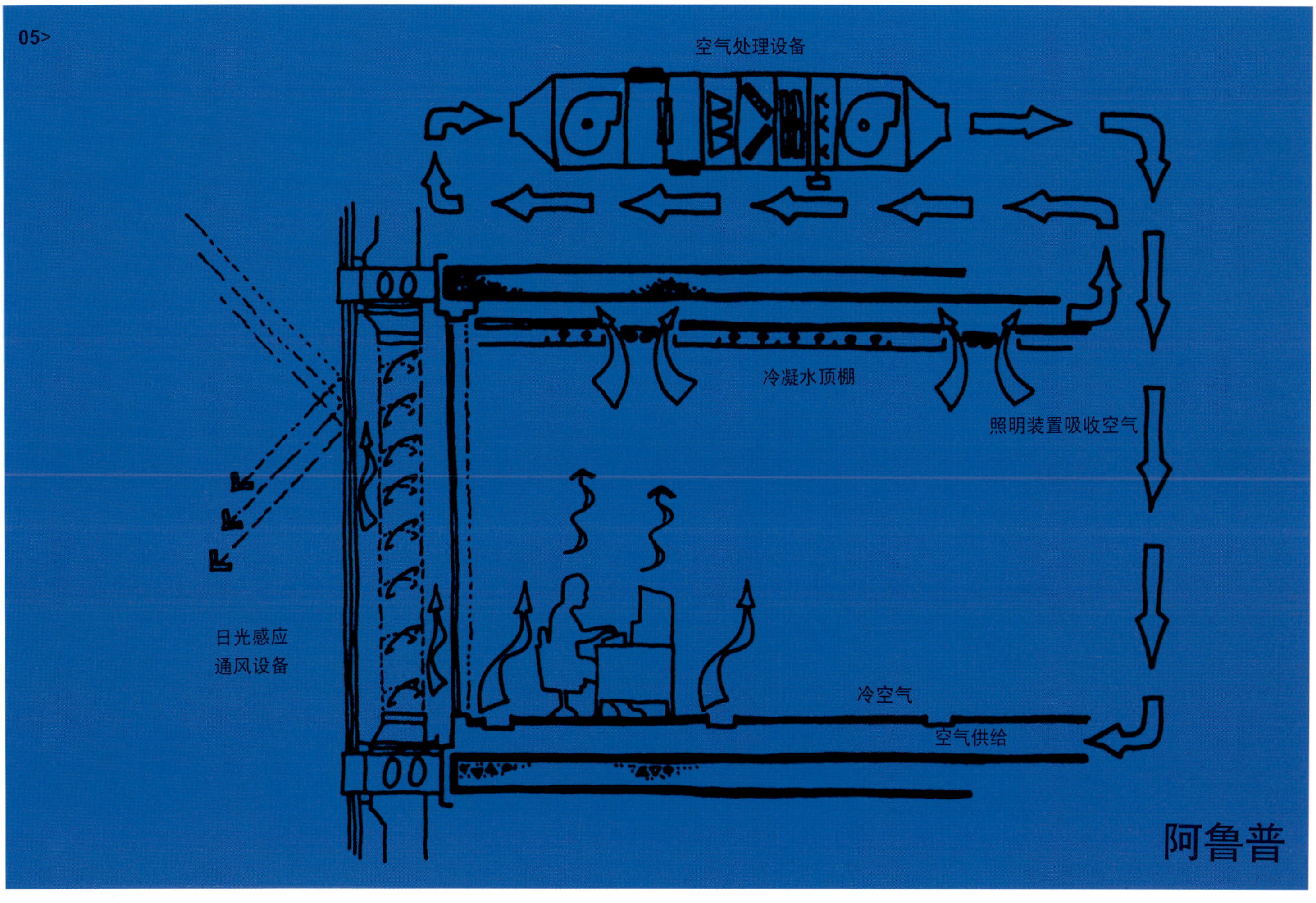

空气处理设备

冷凝水顶棚

照明装置吸收空气

日光感应
通风设备

冷空气

空气供给

阿鲁普

建筑名称：
安田研究院

客户／所有者：
安田人寿保险公司
使用者：
安田保险
地点：
日本东京
设计者：
株式会社大建设计

完工日期：
1994 年 3 月
总面积：
33609 m^2
建筑成本：
103.4 百万英镑
气候区：
温带

建筑能源特性：

主要朝向：
多向
自然通风（总室内自然通风的百分比）：
N/S
夜晚通风提供：
N/S
建筑外围热传输：
标准
建筑物大量热存储是否作为能源策略之一：
没有

太阳能控制系统：
太阳能控制玻璃；百叶窗
光照（白天所需室内人工照明的净地面积的百分比）：
N/S
人工照明是否采用节省能源的控制：
——
其他：
——

HVAC 系统：

燃料利用（%）：
电力 100%
锅炉类型：
供暖泵
供热系统：
N/A

机械通风：
排气装置与通风装置
空气调节类型：
内部空气调节单元；风扇单元
热回收：
——

能源性能：

总计（kW/h/m^2）：
0.063
人工照明（kW/h/m^2）：
0.020
制冷（kW/h/m^2）：
0.029
机械通风（kW/h/m^2）：
0.014

供热：
N/A
总估计二氧化碳输出：
N/S

环境／健康因素：

用以减少包含能源和传输能源消耗的材料／组件选择策略：
没有
利用可再生的材料：
没有
属于被控制使用资源的木料：
没有

特殊水保存设备：
废水循环
自然有机污水处理：
是
鼓励公共运输工具的使用措施：
市区

安田研究院

日本，东京

安田（Yasuda）研究院是安田保险公司的培训中心。根据建筑师的想法，建筑的根本主题是"智慧"、"敏感"和"健康"；它的目的是提供一套使受训人员的综合素质都得以发展的训练计划，帮助他们认识到自己的潜力。建筑反映了日本团结合作的文化内涵，因此公司不仅提供了一生事业的必要资金，更是每个成员的社会生活、自己和家庭幸福的主要部分。

建筑也不同于一个宾馆，它同时提供住宿和培训以及娱乐设施。卧室都位于上面几层。四层是一个餐馆，培训室在二层和三层，接待室在首层。在地下室有健身房和一个能容纳900人的集会厅。

建筑本质上是一个"突出的"部分——两大块朝向一个中庭——在城市的一个街区内南北排列。然而通过椭圆形的中庭这个大空间把建筑聚集在一起，建筑师尽量不给人一种这是一个长廊的住宿部、且被砍掉以适应场地的感觉。建筑是为所有活动提供了一个焦点，这样就加强了企业的信条，个人发展为求得共同的利益。

中庭是自然通风的。在温暖的气候中，空气从地板和中间层进入，在中庭通过自然浮力提升，通过中庭屋顶排出。玻璃屋顶的中央部分允许空气通过。周围在上层的卧室是穿堂通风的，从外面吸入空气并允许进入中庭。一个热回收装置位于中庭顶端，利用排出空气中的热量来支持大厦保暖。培训设施、餐馆和地下室都装有空调。

东西立面的上部，都有一个狭小通道遮阳。但是这些不能保护房间不受早晨和傍晚太阳的照射。于是这些房间同时装有反射热量的玻璃窗和百叶窗。

该建筑位于东京市郊回收的工业用地上，连同毗邻的公共空间，它是重建城市的这一部分区域规划中的关键。

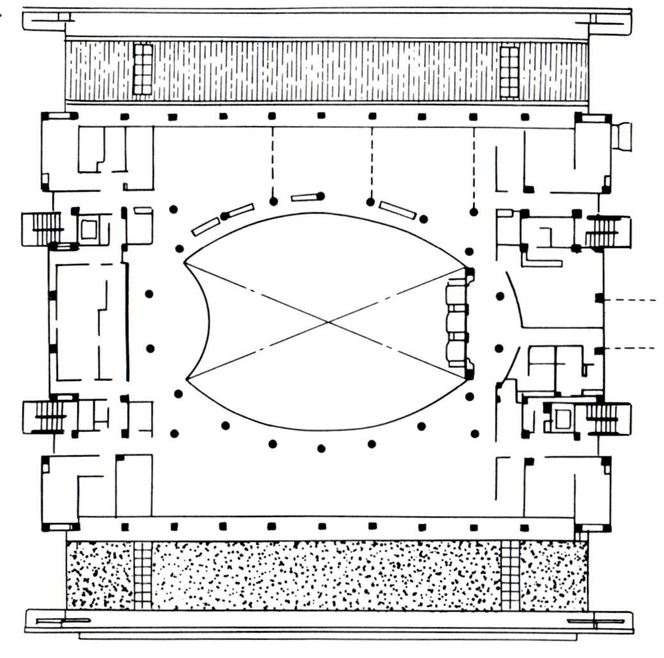

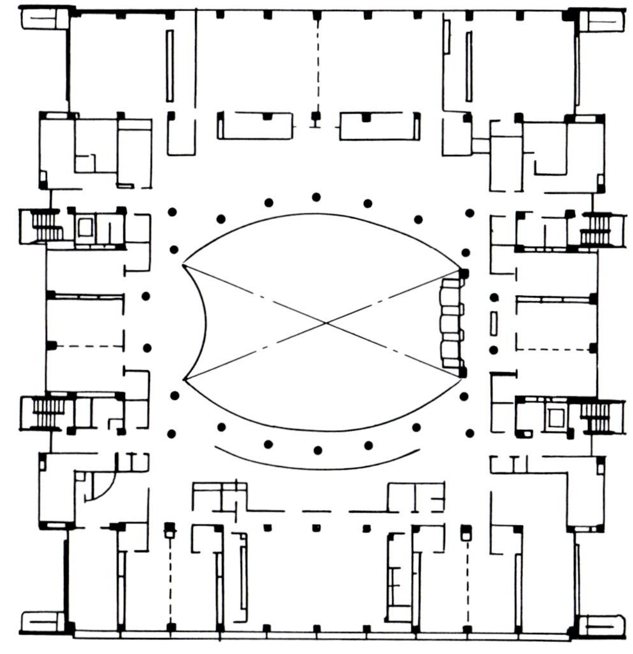

02

01> 较低层和高层平面图。 **02>** 西立面图。

^
03

03> 鸟瞰图。椭圆形中庭，反映了屋顶采光的类型。

04> 剖面图。自然通风策略，热回收同屋顶合成一体。

05> 从种植有大型植物的中庭看电梯。

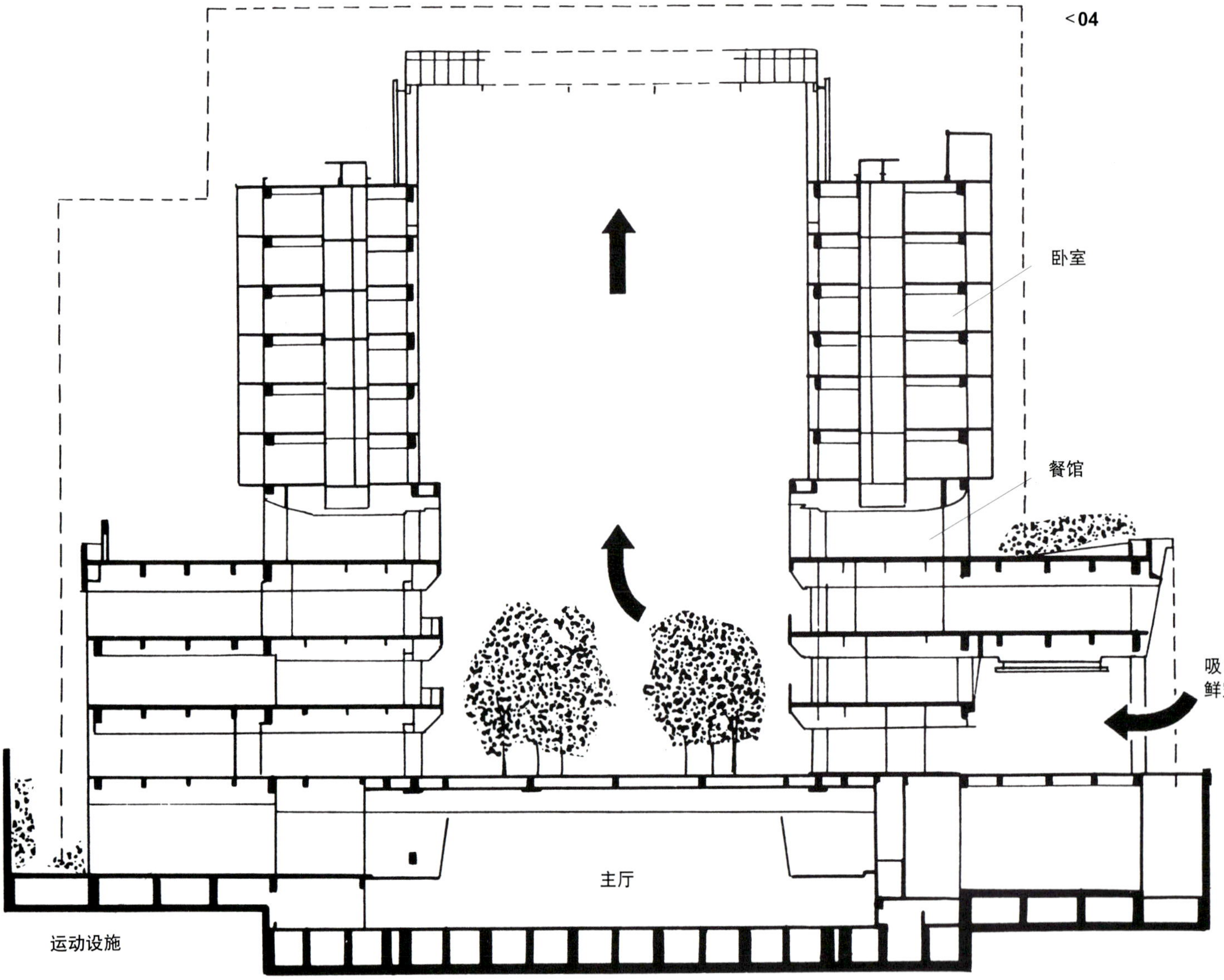

<04

05

卧室

餐馆

吸收新鲜空气

主厅

运动设施

建筑名称：
整修的高架桥

客户／所有者： SEMAEST	**完工日期：** 1995 年
使用者： 可变	**总面积：** 12600m²
地点： 法国巴黎	**建筑成本：** 730 万英镑
设计者： Patrick Berger	**气候区：** 大陆性

建筑能源特性：

主要朝向： N/A	**太阳能控制系统：** N/A
自然通风（总室内自然通风的百分比）： N/A	**光照（白天所需室内人工照明的净地面积的百分比）：** N/A
夜晚通风提供： N/A	**人工照明是否采用节省能源的控制：** N/A
建筑外围热传输： N/A	**其他：** ——
建筑物大量热存储是否作为能源策略之一： N/A	

HVAC 系统：

燃料利用（%）： N/S	**机械通风：** N/S
锅炉类型：N/S	**空气调节类型：** ——
供热系统： N/S	**热回收：** 没有

能源性能：

总计： N/A	**供热：** N/A
人工照明： N/A	**总估计二氧化碳输出：** N/A
制冷： N/A	
机械通风： N/A	

环境／健康因素：

用以减少包含能源和传输能源消耗的材料／组件选择策略： 没有	**特殊水保存设备：** 没有
利用可再生的材料： 没有	**自然有机污水处理：** 没有
属于被控制使用资源的木料： 没有	**鼓励公共运输工具的使用措施：** 市区

整修的高架桥

法国，巴黎

对穿过熙熙攘攘的城市中央的1.4km（1500码）的废弃高架铁道，以及它的支撑拱形结构，能做什么呢？这是当巴黎规划者在考察巴士底（Bastille）铁路高架桥的潜力时，摆在他们面前的问题，这个高架桥从新歌剧院向东延伸至Gare de Reuilly。

拱形铁道建于上个世纪中叶，在1969年遭到弃用，随后它逐渐衰退并最后成为小商贩混杂聚集的地方。人们曾经考虑拆毁这座高架桥但遭到拒绝，因为它将留下暴露在风雨中凌乱的山形墙末端，要建院子和棚子来对付这些垃圾。建筑师的解决方案是允许小商贩和商店使用拱门，条件是他们遵照严格的有关外观效果的指导方针，例如玻璃和标志，并把铁道自身占去的区域转变成一个线性花园或散步的回廊。

完成的工程证明了此次修缮在巴黎人和旅游者中受到欢迎。早期的大建筑物有着良好的建筑质量，包括石拱顶、石桥墩和石拱，以及红砖拱肩，所有这些都被坚实的石头檐口和模块化轨道所环绕。这个工程在等级上是高规格的，适合一个首都城市，其完整性得到尊重。新的元素，例如商店门脸相对于建筑的原始结构是第二位的。由于上面作为散步场所，各种设施的加入使它与城市肌理统为整体，例如，在现存的柱网上就新种上了树。公众散步场所带给旅游者一个关于这个城市的重新释意：它穿过城市肌理，有时展现让人惊讶的都市风貌，有时却带人进入新种植的草木环绕的世外桃源。

该工程展现了设计研究者的想像力和深思熟虑，使优秀的历史建筑成为新的、令人兴奋的现代城市建筑。

01>（上图）从巴士底歌剧院住宅看Gare de Reuilly的高架桥的线路。（下图）高架桥的局部透视图。

02> 新改造的高架桥在巴黎东部建筑密集区，是一个高架的散步场所，几乎就像是个码头。

01>

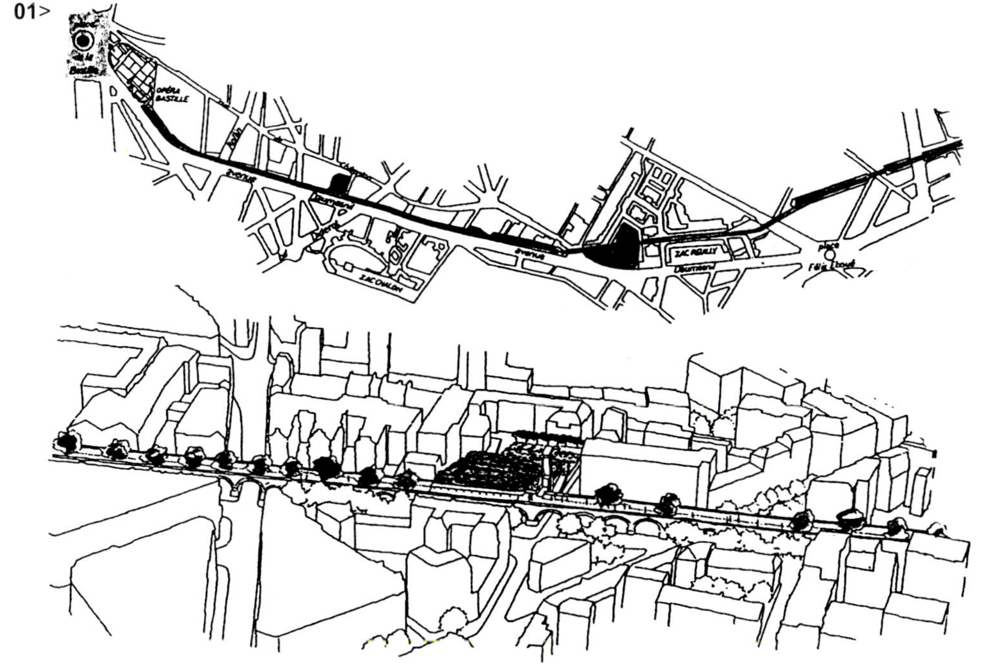

02

03> 高架桥的拱形部分可以充分利用作为商店和工作室。

04> 精致而宽敞的原始结构，通过对商店细致的立面设计得以提高升华。

03

04

"广厦令人悦，芸芸众生忙"。

——约翰·弥尔顿

4.6 塔楼

高耸的塔群，标志着今日城市的中心，而不仅是一个高地的象征。它们的垂直性给城镇风貌在外表上、精神上和感情上规定了形态和方向。来自宗教上的灵感造成教堂建筑的尖顶努力向上延伸，以及清真寺的违抗地心引力的尖塔；而在今天，则是物质财富的力量。但是所有的塔楼都是向往高度的。实际上巴别塔的建造者和他们的惩罚，使得塔楼超过所有其他建筑形式，是人类骄傲的象征。从阳光下圣·吉米那诺（San Gimignano）塔楼到20世纪城市的密集化办公建筑群，它们表现出国家与城市、家庭和企业的骄傲与竞争。

13世纪著名的塔楼，位于意大利圣·吉米那诺。

建筑名称：
RWE AG总部

客户／所有者： Hochtief AG	**完工日期：** 1996年12月
使用者： RWE AG	**总面积：** 35000m²
地点： 德国埃森	**建筑成本：** 9千万英镑
设计者： Ingenhoven, Overdiek Kahlen及同伴	**气候区：** 温带

建筑能源特性：

主要朝向： 圆形平面	**太阳能控制系统：** 动力／可变外部；太阳能控制玻璃
自然通风（总室内自然通风的百分比）： 70%	**光照（白天所需室内人工照明的净地面积的百分比）：** 30%
夜晚通风提供： 自然	**人工照明是否采用节省能源的控制：** 是
建筑外围热传输： 超标准	**其他：** ——
建筑物大量热存储是否作为能源策略之一： 是	

HVAC系统：

燃料利用（%）： 电源电力99%；光电1%	**机械通风：** 空气通风；水制冷系统
锅炉类型： 没有	**空气调节类型：** 支持式通风与冷却顶棚
供热系统： 区域性供热	**热回收：** 是

能源性能：

总计（kW/h/m²）： 0.278	**供热（kW/h/m²）：** 0.072
人工照明（kW/h/m²）： 0.011	**总估计二氧化碳输出：** N/S
制冷（kW/h/m²）： 0.020	
机械通风（kW/h/m²）： 0.015	

环境／健康因素：

用以减少包含能源和传输能源消耗的材料／组件选择策略： 是	**特殊水保存设备：** 是
利用可再生的材料： 没有	**自然有机污水处理：** 没有
属于被控制使用资源的木料： 是	**鼓励公共运输工具的使用措施：** 是

RWE AG总部

德国，埃森

这个圆柱形的办公塔楼，可以俯瞰一个湖和公园，由30层组成，坐落在一层方形底座上。此塔高163m（535英尺），被包围在一个双层玻璃外壳中。外面是单层的强化玻璃，里面是隔热的白玻璃，允许阳光被最大程度地吸收。宽50cm（20英寸）的位于玻璃层之间的空间，其作用是热量缓冲。所有办公室的窗子都有可变化的嵌板，需要通风的时候可以开启。除了在极端的天气条件下（可能会有20%的时间），大楼都是自然通风的。

中央部分的设计具有多个特别的创新特点，设计上体现了最小的能量需求。在玻璃层之间装置的"鱼嘴"是一体化元件，可集中太阳能，同时防止眩目的光线照入，并且有空气交换系统。它们的电控铝制薄层提供防阳光功能，而可选择的能量启动纺织布料的内部百叶窗也起到了防护光线的作用。空气阻碍金属板控制了玻璃走廊中的空气的流入和流出。

环境条件由建筑管理系统（BMS）技术管理，每个房间里有一个单一的控制面板，能够控制光线、温度、立面和防太阳光装置，通过调节它们使之适合个人的要求。嵌在混凝土拱腹中的一体化顶棚元件同样是多功能的，结合低能量照明和一个流动水管系统降温，同时装有烟感和喷淋装置。

能量策略开发了混凝土顶棚的热量存储能力。供暖可以从区域供暖系统中增加。

建筑的有些能量（0.1%）是由光电面板控制的；这些位于可调整的设备上，与屋顶凉廊上的一些特别设计元素合成一体。

∧
01

01> 通往主楼的通道的交叉点。电子控制杆是一体化与灵活系统的一部分。

02> 剖面图，该建筑物有隔离作用的双层玻璃表皮，成为一个特别设计的自然通风系统。办公室是自然通风的：窗户都可开启。

03> 圆柱形塔楼，高163m（535英尺），是埃森市的新标志。

02>

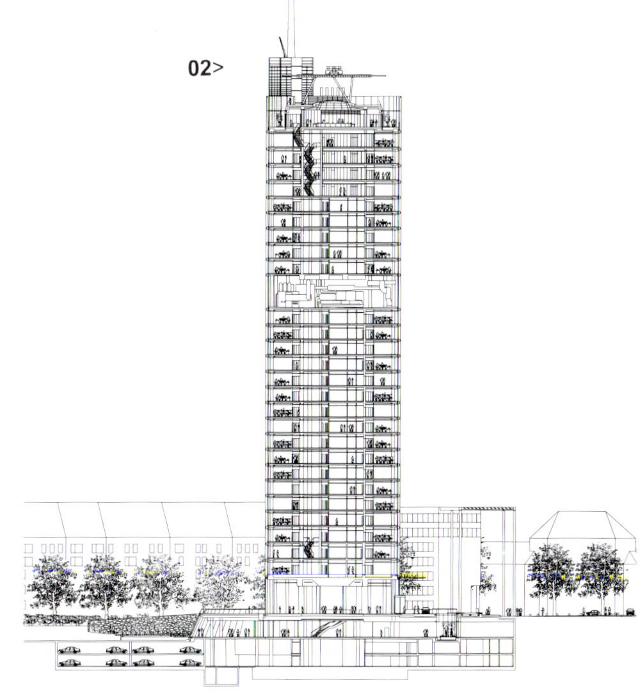

∧
03

04

05

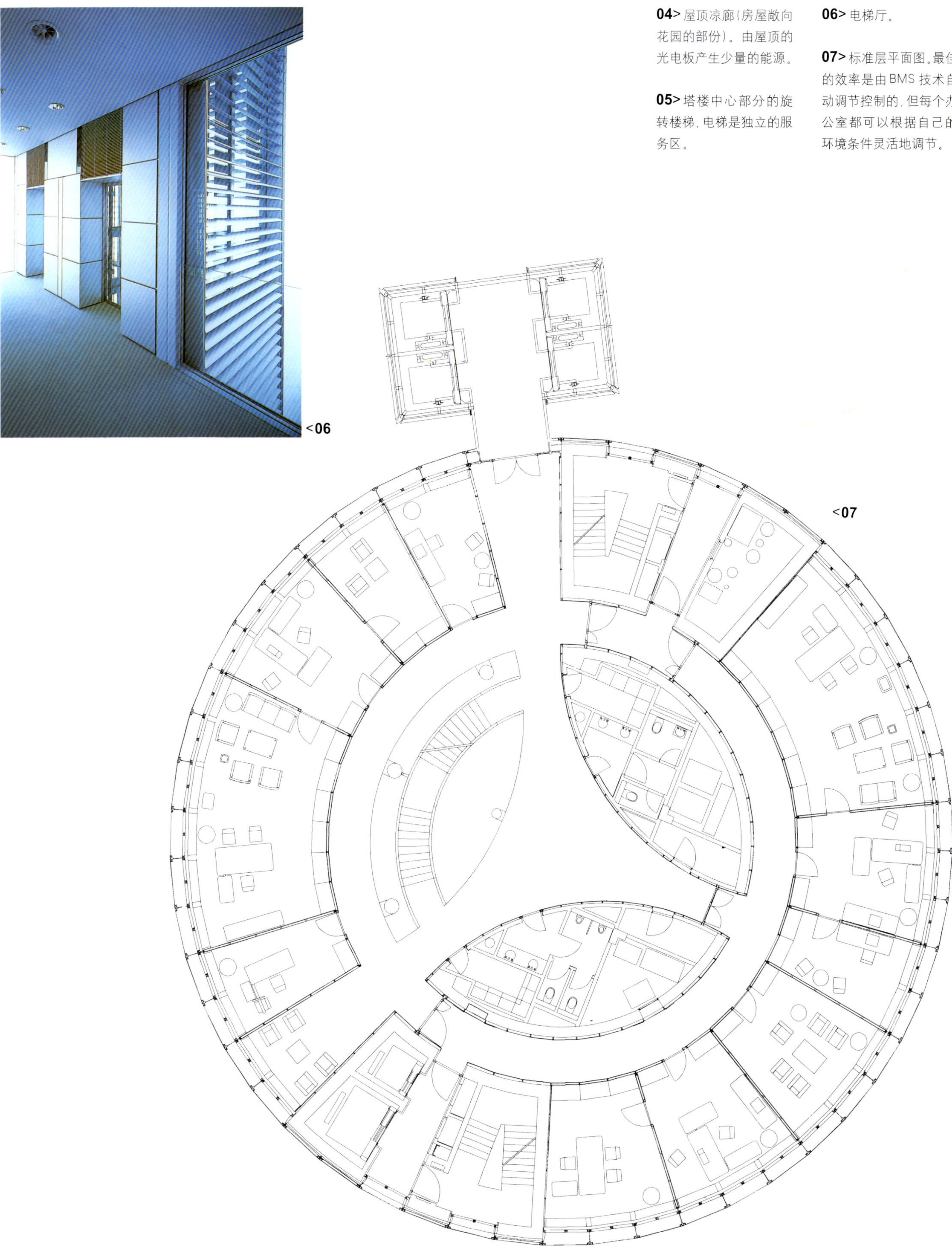

<06

<07

04> 屋顶凉廊(房屋敞向花园的部份)。由屋顶的光电板产生少量的能源。

05> 塔楼中心部分的旋转楼梯,电梯是独立的服务区。

06> 电梯厅。

07> 标准层平面图。最佳的效率是由BMS技术自动调节控制的,但每个办公室都可以根据自己的环境条件灵活地调节。

建筑名称：
泰晤士河水塔

客户／所有者： 泰晤士河水塔	**完工日期：** 1995年秋
使用者： N/A	**总面积：** N/A
地点： 英国伦敦什泊兹·布什(Shepherd's Bush)	**建筑成本：** N/S
设计者： Brookes Stacey Randall Fursdon	**气候区：** 温带

建筑能源特性：

主要朝向： 多向	**太阳能控制系统：** N/A
自然通风（总室内自然通风的百分比）： N/A	**光照（白天所需室内人工照明的净地面积的百分比）：** N/A
夜晚通风提供： N/A	**人工照明是否采用节省能源的控制：** N/A
建筑外围热传输： N/A	**其他：** ——
建筑物大量热存储是否作为能源策略之一： N/A	

HVAC 系统：

燃料利用（%）： N/A	**机械通风：** 维修入口的被动式通风
锅炉类型： N/A	**空气调节类型：** N/A
供热系统： N/A	**热回收：** N/A

能源性能：

总计： N/A	**供热：** N/A
人工照明： N/A	**总估计二氧化碳输出：** N/A
制冷： N/A	
机械通风： N/A	

环境／健康因素：

用以减少包含能源和传输能源消耗的材料／组件选择策略： 没有	**特殊水保存设备：** 循环
利用可再生的材料： 没有	**自然有机污水处理：** 没有
属于被控制使用资源的木料： 没有	**鼓励公共运输工具的使用措施：** 没有

泰晤士河水塔

英国，伦敦，什泊兹·布什

泰晤士河水塔，位于伦敦西部一个道路交叉处的环形路上，那是80km（50英里）长的城市环形新干线的一部分。水塔有3个从地面耸立的直径巨大的管道，这不是一个让人居住的建筑，但它结合了一个工程项目，给环境以雕塑般的影响。

水塔概念的发起是因为一个"概念设计竞赛"，戴米诺·苏黎文（Damien o'Sullivan）和泰尼亚·都发（Taina Doufa）两名学生赢得了这场竞赛。随后建筑师Brookes Stacey Randall Fursdon被委任设计、考虑和协商建造它作为公众气压计的可行性。这个想法是建造一个可以使空气在不同气压层间有效地交流的构造物。

此塔高16m（52.5英尺），细分为5个部分。电子气压计可检测到气压中的任何变化，它发送一个信号（通过控制面板），以蓝色水在塔内适当的位置喷射。喷出的水在坚韧的玻璃气缸内侧形成薄膜。塔顶的光电面板为气压计和控制板提供太阳能动力。塔内垂直高度2m（6.5英尺）处的中央不锈钢格架校准着大气压——格架被不锈钢铸件支撑；悬浮玻璃围栏悬臂支撑着不锈钢铸件。水通过磨光的不锈钢中心覆层内的梯状竖板进入塔内，然后穿过一系列水平的圆环，从喷射管口喷出。

设计过程中不得不解决一些问题。支持水流进入玻璃必须经过测试，水的流速也要经过测试。建筑师研究出了一种特殊的有机染色水，同时具有防冻、防海藻附着，以及稳定紫外线的特性。传达气压的水量很小，并可以再循环使用。

泰晤士河水塔是极具反响的构造物的典范。建筑师尝试着设计出一种集合方式，在光穿透玻璃和透明蓝色水薄膜时，鼓励光的作用。这种简单的空气条件与变化预测的交流装置成为一道有用且夺目的特殊城市风景。

01> 塔楼的上半部分。有圆形的管子和螺旋机制的管口。平台的设计是为了缓解大气压力。

01>

03>

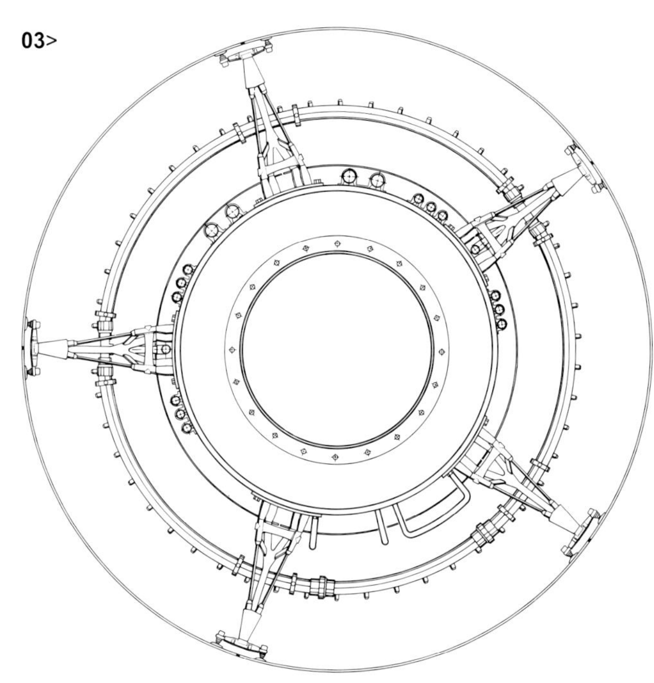

02> 塔楼顶有一排光电板。

03> 标准层平面图。

04> 塔楼剖面图。

注释：

1 玻璃窗
2 压力管
3 玻璃窗固定器
4 玻璃窗支撑臂
5 可进入的服务地带
6 核心覆层
7 格架
8 玻璃连接器
9 玻璃围栏
10 再循环罐
11 底部覆层
12 底部覆层（开放）
13 底部门
14 底部支撑支架

04>

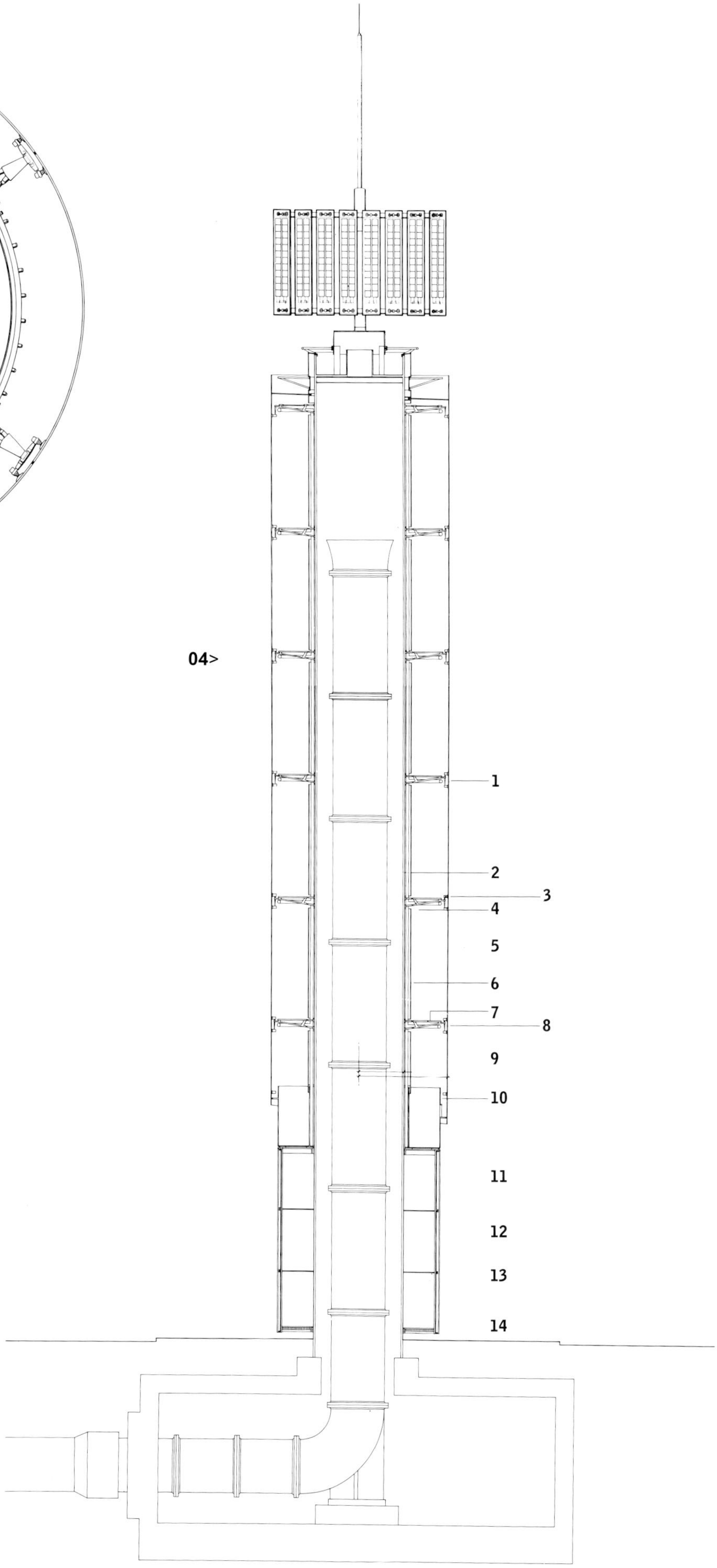

1
2
3
4
5
6
7
8
9
10
11
12
13
14

建筑名称：
城市之门

客户／所有者：
GBR Düsseldorfer StadttormbH
使用者：
——
地点：
德国杜塞尔多夫
设计者：
Petzinka，Pink 及同伴

完工日期：
1997 年 8 月
总面积：
4 万 m^2
建筑成本：
4600 万英镑
气候区：
温带

建筑能源特性：

主要朝向：
多向
自然通风(总室内自然通风的百分比)：
0%
夜晚通风提供：
自然
建筑外围热传输：
超标准
建筑物大量热存储是否作为能源策略之一：
是

太阳能控制系统：
内部百叶窗
光照（白天所需室内人工照明的净地面积的百分比）：
15%
人工照明是否采用节省能源的控制：
是
其他：
日光感应照明

HVAC 系统：

燃料利用（%）：
N/S
锅炉类型：
——
供热系统：
热顶棚

机械通风：
——
空气调节类型：
外面的空气通过，与冷／热顶棚相联系
热回收：
——

能源性能：

总计（kW/h/m^2）：
115
人工照明（kW/h/m^2）：
14
制冷：
——

机械通风／供热（kW/h/m^2）：
115
总估计二氧化碳输出：
N/S

环境／健康因素：

用以减少包含能源和传输能源消耗的材料／组件选择策略：
N/S
利用可再生的材料：
N/S
属于被控制使用资源的木料：
N/S

特殊水保存设备：
没有
自然有机污水处理：
没有
鼓励公共运输工具的使用措施：
市区

城市之门

德国，杜塞尔多夫

位于莱茵河公园边缘，建在繁忙的莱茵河堤防隧道的入口之上的这幢办公楼作为一座新的城市标志，也是一幢显示着灵活性、低能量消耗的代表建筑。

建筑位于一个斜长方形的基地上，它包括两个16层的塔楼，中间一个中庭和顶部上3层的剪刀撑结构连接部分。全部建筑为玻璃外壳，外壳内装有双层玻璃，玻璃安装在木框中，防止热量散失。在单层壳和双层玻璃之间是一个可进入的阳台，宽0.9～1.4m，作用是声音和热量的缓冲器。窗户内电子控制的百叶窗在有太阳的日子提供遮阳，也制造出一个浮力带，可把走廊的热空气吸出。

自然通风系统中最重要的因素是特殊设计的通风箱，这些通风箱在立面墙的每个窗子的上下两端。它们高600cm（2英尺），安装有敏感的电子控制的空气动力学百叶窗，可以最理想地利用空气条件和防止风声弄出的噪声。

当外部温度在5°C和 20°C之间时，光照和自然通风就足够了。对于极端的空气条件和环境，则提供宜人的空调系统。这是一个双重空气交换系统，在顶棚结合利用吸附作用和隔热降温，并在河畔下方利用凉爽的地下水降温。没有使用CFC冷冻剂。当地的区域供暖系统使顶棚也可采暖。

当外部空气在－12°C和28°C之间时，该建筑无需额外的供暖或降温能源。建筑维护的花费比普通建筑物稍高一点，但被更低廉的运营花费抵消。

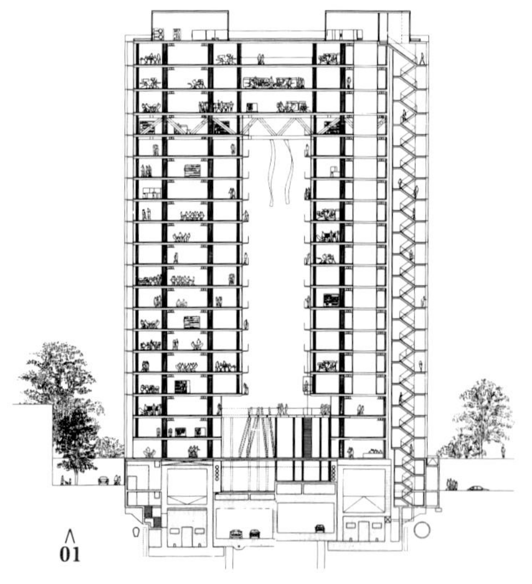

01

02>

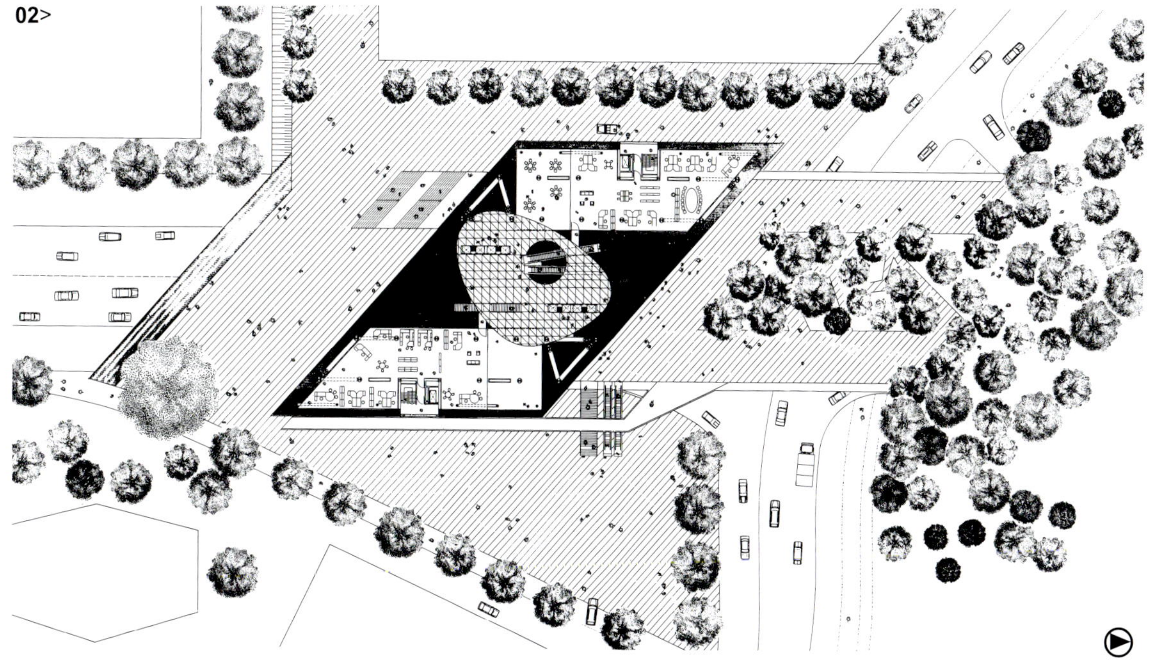

03

01> 剖面图。在一个繁忙的隧道入口建造的拱门建筑，由两个16层的塔楼组成，它们之间有一个很高的玻璃顶的中庭。上部塔楼由一个3层的桥连起来。

02> 总平面图。建设地点位于新莱茵河公园边缘的隧道上面。

03> 建设中的拱门建筑，将成为这个城市——杜塞尔多夫的新标志。

04

04> 立面细节。当户外温度在5～20℃之间时，每扇窗户上下连接处特殊设计的通风箱，保证了自然通风。并且也采用了环保的、利用地下水的吸附式空气调节系统。

05> 模型显示了两侧是办公塔楼的中庭。整个建筑包围在一个玻璃外壳中，办公室装双层玻璃。

06> 通风箱的构造图。电动的百叶窗最理想化地利用气候条件。外层玻璃壳与内部玻璃之间的空间作为一个温度和声音缓冲。

∧
05

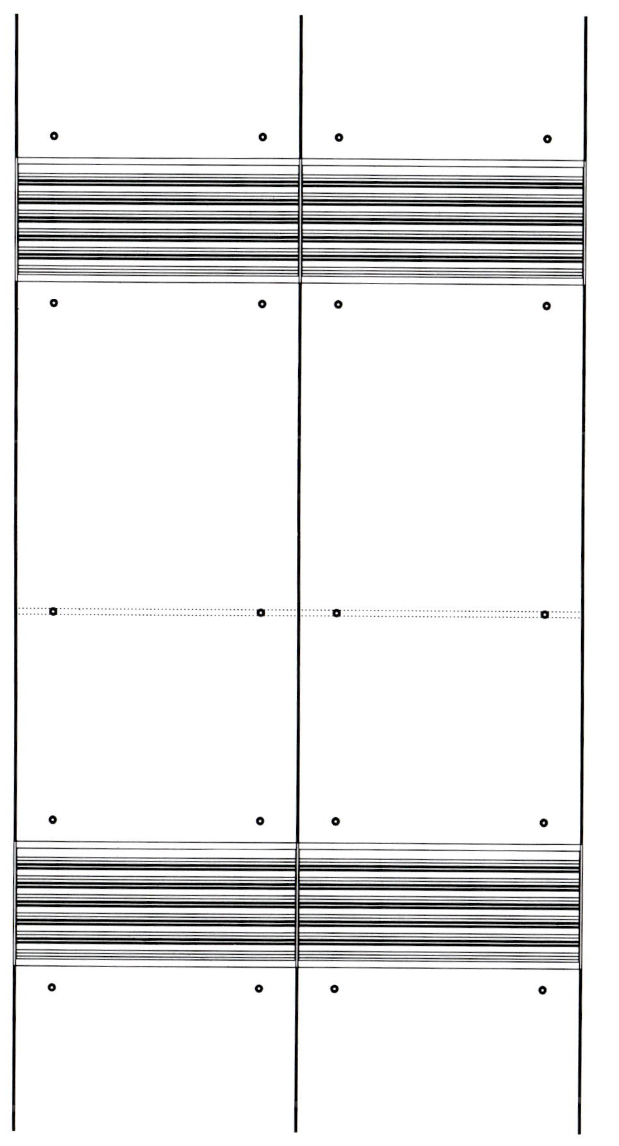

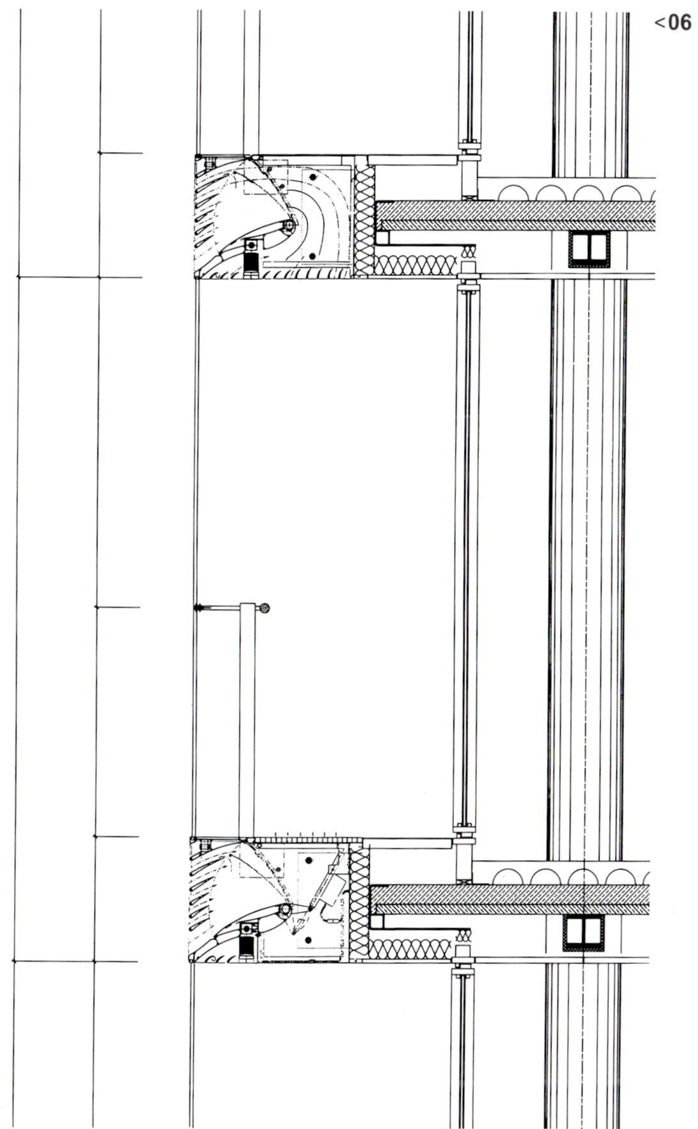

<06

建筑名称：
商业银行总部

客户／所有者：
商业银行
使用者：
商业银行
地点：
德国法兰克福
设计者：
福斯特与合伙人

完工日期：
1997年6月
总面积：
13万 m²
建筑成本：
2亿2千万英镑
气候区：
温和

建筑能源特性：

主要朝向：
多向
自然通风(总室内自然通风的百分比)：
100%（+A/C）
夜晚通风提供：
自然
建筑外围热传输：
N/S
建筑物大量热存储是否作为能源策略之一：
夜间自由制冷

太阳能控制系统：
活动的垂直百叶窗
光照（白天所需室内人工照明的净地面积的百分比）：
0%
人工照明是否采用节省能源的控制：
木料与运动探测器
其他：
——

HVAC系统：

燃料利用（%）：
N/S
锅炉类型：
热交换
供热系统：
水放射；外围供热

机械通风／空气调节类型：
最小化需求新鲜空气；顶棚降温
热回收：
在中心车间热回收；只需2～3次空气交换就能达到"顶棚降温"

能源性能：

总计（kW/h/m²/y）：
185
人工照明（kW/h/m²/y）：
16
制冷（kW/h/m²/y）：
115
机械通风（kW/h/m²/y）：
18

供热（kW/h/m²/y）：
36
总估计二氧化碳输出：
N/S

环境／健康因素：

用以减少包含能源和传输能源消耗的材料／组件选择策略：
N/S
利用可再生的材料：
没有
属于被控制使用资源的木料：
是

特殊水保存设备：
冷却塔的泥水用于厕所冲洗水
自然有机污水处理：
生活垃圾
鼓励公共运输工具的使用措施：
最小化停车场；市区

商业银行总部

德国，法兰克福

这个60层的塔楼，是位于法兰克福中心的新建商业银行总部的中心装饰品。高298m（977英尺），它是欧洲最高的建筑物，并声称是世界上第一个生态摩天办公楼。

塔楼的平面是一个等边三角形，边长60m（197英尺）。中央有一个中庭，弯曲的外沿可提供更多的办公空间。3个边角包括了电梯、楼梯和一些设施。为最佳化利用自然照明和通风，塔的边缘每隔8层有一个4层冬季花园。这些是以螺旋式的形式安排的，所以在任意一层的两端，均为一边是办公室一边是花园。除了可使所有面朝内部的办公室得到自然太阳光的照射外，花园也是员工吃饭和休息的场所。塔楼被垂直划分成5个12层的"村子"。

所有的窗户均能使用倾斜功能手动打开；每个窗子外面的窗格，上下均带有通风槽，可防风雨的侵入。或者当天气条件不允许使用自然通风时，全部窗子都可以通过中央控制关闭，代之以完全的空调系统。花园受到固定的玻璃外层的保护。中庭的作用是内部办公室的通风烟囱。间隔12层的玻璃隔层使上升的热空气通过花园被吸出到室外，同时防止过多的上升气流。

钢结构且每个拐角都有一对垂直支撑，支持着8层垂直构架，使得办公室和花园完全没有柱子。

建筑高度具有非常有意义的统计学影响，并且采用了数量极大的材料，这些材料含有高度的"潜在"能源。我们将深有启发地看到，创造一个有促进性的、有反响的办公空间和低能量消耗，能多少抵消不利的邻居关系和资源的匮乏。

01>

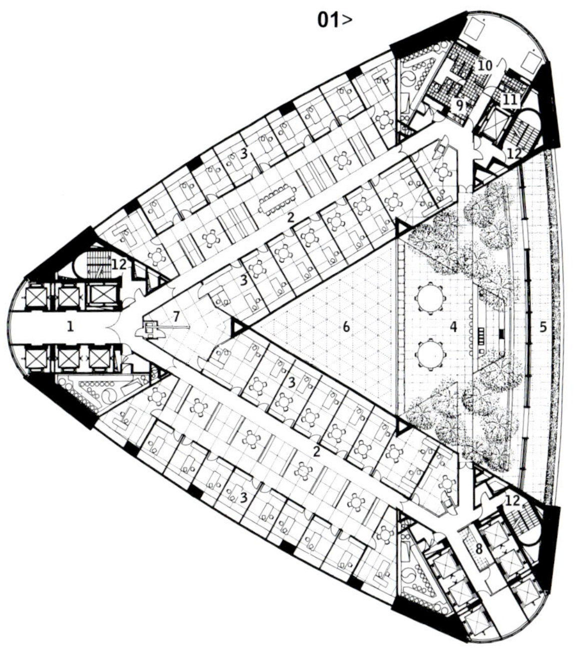

注释：

1 电梯
2 办公区
3 办公室
4 空中庭院
5 走廊
6 中庭
7 文件提升间
8 厨房
9 女洗手间
10 男洗手间
11 残疾人洗手间
12 防火楼梯

01> 标准层的平面图。在每层的三角中只有两边用作办公室，另外一边是冬天的花园，让光线能够进入建筑中心。电梯与服务区在角落里。

02> 塔楼的权威性高度和它不寻常的外形设计，冬季花园螺旋上升直到六十层，使它成为法兰克福的新标志。

^
02

<04

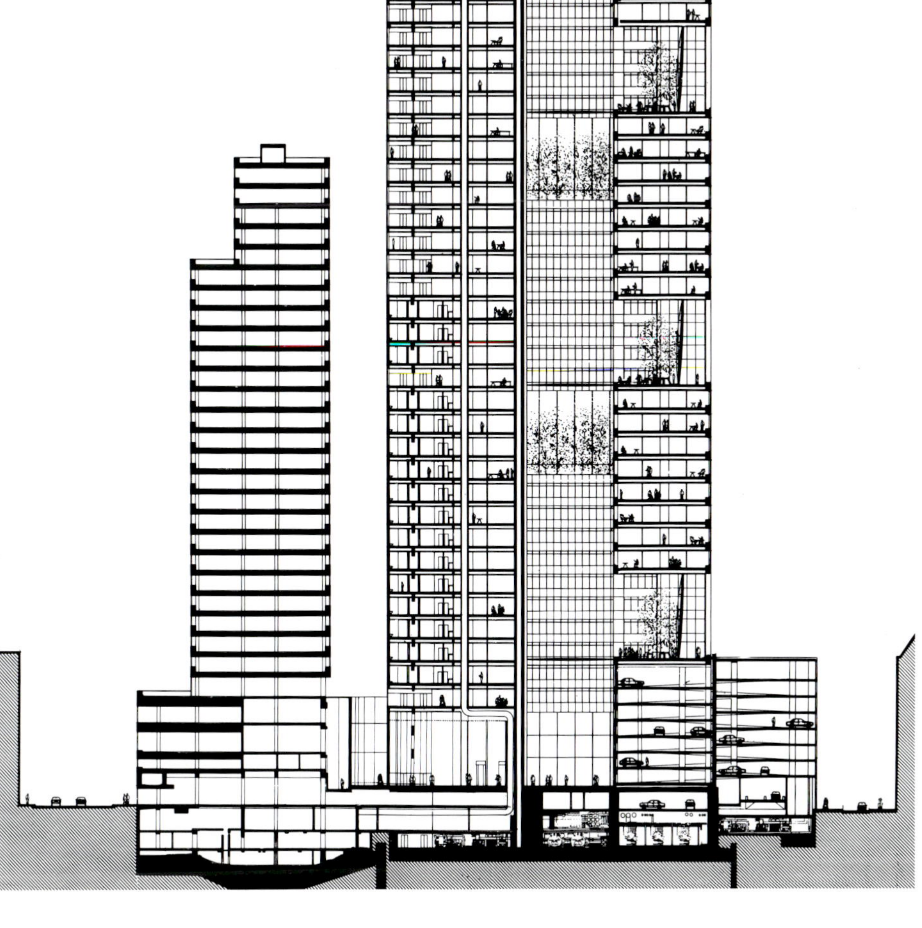

<03　　05>

03> 通过塔楼接待区的玻璃屋顶往上看。办公室有两层玻璃，而且所有的窗户都可以手动打开。

04> 冬天花园仅用一层玻璃，通往中庭。其间种植了各种植物，还有工作人员吃饭、休息的空间。

05> 塔楼的竖向剖面图。中庭由玻璃阻断，将建筑物分隔为5个12层的"村子"，每4层都有自己的冬天花园。

建筑名称：
梅纳瑞·马斯尼亚戈

客户／所有者： Mesiniaga Sdn.Bhd.	**完工日期：** 1992年8月
使用者： ——	**总面积：** 12346 m^2
地点： 马来西亚雪兰莪州	**建筑成本：** 590万英镑
设计者： T.R. Hamzah & Yeang	**气候区：** 亚热带

建筑能源特性：

主要朝向： 北、南、东	**太阳能控制系统：** 固定外部；太阳能控制玻璃；内部百叶窗
自然通风（总室内自然通风的百分比）： 10%	**光照（白天所需室内人工照明的净地面积的百分比）：** 30%
夜晚通风提供： 没有	**人工照明是否采用节省能源的控制：** 没有
建筑外围热传输： 标准	**其他：** ——
建筑物大量热存储是否作为能源策略之一： 没有	

HVAC 系统：

燃料利用（%）： 电力100%	**机械通风：** 辅助空间
锅炉类型： 没有	**空气调节类型：** 集中冷却水系统；植物AHU（CHW）；每层一个单元
供热系统： 没有	**热回收：** ——

能源性能：

总计（kW/h/m^2）： 0.062	**供热：** N/A
人工照明（kW/h/m^2）： 0.016	**总估计二氧化碳输出：** N/S
制冷（kW/h/m^2）： 0.038	
机械通风（kW/h/m^2）： 0.008	

环境／健康因素：

用以减少包含能源和传输能源消耗的材料／组件选择策略： 没有	**特殊水保存设备：** 没有
利用可再生的材料： 没有	**自然有机污水处理：** 没有
属于被控制使用资源的木料： 没有	**鼓励公共运输工具的使用措施：** 没有

梅纳瑞·马斯尼亚戈

马来西亚，雪兰莪州

梅纳瑞·马斯尼亚戈是一个电子和商业机器公司（IBM的马来西亚代理处）总部的大楼。外部和内部的设计特点是利用有关生物与气候学的方法建造一个低能量运作的建筑，最大程度地利用周围高度潮湿的热带气候。

最引人注目的设计特点是立面和空中庭院中的植物，从一个3层高的植物堆开始，沿着建筑表面螺旋上升。3层高的朝向建筑上部的凹进阳台，也种上了植物。这些中庭引导凉爽空气流穿过建筑的过渡空间，而植物提供了遮阳和充足的氧气。玻璃幕墙只用在南北两侧的墙面上以缓和太阳照射。全部面对炎热的东西面的窗户，外部都有铝制散热片和遮阳板。轻质的绿色玻璃完全不绝缘，作用是保护内部的通风过滤器。每层办公室都有阳台，也有推拉式落地玻璃门，来控制自然通风的范围（如果需要）。电梯间、楼梯间和卫生间都使用自然通风和自然光照射。电梯间无需增压防火。

屋顶阳台，带有钢铝构架的遮阳篷顶，同时起到为游泳池和弯曲的健身房屋顶遮阳和过滤光线的作用（也提供了未来安装太阳能电池的空间）。在内部，封闭的房间被布置在中央核心位置，而不是外围。这确保了良好的自然采光，以及便于观察位于外围的工作站。建筑的圆形平面意味着没有黑暗的角落。使用自动化系统的排列，通过设备和调节空气的植物来减少能量消耗。

这也许是杨经文在远东地区设计的塔楼系列中最为著名的一幢。他对每个塔楼的设计都试图面向环境和使用能源，尽管建筑形式和当地气候并不鼓励这种做法。

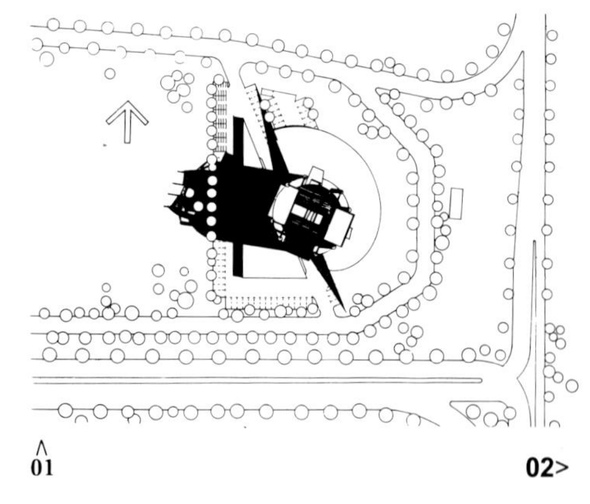

01> 总平面图。

02> 塔楼仰视图。遮阳板和空中庭院提供办公人员一个室外的空间。

<03

03> 主要入口大厅。

04> 示意图，显示环境特点。

05> 通过植被与攀爬植物将塔楼牢系在地面上

04>

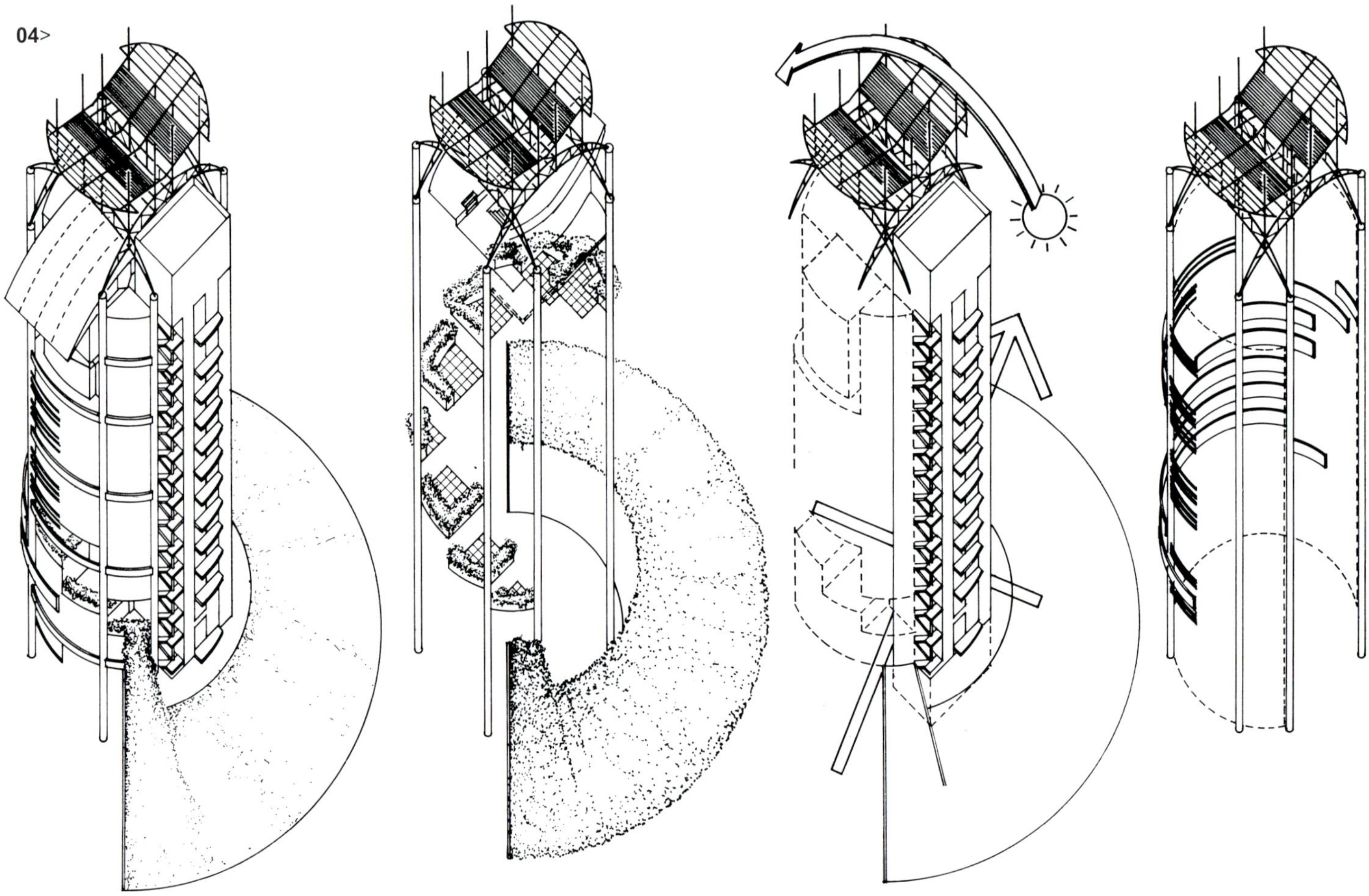

建筑形式

植被和空中庭院

采光路径

太阳能控制

< 05

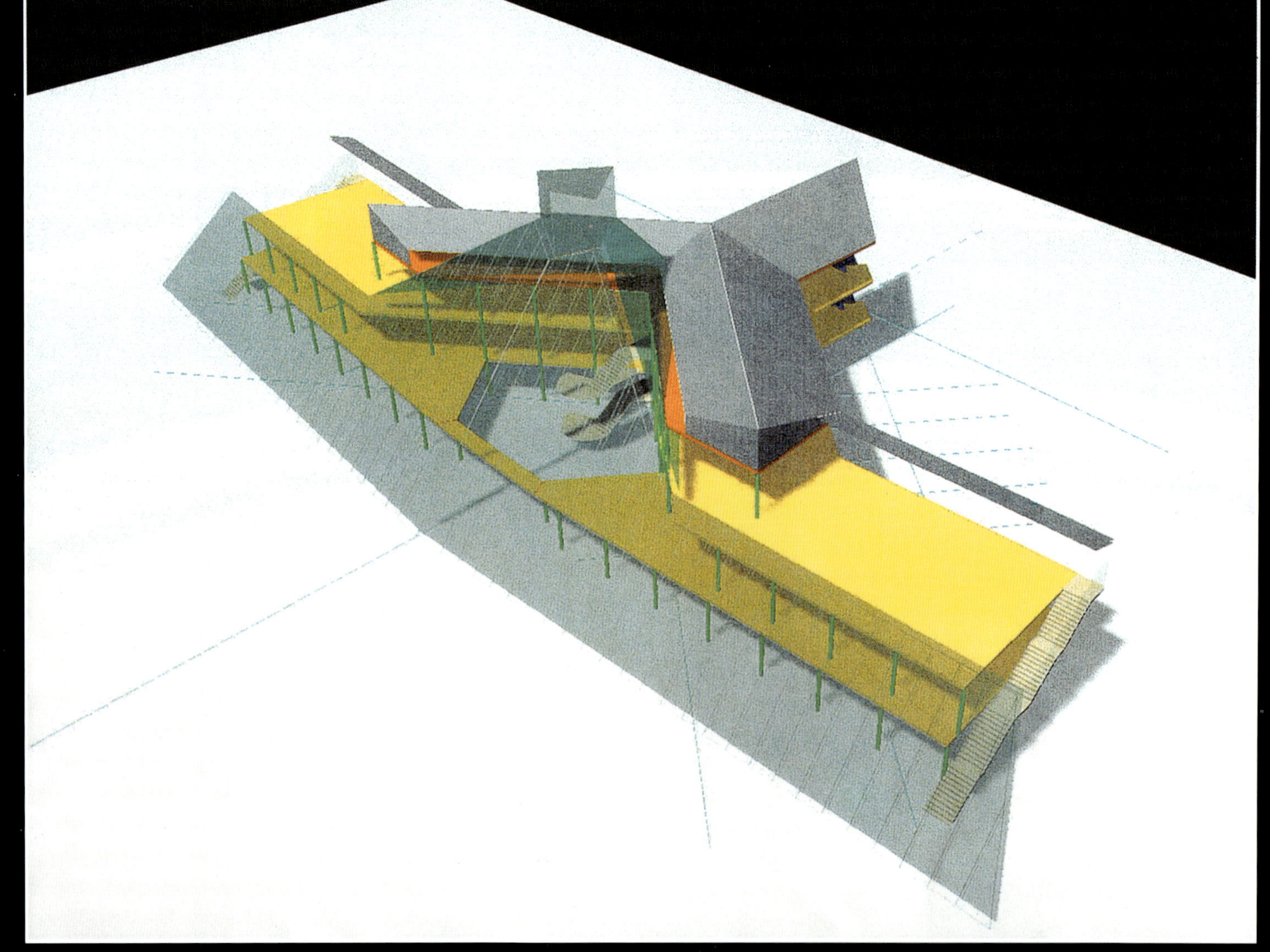

∧
01

01> 早期太阳能办公室示意图，英国桑德兰郡道克斯弗德国际商业公园

当回顾国家的、文化的或社会的健康发展时，评论员惯于强调其危险程度，用无非是些黑与白的术语来描述：事物的发展要么朝着有益的方向，要么就是有害的。通常边缘问题比他们精确描绘的事情更多地吸引读者的注意。然而，在我们的环境困境中，所有迹象却显示我们确实处在平衡的边缘。

慕尼黑再保险公司（世界最大的公司之一）收集的资料显示：由于气候原因而造成的损失在1990年与1996年间总共超过了200亿美元，已经是20世纪80年代的4倍。有数据表明二氧化碳——全球变暖的主要原因，在1996年又创新记录，大多数的气候学家指责这些对大气的污染。

当前的困境使我们回想起世界冷战时期，人类的存在与否决定于按动核导弹的大拇指。当今世界可能并不在这个边缘的平衡点上，但如果我们仍然照此以往，那么后果相信也是相同的。因此我们的选择，要么持续不负责任的行为，要么迅速改变我们的政治、经济与文化方式，使其成为可持续发展的状态。本书所涉及的可持续性是已建成的环境，在这方面正如我们已经看到的，争论在于称之为“倒退”还是“前进”。

《经济学家》的创刊编辑之一，作家爱德华·格史密斯有个著名的论点是：反对城市化进程。他引用了具有历史权威的亚里士多德的话：一个城市建设规模依据居住人口数量而定，能够舒适地在雅典生活的人口应该不超过51400人。相反，诺曼·福斯特也引用了先哲的观点，在早期的发展中，大多数的本土建筑在割裂的技术边缘（1996年，柏林召开的第4次欧洲建筑会议）；理查德·荣格指出：世界一半的人口都居住在城市，到2025年这一比例还将持续增加，这一数字表明要满足社区的社会需求，只能通过现代科技的发展［1995年，瑞斯演讲（Reith Lectures）］。

在以下两种情况下都存在真理与谬误。在文雅的田园生活者同盟的某些成员的观念中，似乎对于环太平洋、印度、南美各城市的可持续发展问题持悲观态度；然而他们彻底的自足和他们对自然环境的对抗性防御将持续发生变化。相反，激进派的观点是信任技术的力量能够解决复杂的社会问题，这种信任常常与人性化的、对环境敏感的设备要求相反。然而在诸如建筑综合能源产生、对气候条件能作出反应的建筑外围护结构与控制系统等方面没有技术革新的情况下，我们就根本没有机会根除建筑上的能源浪费。

在今后的几年中，环保压力与技术革新将分别加速变化的进行。实际上，有证据表明这已经正在发生了。当白色物质生产商拒绝了绿色和平组织的建议——制冷拒绝使用氯氟化碳，理由是消费者拒绝支付额外费用，绿色和平组织便将其放到市场中等待评判。相反，对生产商而言，期待的是供不应求，而且工业本身也遵循这一规律。如果是“宣传者”给传统行业排序，那么电子行业则正相反。主要的大企业，如BP、壳牌、西门子、三洋开发了光电产品作为计算机和空间技术的副产品，而且还进行实验性的营销，作为一种建筑综合的能源储备。但仅仅当绿色和平组织理解了光电产品的潜能之后，刊发了一个小册子并在其伦敦环境大楼的新部门作了模型，这样至少在英国人中逐渐开始了解其重要性。

前面章节中论述的工程项目不仅解释了注重联系自然的建筑的多样性，也反映了在保护能源和环境方面采取的措施的部署和解释方面正在增加的信心。直到最近，除一些显著的特例外，凡是围绕综合绿色议程设计的建筑，都显示了所有

02

原型产品的笨拙和做作。太阳能烟囱被过于狂热地炫耀，而捆绑的光电模块似乎是事后才产生的想法，对热量积聚的利用，导致了难以忍受的照明不足的空间；由于对“入时的”绿色材料和产品的细节重视不足，例如植被屋顶、细木料、太阳能吸热壁，以及可回收汽车轮胎（用于墙壁），使得建筑流于俗套。随着建筑师对生态气候设计的可信需求有更深的了解，这些都将被收入建筑设计策略的总体规划中。不用几年，建筑和生态气候特点的结合，将成为建筑师设计时惯于考虑的问题，就像要保证建筑的耸立一样。

虽然在这本书中，绿色建筑经常被建筑师提及，但它仍然对整个设计小组的角色有着深远的影响。常规的职业划分标准已无用。建筑从生态气候的角度来看，不得不被设想为具有一些交互式的要素，其中一些要素是相互支持的，而另一些是直接冲突的。必须作出一个判断以达到正确的平衡，在任何特殊的环境下都应达到最适宜的和谐。为作出这个判断，设计师、环境专家、物业工程师、结构工程师和（在英国的）数量调查员，都应彻底了解每个职业的工作，并能够跨越专业界限，而相互之间不应怀有敌意。

供暖、制冷和照明问题，再次与建筑的构造设计有关；同时也与工程有关；结构系统的发展与建筑立面设计的完整性有关；也与保证建筑不会倒塌有关；与建筑的财政投资和生存周期评估有关，通常涉及到有关人们生活质量和长期环境保护的判断，以及工程成本的计算。对这个问题的综合理解和看法（可能仅是一位团队成员的看法），对创造一个完整、敏感而值得注目的建筑来说都是基本的问题，也是一个衡量对可持续原则应用的问题。

本书的最后部分展望了未来，虽然不是很遥远的未来。这一章的重点放在生态气候建筑（不包括社会、政治或经济的影响，虽然在这些领域的变化也将影响到建筑的设计），在未来几年内将会或可能会发生什么。为了达到这个目的，我们将考虑3个建筑，这3个建筑目前正在制图阶段或正在建设中。它们代表了在3个不同环境内将生态气候因素考虑在内的建筑设计的研究成果：荒地、郊区和城市。

荒地

第一个工程项目是为Samye Ling藏传佛教社

03

团设计的静修之处。坐落在霍利岛，它是苏格兰东北海岸边一个小岛。此项委托设计是在一次国际建筑竞赛之后。安德鲁·赖特协会和他的包括各学科的咨询小组，也参加了竞赛，并最终被选为继续深入的方案设计。该中心是没有宗派和派别之分的，目的在于把宗教集中在一起。所有的参观者都将受到欢迎。

设计小组的目的是设计出一个复合社区，允许社团与该岛的居民和谐地生活在一起，并利用小岛的自然特点。这涉及到了解当地的气候、经济和文化，并把这些调查结果与Samye Ling社团的需求结合起来。该建筑建在Mullach Mori的低坡上，占地4.4 hm^2（0.9英亩），形成了优美的曲线，是两幢独立建筑的综合体，静修的男女宾

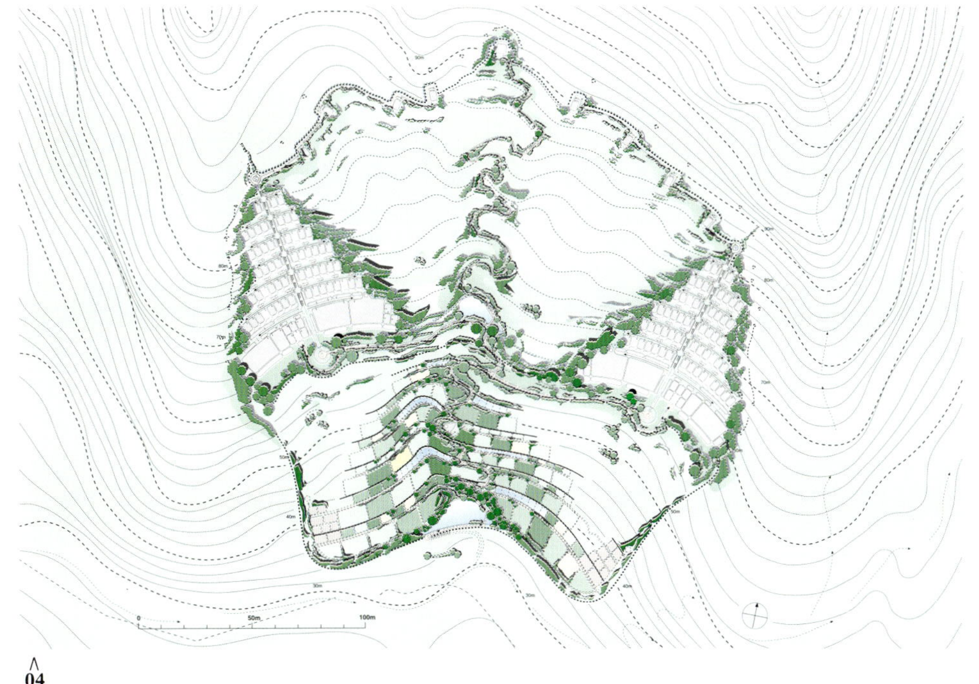

04

02> 霍利岛鸟瞰图，南向斜坡。

03> 竞标方案，总体效果。

04> 女宾在西，男宾在东的建筑群布局。梯田与园艺集中在建筑的下面。喇嘛的住所位于它们之上。

05> 建筑单元剖面图。所有的住所集中在朝南的一面，每个都有一个小小的温室用来取暖和隔热以保持温度。屋顶覆盖植被，但留有通风口和采光"铲"。

05

客各用一幢，两幢楼是连接的。建筑位于朝南的山脊上，以最大程度地利用阳光。住宿安排在梯田东西两面的半地下室，密集的农业和园艺占据了下方朝向中心的隐蔽的土地。喇嘛的房间在山坡的上部，俯瞰着社区。

发展的目标是把对现有环境的影响减至最小，并确保这种影响应是支持和促进该岛的地形、生态和岛上特征的。目标是社区在水、垃圾、食品和能源方面实现自给自足。水则来自雨水的流量并通过重力分配；废水利用芦苇层处理，并用来灌溉；作物、水果、蔬菜和其他产品将在梯田上耕种。

建筑隐藏在山坡中，其设计体现了最低程度的能源利用。通过制作模型和进行计算，表明其能源消耗约占国内在类似地点的典型综合建筑的32%。风动气轮机发电。此工程项目属于"理想的"社区规划的传统，埃比尼泽·霍华德在《明日的花园城市》（1902年）中，雷蒙德·安文在《城市规划实践》（1880年）中均提倡这种思路。它位于风景秀丽的荒地，在那里整体论的和理想化的策略是可行的，并且是重要的。它给这个主题带来的灵感、仔细的分析依据和含蓄的外观将使其成为其他社区发展的典范。

Samye Ling工程无疑将成功地达到其短期目标。但是，它更加长久的价值，可能成为未来全世界开发可持续性旅游度假区的典范。最近十年，旅游业的发展是显著的，目前在国际工业中仅次于军火和石油业，排名第三。由于盲目发展旅游已带来了巨大的损害，而它的自然属性使它倾向于把焦点放在全世界最吸引人的、历史上著名的和易损坏的地区。

目前建筑产业屈从于鼓吹可持续性者的压力，以达到赚钱的目的。需要作出更多的努力以治理现存的开发带来的损害。同时，海岸线、湖边、山谷和自然荒野都在遭受践踏，乡土地区也被利用，剥夺了应有的权利和边界。支撑着Samye Ling Retreat的可持续性原则需要应用到很多旅游业的发展中去。

城市郊区

第二项工程是在一个商业园中建的写字楼。20世纪70年代和80年代的商业园区现象相当于20世纪20～40年代的城市郊区现象。二者有着相同的目标：高度的便利和服务水平并同样位于城市的周边。二者都被断定有着好的公共交通以出入城市或往返于商业园；二者都依靠高度的个人流动性——到商场、办公室、访友和到真正的乡村去。

虽然商业园把所有的写字楼都圈成一个"房地产"，但是每幢建筑都是一个单独的实体，周围是停车场。参与设计这些办公楼的设计师必须依照规划和从已经建成的建筑派生出来的原则。这些包括有效地利用空间、划分的灵活性、服务的灵活性、结构的持久性以及威望感。建筑师也必须给建筑以充足的个性，便于使用者识别。除了对商业园办公建筑的规定要求，至少在一些目光长远的开发商眼里，已经发生了令人吃惊的创新。本书描述的大部分能量低消耗写字楼

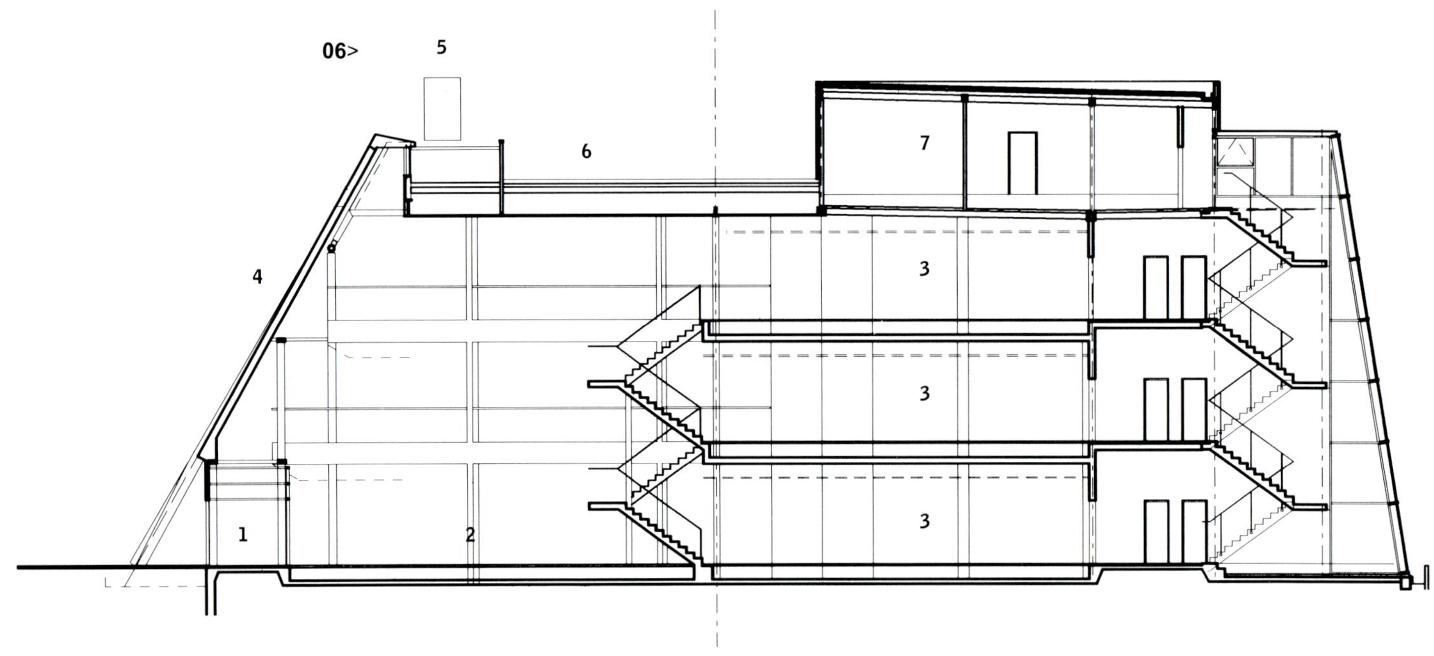

位于商业园区内。这些建筑的创新包括中庭的开发，这种空间并不符合办公空间的"总的"或者"净的"的面积分类，但在利用能源方面提供了一个自然的关注和潜在的节约（净的办公空间可以出租，而总建筑面积包括非租用空间和建筑结构占去的空间）。这些建筑也反映了在结构和建设过程中革新的合理化，以及在能源保存、环境保护和提供给住户健康幸福方面极大的优越性。

多克丝福德（Doxford）国际商业园的太阳写字楼，位于英格兰北部的迅德兰（Sunderland）附近，是由Akeler Developments PLC的建筑工作室设计的。在利用能量方面，是一次从建筑作为消费者到建筑作为消费者和提供者的飞跃，就像在第二章中提到的，如果要在建筑环境的可持续性的动力上产生任何实际的影响，就必须被总体应用。该项工程的目的是提供一个有特色的建筑，包括多用的和响应自然的办公空间，确保建筑对地球和当地环境产生最小的影响，用结构一体化的方法来产生其能量适当的比例。此建筑将是世界上第一个有关这方面的概念化研究。使用光电站直接将阳光转化成电能，光电站由许多小模块构成，每个模块又由光滑的平板玻璃中间夹着排

07 V

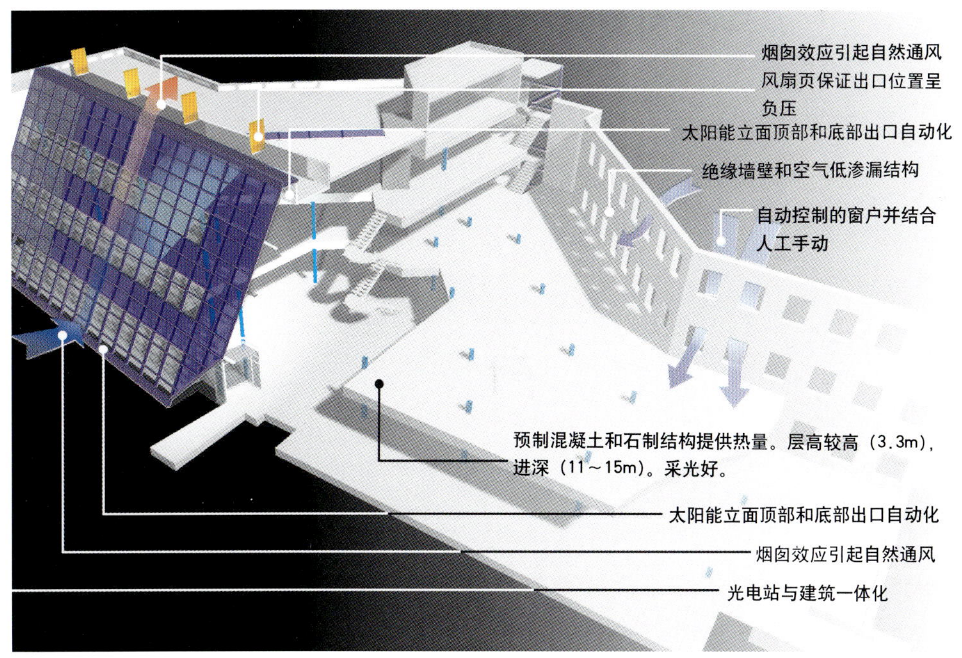

08

06> 剖过太阳能办公中心的剖面图：1主入口；2中庭；3办公空间；4太阳能面板；5风向板；6风槽；7工厂房间。

07> 办公室模型。右面是倾斜着的太阳能面板，顶部是风槽和风向板。

08> 立体剖切图。表明低能源特性的一体化——对电力需求的最小化——光电组在使用点上产生了大约1/3所需的电能。

09> 可计算的流动动态图（CFD）显示：每扇太阳能片的合成温度，基于来自典型夏季的气象数据，并且完全依赖于自然通风。

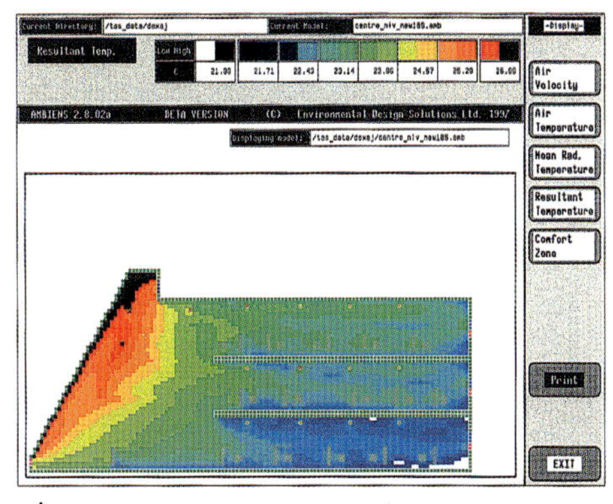

09

列好的PV单元组成。太阳能单元有碟子的大小，由一种非常薄的半导体材料层制成（通常是硅），在上下两面涂有混杂物（其他元素）。结果是，一面获得了负电荷，而另一面得到了正电荷。当太阳光照射到材料上时，电子由其辐射能被从一端推到另一端。这就产生了电压，然后在终端形成电流。

单元和模块都是以电线联接的，电就被储存在里面（或者以电池的形式，更普遍的是以建筑综合应用的模式），转化成交流电并连接到全国高压输电线网。这允许产生的任意过剩电力能够被其他建筑使用，当有短缺时，它可通过正常方法利用网络内的能量。电流的数量产生依赖于单元的效率、数目、相对于太阳的定位、温度和建筑收到的阳光的照射量。

PV模块是密封的并且是平的，这有助于它们自身在建筑表层内的结合。如果谨慎地设计，它们可以取代其他组件，例如玻璃、拱肩面板、太阳屏风、挡雨屏风和遮阳篷。然而，结合建筑的PV技术，仍处于稚嫩阶段。现在只有10%～15%的落到单元上的太阳能被转化为电能。远多于10%～15%的被反射到模块上，其余的被转化成热能。这意味着为了产生有用的电量，不得不采用大面积的PV。然而模块在某种程度上是非常昂贵。但是，不断增长的需求、大范围的补助和奖励、商业竞争，有望使其产生更大的效率并把价格降下去。

光电组合对建筑有同样的影响，就像升降电梯在19世纪中叶的影响。升降电梯的发明符合钢结构建筑的发展和在市中心房地产价值戏剧性的上升。这样的结果就是城市的摩天大楼。结合了光电、能量效率需求和环境敏感的建筑，远离市中心将产生一个完全不同的建筑类型。多克丝福德太阳能办公楼为我们提供了一种可能形式。

城市

然而，如果可持续性发展要在全球范围内充分实现，就必须在城市解决此类问题，这意味着按现有的模式工作是肆意挥霍的和有破坏性的。到目前为止，城市的可持续的典型在数量上很少，而且通常并不足以令人信服。第3个工程提供了一个生态气候建筑如何帮助城市进行改造的指示。它是内务部的一个职业培训中心，位于德国的北莱茵－威斯特法仑专区（Nordrhein－Westfalen）[Fortbildungsakademie]，设计者是Jourda和Perraudin，来自 HHS Planer ＋ Architekten BDA。

这个方案于1992年成功地在一个建筑竞赛中获胜。这是一个近代对巴克敏斯特·富勒（Buckminster－Fuller's）的方案在微观世界的再现，即用一个圆屋顶覆盖曼哈顿大部分区域，这样就可创造一个更宜人的当地气候、削减能量消耗和控制排气量。然而，设计的主张是一个包含为这个改造了的环境设计的新建筑和景观提供外围护，并设有覆盖现存的露天里的建筑。

建筑建在回收的公用场地周围环绕着旧建筑，自20世纪初，Herne－Sodingen 城已经发展

10>

了。封闭式的外壳将覆盖公园131000m²的区域，并将创造一个温和的、常年的微型气候，谨慎控制的自然通风、湿度调节、遮挡阳光和植被。就像位于多克丝福德的太阳能办公室，该建筑也将通过太阳能热量收集器和光电产品，为自身提供能量。

巨大的温室设计基于工业化的仓库技术，但是支撑结构大部分是包含能量低消耗的木结构。在这个新的生态环境中，两幢高耸的木建筑包括培训和膳宿设施。受保护的温和的气候意味着很多为普通气候设计的建筑要求，在这里可放松或完全不需要："建筑"不再需要遮风挡雨挡雪；隔热设备可以减少；可以使用太阳能控制；很大程度上可以不使用暖气。这个工程成功的关键将是自然空气流动提供有效的降温。有了这种自由，内部空间呈现的陈设特点，大于建筑的特点了。而内部建筑的外壳提供了声音和视线的私密性，同时也不得不竖立起来并保持垂直。很容易想到一个组装式的方法，把重量较轻的组件和服务单元组合起来，它们可以在需要的时候被相对简单地重新装配、交换和调整。诸如此类的建筑方案将是有机的。外面的壳，可以对自然作出回应，或者利用最新的技术系统，预见气候的转变，同时满足大批的能量需求。天然和人造、内部和外部的差异将被内在的秘密性、组合和维护的程度所代替。

^
11

很多评论家指出，谈到可持续性就谈到了城市，也就是在城市的形式、结构和社会方面朝着可持续性要求的方向变化。随着一个单体建筑的设计，这个转变不得不应付两个亟待解决的问题：改变消费习惯和提供本地化的无污染动力。改变消费习惯的努力和日常的不可再生资源的支出，通常因为陷入"鸡和蛋"的争论而失败。这3个例子解释了这种现象。首先，有必要减少公路上的私人轿车的数量。这是不必要的能量消耗，私人运输恶化了大气污染，从而危害人们的健康。由于在很多国家公共交通不够便捷，投资不足，人们没有理由把他们的汽车弃置家中。结

10> 培训中心首层平面图。

11> 封闭的建筑模型的一角，有巨大的木结构和阴影。

12> 培训中心模型。外部封闭的建筑内部空间，左边是图书馆。

12

果是，要求得到的更好服务是缺乏热情的，政府投资公共交通的压力也是不足的。其次，现代的人们依赖空调，拥有空调的大部分建筑事实上已经破坏了防止空气污染的努力。

第3个例子是有关食品供应的。住在城市的居民所需的很多食品会绕过地球的一半空运到。由于城市居民被说服反季节的、标准化的食物是他们日常所吃食物的重要部分；并且由于有利农业利润的得力政策，使得城市很少鼓励发展当地食品生产，或说服它们的市民这样做。为了转化这些恶性循环为良性循环，持续不变的普通民众的压力和政治行动都是必须的。另外，需要说服公司，变化会带来长期的商业利益。到目前为止，这些努力还是孤立的。考虑到能量提供问题，布鲁斯·安德森（《太阳能建筑学》（Solar Building Architecture，1990年）一书中和帝恩·哈克曾指出，在全世界主要人口的密集中心，建筑物表面接受的周围能量多倍于它们在自身处理和运作过程中消耗的能量。荒谬的是，甚至是最有效的"太阳能"建筑也只利用了很小片断，而很多建筑消耗了释放的能量以抵消它。相应地，现代城市因为辽阔的能量腹地和世界范围的基础才可以维持。如果技术转变可以实现，允许落在所有这些建筑上的能量都可以被有效地转化，那么这点就是可行的——即建筑和城市，能够成为纯粹的能量产生者，而不是肆意挥霍的消费者。持续的腹地和基础的复杂框架崩溃，被新的自给自足和可持续性的秩序取代。这种转化对城市来讲意义重大，就像是从一个保护防卫的地方转变为一个商业文化的城市。

这些变化的规则是粗略得过于简单了，但如果要带来变化，就是要达到简单明了的目的。有无数的例证证明，精心建起来的可持续性建筑由于短期政治或商业利益而被反对。如果涉及的规章碰巧与财政部的要求相符，政客将高兴地支持绿色理念，但是当这些同样的理念与他们的再次当选计划冲突时，他们则保持明显的沉默。如果通往可持续性发展的道路被政府杠杆的倾斜所迷惑，那么建筑师、工程师、设计师、建筑工人和商人又有什么区别呢？事实是，最终只有他们自己能够区分。我们的人造环境是这些组合的梦想和工艺的产物，他们通过感知社会，设计建筑、工艺技术和了解商业来推动和诠释社会的理想和本质，并把它们变为现实。

当环境的灾难袭来时，当工业加工威胁生命或健康时，通常是创造力或预见力失败的信号，而不是一种预谋的举动或政治的分析。从这一观点来看，对设计者来讲，有着明显的机会来组织并动员"绿色观念"。利用良好的判断尺度来减少能量损耗是有意义的，保护环境和促进健康，同时鼓励创新和试验，并把这些结果发展成为技术支柱，激励我们对地球上的自然环境作出本能的回应。

附录：如何在全世界范围内有效利用能源创造舒适生活

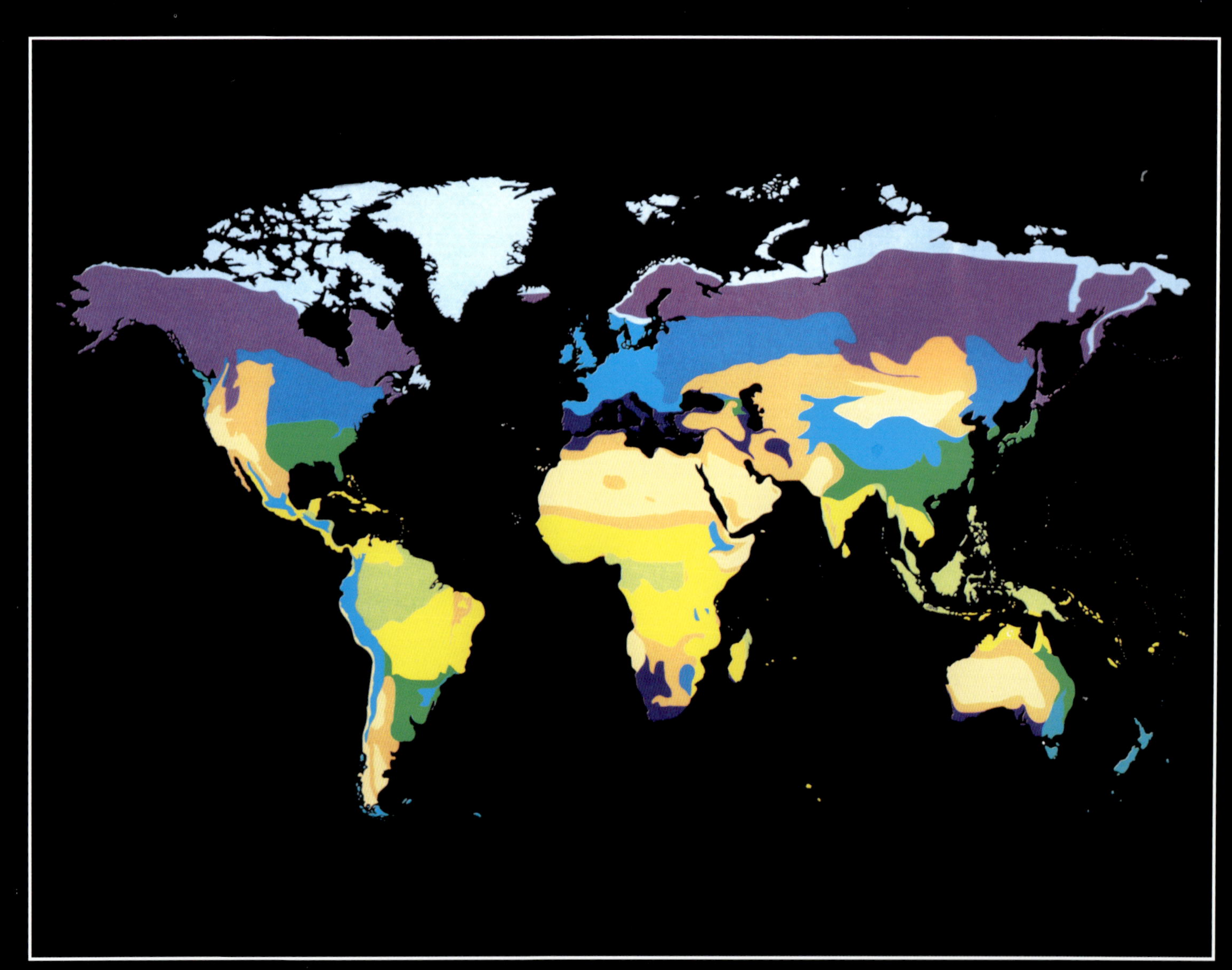

注释：

	冰层		亚热带
	冻土		热带
	丘陵		热带草原
	大陆性		温带草原
	温带		沙漠
	地中海式		

在全球范围内提供舒适建筑的策略，将会依照不同的气候类型广泛地变化。最明显的是温度带来的不同：寒冷的气候需要一系列与取暖有关的措施，而热带地区则需要另一些。然而，温度的阶梯性决定其他一些要素，而这些要素将决定建筑的结构类型、方位和布局之类型的因素。这包括湿度、降雨量、风、渗透性、规模、通风和照明。

除了世界上那些非常极端的气候区外，"被动式"舒适措施——也就是那些使用自然力而不是借助于机械和电子系统——如果能够有效地组合，就能产生相当可观的舒适条件。一有可能，我总是会首先提倡好的生态气候建筑的这些措施，并尽可能多地从中吸取它们的益处。一旦一个被动式的措施被描述，就有一些"主动"措施被要求提高和改进，于是一年内每日每夜的合理舒适能被建立起来了。主动的策略包括利用风扇帮助自然风流动；当被动系统不适当时帮助降温，在相反条件下加热；以及人工采光。

除上述措施外，还需要在有效利用能源方面提供舒适的措施，这些通常在建设中影响能源的消耗，而不管在哪种气候带下。它们包括潜在的、灰色的和导出的能源，可回收的能源产出以及有效的对能源系统的管理。这些问题在第二章中得到了详细的论述。

接下来的图表将提供一个有关不同措施重要性的总的看法——被动和主动——与11个不同的气候带有关。这些可以在相邻的地图上看出。显然，这只提供了一般性的指导。其中任何一个地区的项目都需要仔细分析，实施策略应满足自身的特殊需求和当地的发展。然而，本图还是显示了在策略和地域之间一个清晰的能源类型模式。

全球能源节约措施

重要性为0~7或者从浅蓝色到鲜红色区域。

接受式享受舒适环境的措施	主动创造舒适环境的措施	冰层	冻土	丘陵	大陆性	温带	地中海式	亚热带	热带	热带草原	温带草原	沙漠
自然通风		0	0	1	4	6	6	7	7	7	7	7
	机械式通风	5	5	3	3	3	4	5	6	6	6	6
夜晚通风		0	1	2	3	5	6	7	7	7	7	7
	人工降温	0	0	0	1	1	3	5	5	5	5	6
蒸发制冷		0	0	0	1	2	3	2	2	5	6	7
	自然降温	0	0	0	4	3	5	6	6	7	7	7
大型建筑		3	4	4	6	5	6	2	2	3	5	6
小型建筑		3	3	2	2	3	3	5	5	6	4	4
	人工供暖	7	7	7	7	6	4	0	0	2	4	1
太阳能供暖		2	3	6	6	7	6	0	0	2	3	0
	自然供暖	7	7	7	6	6	5	0	0	0	3	0
伴随性供暖		6	6	6	5	5	4	0	0	1	2	0
绝缘／透气性		7	7	7	7	6	5	0	0	1	3	4
太阳能控制／遮阳		0	1	3	4	5	6	6	6	6	7	7
	白天的人工照明	6	6	4	4	4	3	3	3	2	2	2
日照		6	6	6	6	6	6	5	5	5	4	4

0 不重要　　7 很重要

无论建筑位于何处，能源的有效利用是不变的

潜在能源、灰色能源和导出能源　　创造舒适的管理　　能源的产生

气候带

冰层>常年低于零摄氏度。半年多的时间里只有很少的阳光。大量的降水是以雪的方式落下的。冰和压实的雪是仅有的大量的建筑原材料。

冻土带>半年低于零摄氏度。夏季温暖。全年降水。风大。传统的居民携带由木结构、编织物或兽皮面组成的可拆卸的建筑，处于半游牧状态。

丘陵地带>具有极端的气候条件。长而寒冷的、降雪量大的冬季，并且有雪崩的危险。同时有凉爽的、温暖的、阳光充足的夏季。冬季寒冷并且天气变化突然。位置和方向是主要的设计因素。石头和木材是常见的建筑材料，使建筑物坚固而持久。

大陆性>具有极端的气候条件。长而寒冷的冬季，长而炎热的夏季。春季和秋季是简短的过渡气候。常年降水。风大。传统的建筑物被建造为在冬季能保持温暖，夏季能更多地在户外度过。

温带>这些地区的天气明显地受附近海洋良好的影响。尽管近些年来经历了极大的变化，它们仍然表现为温暖、潮湿的冬季和温暖潮湿的夏季。这些地区通常人口密集。建筑物用到了各种材料。传统建筑与当地的地理和植被的变化一致。

地中海式>该地区是最接近人们居住生活环境的理想气候。可是建筑必须能在高温的夏季减轻酷热。虽然建筑材料丰富，但是由于高导热性，石头、木材和编织物更适合建筑，攀缘植物和树木基于自身的性能为建筑提供荫凉。

亚热带>温度从来没有低过零度，并且气候通常全年适宜。然而，夏季炎热潮湿。旋风和飓风是独特的危险。全年降雨量高。传统建筑设计为在烦躁的夏季能使人舒适。通常为小型结构并有良好的通风，但是，在飓风地区必须具有良好的抗风结构。

热带>全年炎热潮湿，降水量极大。明显的雨林生态气候。建筑材料丰富，特别是木材和茅草。建筑物必须能有效地遮雨并尽快干燥。最好能自然通风。

热带草原>在这些地区，温度相当稳定，全年在20～30℃之间。降水量变化较大，经常涉及两个明显的季节。这些地区的建筑继承了先辈的设计，使其受气候的影响最小：遮挡太阳，保持自然通风。

温带草原>这些地区夏季炎热，冬季寒冷并且降水量非常小。在很多地区，有典型的季风使建筑内部凉爽。但是如果风是暖的，那么降温的优点将消失殆尽。建筑物需要隔离尘土、风沙和太阳。在这些地区，密实的土通常是基本建筑材料。

沙漠>这些地区由于夏季的高温并不适合居住。然而，晚上的温度非常凉爽，在高海拔地区温度可低到零点。降水量可以忽略不计，水来自地下蓄水层。传统的居民是游牧民族，但是在埃及和沙特阿拉伯等国家，人口的增长要求有永久的沙漠居民，就需要有相当多的资源可使人居住。

被动式舒适措施

降温

自然通风>建筑的通风和降温，利用自然的空气对流并利用气压和温差促使空气流动。策略包括单面通风、穿堂风和烟囱拔风。这些方法可以通过限制进深和增加层高来实现。

夜晚通风>被动降温的一个重要方面是：天气热，但是夜晚比白天凉爽。用在高大的大型建筑中，并且夜晚的空气允许穿过建筑裸露的部分（例如水泥板、砖石墙）时，夜晚通风的优点是最可行的。在持续的炎热天气下，当夜晚变热时，降温循环效果减弱。

蒸发降温>当空气（不必是冷空气）吹过人的身体引起汗水和水分的蒸发时，会感觉凉爽。炎热、干燥的空气吹过水面和潮湿的地面时吸收湿气也会有凉爽的感觉。

热存储

大型建筑>墙壁、楼板、屋顶等不变的建筑结构元素用于日常的吸收热量，保持热量和释放热量，但是这种循环滞后于空气温度的变化。典型的例子就是建筑物在白天吸收热量，而在凉爽的夜晚释放热量。这种现象用于夜晚通风最有效。

小型建筑>使用结构元素的地方要注意它们缺乏保持热量的基础，既使热量集中也没什么用处。小型建筑物通常有良好的自然通风和大量的开放式建筑设备。

供暖

太阳能供暖>利用太阳能为建筑物内部供暖，或者辅助供暖。提高太阳能供暖效率有两种途径，一是：仔细调整好朝向。二是：确保在其完全转化为能源并且在没有损失之前就已经进入建筑。

伴随性供暖>热量的产生由于在建筑内部或者其表面发生运动或加工行为（比如光电装置）。这种伴随性能量如果能够有效利用的话，也能为建筑物供暖。

绝缘／透气性>高度绝缘的建筑使得其内部温度与外面的温度不同，或凉爽或温暖，而且这一差异会比绝缘性欠佳的建筑保持更长的时间，实际上也是说其空气泄漏度最低。高度绝缘与密封性由此变得重要，在内部空气温度随着外面温度变化的地方则尤为重要。

太阳能控制／遮阳>在温度可能过热的情形下，为建筑内部空间遮挡部分阳光是很必要的。有两种方法，一是在太阳射线击中建筑材料之前，二是在还没有使建筑或其内部温度升高之前，热就被遮阳设备所吸收，之后散失掉。

日光>在为建筑物照明方面，从质量与数量上看，日光应该说超过其他任何自然力的作用效果。在世界的任何一所建筑的内部都需要适当的自然光，方式上则随着地区的不同而不同。

主动式舒适措施

降温

机械式通风>机械设备，如风扇和管道系统产生适当的通风效果。尽可能增大自然空气的流动量是最有效的。当偶然性的空气流向与我们期望的空气流向相反时，风扇能够发挥削弱它的作用。

人工降温>空气降温或直接或间接地需要浓缩或蒸发系统来完成。在最小限度地影响周围环境的前提下，要满足经济性及达到降温效果，效率、控制、配置与维护成为这个系统的关键。

自然降温>天然凉爽的场所，比如湖泊、海洋或者地下蓄水层，如果有机会利用它们则有助于为建筑物内部提供凉爽。通常需要采用水泵与一个热交换设备，因此需要辅助的机械系统。

供暖

人工供暖与热回收>辅助的供暖可以广泛采用辐射或传导（导热、电）系统。设计上增加对太阳能的采集与随之而来的热能的取得。同降温一样，在最小程度地影响周围环境的前提下，要满足经济性及达到供暖效果，效率、控制、配置与维护成为这个系统的关键。如果不储存热量的话，取得的热将会从建筑物散失。

自然供暖>在世界的某些地区（特别是冰带地区），充分利用地热资源来加热水和使建筑物内部温暖，在此，机械系统在分配与控制热资源之时起到相当的作用。

白天的人工照明>白天的照明系统主要是为了增加光照，应用于房屋纵深大、内部空间大，因而日光不可能完全照顾到所有区域，以及在冬季白天比较短的情形。为提供有效的能源利用设备，照明系统的效率、控制、光源的配置与管理成为关键。

无论在地球的哪个角落，都应该坚持采用有效的能源利用措施

潜在、灰色与导出能源>在原材料、部件与系统的制造过程中，在它们的运送与传输中，在建筑物的建造中，都应该节俭地利用能源，不管该建筑位于何处。

创造舒适的管理>一座复杂建筑的舒适化系统的管理，中央与局部管理的分离，以及对系统的控制将不仅仅影响建筑的运行性能，而且影响到使用者的对它的认同，他们的感觉也是建筑的一部分，以及建筑传达舒适感觉的方式。

能量的产生>不管建筑在什么地点，能量采用可再生的本地资源——涡轮、光电与生物电等，将会使温室效应达到最小化，当然不同的地区应采用不同的可再生系统。

词汇表

Acid Rain>The removal (or 'washing out') of oxides of sulphur and nitrogen from the atmosphere by precipitation (rain, snow, hail, etc). Such oxides are produced in the combustion of coal and petroleum-derived fuels. The presence of these compounds dissolved in precipitation causes an increase in acidity, which may prove harmful to terrestrial flora and fauna. These compounds may also be particulates, and can fall to earth in the absence of precipitation.

Adiabatic>Of a thermodynamic process taking place without loss or gain of heat.

Air Curtain>A zone of high air movement generated by fan power and used at the openings to a building to contain internal comfort temperatures without the need for physical barriers.

Air Cycle Refrigeration>A system of providing cooling using air as a refrigerant.

Argon>An inert, colourless and odourless gas used in sealed double glazing to improve its ability to insulate.

Berm>A narrow path or ledge at the edge of a slope, road or canal, but now often used to describe a man-made embankment.

Bioclimatic>Describes an approach to building design which is inspired by nature and which applies a sustained logic to every aspect of a project, focused on optimizing and using the environment. The logic covers conditions of setting, economy, construction, building management and individual health and well-being, in addition to building physics.

Bio-degradable>Refers to a substance's ability to be broken down into harmless products by processes and organisms in the environment.

Biomass>The total amount of living organisms in a given area, expressed in terms of living or dry weight per unit area, but here used to describe a source of energy fuel.

Blinding>Material laid on top of hardcore to form a base for casting a concrete ground slab.

BRECSU (Building Research Energy Conservation Support Unit)>Part of the BRE (Building Research Establishment). Its main role is the management of technology transfer programmes in energy efficiency. It is involved in the Department of the Environment's Best Practice Programme, and the THERMIE Programme for the Commission of the European Communities.

Carbon Dioxide>A colourless, odourless, incombustible gas present in the atmosphere and formed during respiration, the decomposition and combustion of organic compounds (including fossil fuels) and the reaction of acids with carbonates. The major contributor to 'greenhouse' effect.

CFC (Chlorofluorocarbon)>This family of substances is widely used as refrigerants, aerosol propellants, coolants, sterilants, solvents, and in the production of foam insulation. CFCs are persistent in the atmosphere and are known to cause ozone depletion and global warming, some CFCs being over 10,000 times more damaging than carbon dioxide in respect of global warming. CFCs are now being phased out under the Montreal Protocol, and alternatives are being sought. An EU Regulation required the consumption and production of CFCs to cease by 01.01.95.

Co-generation Plant>Plant which generates both electricity and heat, the heat being utilized to help warm the hot water supply and/or internal spaces.

Composite>A material whose performance derives from the integral combination of two or more materials, for example reinforced concrete; in manufacturing industry the term specifically describes reinforced plastics and carbon fibre.

Condensing Boiler>A very high-efficiency boiler (efficiencies of 90 per cent compared to 80–85 per cent for conventional boilers) which uses residual heat of the combustion gases in the flue to heat water in a secondary heat exchanger. This causes the water vapour in the flue gases to condense. The condensate then has to be drained from the boiler.

Curtain Wall>A non-load-bearing wall placed as a weather-proof membrane round a structure, and usually made of glass and metal.

Damper>A mechanism for adjusting or closing down air flow in a ventilation duct or other air passage.

Displacement Ventilation>A ventilation system installed in a building whereby fresh, cool air is introduced at low level, usually through the floor, forcing the 'old' warm out of the space at high level. The air can be artificially cooled or heated, and filtered or humidified in the same manner as other air-conditioning systems.

Embodied Energy>The energy consumed in the manufacture of building materials, components and systems.

Entropy>A thermodynamic quantity that changes in a reversible process by an amount equal to the heat absorbed or emitted, divided by the thermodynamic temperature.

Fossil Fuel>Any naturally occurring carbon or hydrocarbon fuel, such as coal, petroleum, peat and natural gas, formed by the decomposition of prehistoric organisms.

Greenhouse Effect>The process in which carbon dioxide and other gases build up in the atmosphere and trap more of the sun's heat, thus leading to changes in climate.

The Grid (Electrical)>An integrated system of electricity distribution, usually covering a large area.

Global Warming>The surface temperature of the Earth is regulated by the presence of greenhouse gases in the atmosphere that trap long-wave solar radiation reflected from the Earth's surface. The main naturally produced greenhouse gases are carbon dioxide (CO_2) and methane (CH_4). The greenhouse effect is a totally natural phenomenon. The burning of fossil fuels releases carbon dioxide into the atmosphere which, along with emissions of other greenhouse gases such as CFCs, nitrous oxide (N_2O), tropospheric ozone, and methane, has caused an increase in the amount of solar radiation retained in the atmosphere. Global temperature has risen by half a degree Celsius in the last century. Climate models predict temperature rises from 1.5 to 4.5 degrees by 2050. Effects of global warming include sea-level rises and droughts, either of which could have severe consequences for the world's food production.

Halon>Halons contain bromide, which is ozone-depleting. They have been used extensively in fire-protection systems, but are now a subject of the Montreal Protocol and an EU Regulation. Substitute products and systems are being developed and marketed. Consumption and production of Halon within the EU ceased on 01.01.94. In future, only recycled Halon will be available and in decreasing quantities.

HCFC (Hydrochlorofluorocarbon)>A family of compounds used as refrigerants in place of CFCs. Their ozone depletion potential is up to two orders of magnitude below that of the CFCs. HCFCs are also less potent greenhouse gases than both the CFCs and HFCs, but are still hundreds of times more damaging than carbon dioxide. An EU Regulation requires consumption and production to cease within the EU by 2015, but their use will be increasingly restricted and the phase-out date is likely to be brought forward.

HFC (Hydrofluorocarbon)>Refrigerants which have been used to replace CFCs, as they have zero ozone-depleting potential due to the absence of chlorine in their structures. They are less damaging than CFCs in terms of global warming, but are hundreds to thousands of times more damaging than carbon dioxide. There are also fears that these compounds can break down in the troposphere to produce toxic compounds.

Heat Reclaim>The transference of heat from hot air (or other medium) going to waste to heat the fresh air (or other medium) being introduced by the building.

HVAC System>Heating, ventilation and air-conditioning systems.

Kilowatt-hour (kW/h)>One thousand watts acting over a period of one hour. The kW/h is a unit of energy. 1 kW/h = 3600kJ.

Low Emissivity (Low E) Glazing>Glass treated with a special coating to increase its insulating properties.

Montreal Protocol>This protocol, entitled 'The agreement on substances which deplete the ozone layer' was signed in September 1987 by 60 governments. It aimed initially to reduce CFC consumption by 50 per cent before 2000, but introduced periodic revisions on the basis of new scientific predictions. It was subsequently agreed to bring to zero the consumption of CFCs, Halons and carbon tetrachloride by the year 2000.

Mushrabeyeh>Screens found in Islamic countries in the Middle East and made of small, turned, geometrically interconnected pieces of wood formed around upper-level windows.

NOx>A term used to include nitric oxide (NO) and nitrogen dioxide (NO_2). Anthropogenic emissions of NOx are greatly exceeded by natural emissions, but tend to be more concentrated. NOx arises from fossil fuel combustion, including motor vehicles, and causes a number of respiratory problems. NOx can also cause acidic deposition.

Ozone Depletion>The layer of ozone gas in the stratosphere protects the earth's inhabitants from the harmful effects of ultra-violet (UV) radiation, exposure to which is known to increase the incidence of certain types of skin cancer, to cause cataracts and to suppress the immune system. The presence of ozone-depleting gases, such as CFCs and Halons, in the atmosphere has caused destruction of this layer to such an extent that a hole in the ozone layer over Antarctica was discovered in 1984. The Montreal Protocol aims at reducing the consumption of CFCs and Halons.

Peak Watts (Wp)>The amount of power produced by a photovoltaic cell or module in nominal irradiation conditions.

Permaculture>Or 'Permanent Agriculture': the concept of a self-supporting system of agriculture whereby the organization of plants and animals enables continued recycling of nutrients and energy within the system, which is ultimately sustained by input of solar energy. It is possible to remove organisms from the system for human use, but this must be sustainably managed in order to prevent the system from collapsing.

Photovoltaic (PV) Array>An interconnected system of photovoltaic panels that functions as a single electricity-producing unit.

Photovoltaic (PV) Cell>The semi-conductor element within a PV module which instantaneously converts light into electrical energy (DC voltage and current).

Photovoltaic (PV) Module>A panel comprising an assembly of PV cells wired together and usually laminated between two rigid layers of material – the outer one usually a sheet of glass – delivering a known electrical output at 'peak' conditions.

Recycling>The conversion of waste material or substance into a usable form. This is distinct from re-using, where no treatment is required. There are two types of recycling, open- and closed-loop. In the former waste is recycled a finite number of times before ultimately being disposed of; in the latter recycling is continuous. Recycling of paper and plastic is generally open-loop, as the quality of the material deteriorates, but scrap steel can be recycled in a closed-loop, as the grade of steel produced from scrap is as high as the original. There are sometimes financial benefits in recycling a material which cannot directly be reused, and environmental benefits include a reduction in the volume of waste produced, and possible conservation of embodied energy.

Reed Bed>A system of waste-water treatment which utilizes a number of gravel-based beds planted with certain species of reeds which live off the contaminants present in the water. After large solids have been removed, waste water is piped into the reed beds, which are usually arranged in a cascade system. Reed beds can be used for both domestic and some industrial applications, but the latter use may be restricted by the amount of space needed.

Renewable Energy>Renewable energy sources include solar heating (active and passive) and electricity generation, hydro power, wind power, tidal electricity generation, geothermal heating, and the use of biofuels such as RDF, wood and farm waste. In 1992 2.5 million tonnes of oil equivalent was provided by renewable energy sources, with the majority (67 per cent) coming from large-scale hydro schemes. Favourable prices for renewable energy sources are obtained through the Non Fossil Fuel Obligation (NFFO). In 1992 64 per cent of renewable energy projects were contained within this scheme, which is due to be removed in 1998.

SBS (Sick Building Syndrome)>A combination of health malfunctions which affect a significant percentage of a building's population. The effects include lethargy, headaches, respiratory infections, eye strain and dryness of the eyes, aching muscles, catarrh and asthma, which are not experienced by occupants when away from the building. There are a number of apparent causes of SBS which include air conditioning, sealed windows, recirculated air, high-density occupation, smoking, airborne micro-organisms, dust and dust-mite excrement.

Solar Chimneys>Flues constructed to exhaust air from a building using a combination of stack effect, external pressure differentials and the heating of the flue by the sun so that cooler air is drawn in to fill the vacuum.

Solar-Electric Collector>A device for collecting solar energy in the form of electricity using a photovoltaic array.

Solar Gain>The raising of temperature caused by the heat of the sun.

Solar-Thermal Collector>A device for collecting solar energy in the form of heat, usually by exposing a fluid to the sun's rays.

SOx>Refers to oxides of sulphur, the most important of which are SO_2 and SO_3. These are formed during the combustion of fossil fuels, smelting of non-ferrous ores, paper manufacture, waste incineration, and sulphuric acid manufacture. The oxides are deposited on the ground, usually many miles from their point of origin, as acid rain, causing damage to ecology. Coal burning accounts for around 50 per cent of recent annual global emissions of SO_2.

Stack Effect>The vertical movement of air caused by convection; the phenomena by which hot air rises, pulling cooler air in to fill the vacuum. The hot air is usually expelled at high level.

Sustainability>The concept of managing the use of natural resources so that the amount of the resource is not irretrievably depleted. The development of renewable alternatives to non-renewable resources is essential, and the stock of renewables in use must be maintained. Economic development taking place in this way is termed 'Sustainable Development', and has been defined as 'Development that meets the needs of the present without compromising the ability of future generations to meet their own needs'.

Terminal Reheat>A heating element placed at the end of air ducts to raise the temperature of the supply air to the desired level.

Thermal Mass>The capacity of a material to take up heat from the surrounding space. A material of low thermal inertia, such as stone or concrete, can be used to absorb heat during the day when temperatures are hot and release it at night when it is cooler.

Trickle Vent>A small opening, usually in a window frame, fitted with a sliding shutter which allows low levels of ventilation in winter to assist in dispersing stale air.

Trombe Wall>A high thermal mass wall exposed to the sun, usually with an outer layer of glass and an inner surface of dark finish, used to absorb and store heat and release it to heat internal spaces when it is cooler.

Vernacular Architecture>Indigenous buildings developed on pragmatic bases by the peoples of a geographic region, tribe or community using materials and skills which are to hand.

Wind Towers>Towers constructed to direct wind into a building for cooling purposes.

Selected definitions reproduced from 'Environmental Code of Practice for Buildings and their Services', ISBN 086022 367 1, BSRIA 1994.

摘录图片

The following photographic credits are given, with page numbers in brackets:

Wayne Andrews / Esto (19 top); Arcaid / Richard Bryant (16 bottom, 21 bottom left, 22 top, 207 top); Arcaid / Niall Clutton (21 bottom right); Arcaid / Mark Fiennes (20 top right); Arcaid / Scott Frances (29); Arcaid / Mark Jones (30); Arcaid / John Edward Linden (22 bottom); Arcaid / Esto / Ezra Stoller (28); Arcaid / Alan Weintraub (116–119); Archipress / Peter Cook (73); Archipress / Michel Denance (214); Archipress / Franck Eustache (213); Courtesy of Architectenbureau Alberts & Van Huut (59 left); Architectural Association Photo Library / Archigram (49); Architectural Association Photo Library / Theo Armour (24 bottom); Architectural Association Photo Library / Bill Chaitkin (24 top); Architectural Association Photo Library / P. Collymore (27 bottom); Architectural Association Photo Library / Hazel Cook (53); Architectural Association Photo Library / Peter Cook (52 top right); Architectural Association Photo Library / David Gray (157); Architectural Association Photo Library / Erno Goldfinger; Architectural Association Photo Library / Hadden / Morphet (127); Architectural Association Photo Library / Hermione Hobhouse (107); Architectural Association Photo Library / Ulrich Kerber (55); Architectural Association Photo Library / Norman Khaled (50); Architectural Association Photo Library / Rik Nijs (56); Architectural Association Photo Library / C. Nino (27 top); Architectural Association Photo Library/Roger Sapsford (48); Architectural Association Photo Library / Timothy Street Porter (46); Architectural Association Photo Library / D. Tinero (25 top left); Richard Barnes (82–83); Ch Bastin & J. Evrard (184–185); Courtesy of Benson & Forsyth Architects (125–126); Bibliothèque Nationale (19 bottom); Bildarchiv Foto Marbourg (23); Reiner Blunck (112–115, 121–122); Catherine Bogert (129–131); Obie Bowman (159–161); David Brazier (201); Gregory Burgess (149, 151); Comstock / George Goerster (17 bottom, 199); Courtesy of the Courtauld Institute (18 top, 20 bottom right, 25 top right, 25 bottom, 26); Jean-Pierre Cousin (52 left); Courtesy of Edward Cullinan Architects (10); Daylight / Liege (183); Philip de Bay at V&A Library (21 top left); British Architectural Library, Royal Institute of British Architects, London (16 middle, 59 right, 65, 215); Max Dupain / British Architectural Library, Royal Institute of British Architects, London (58 left); John Donat (57); Peter Durant (205, 221–222); E. T. Archive / Egyptian Museum, Cairo (33); Georges Fessy (104–106); N. Fintikakis (202); Geleta & Geleta Photo Studio (54); Courtesy of T. R. Hamzah & Yeang (234); Ryou Hata (94 top); Hedrich Blessing (88–91); Jochen Helle (103 bottom); Jorg Hempel Photodesign (75–76, 77 bottom); Courtesy of Jourda and Perraudin (242, 243); Kota Kawasaki (109–111); Kawasumi Architectural Photograph Office (209–210); Holger Knauf (216–219); Waltraud Krase (77 top); Lamb Studio (141); Ian Lambot (229–231); Dieter Leistner (136–139, 170–173); David Lloyd Jones (14 top right and left, 17 top, 34, 41); Mitsuo Matsuoka (175); Milroy McAleer (142–143); James Morris (191–193); G. Mussett (148); Naru Architecture Photograph Office (211); K. L. Ng (11, 233, 235); Courtesy of Petzinka Pink und Partner (227); Photo R.M.N. (20 top left); Mandy Reynolds (194–195); Ralph Richters / Architekturphoto (84–87, 101–103 top); Tomas Riehle / Contur (225–266); Sakamoto Photo Research Laboratory (15 bottom); Courtesy of Samyn & Associates (182); Courtesy of Sheppard Robson (206); Shinkenchiku-sha (62, 67 bottom, 68–69, 93 left, 95, 132, 134, 162–165, 167–169, 175, 176 bottom, 177, 186–188); Shinkenchiku-sha / Shigeo Ogawa (63, 145–147, 176, 177); Timothy Soar (79–81, 153–156); Courtesy of Studio E Architects (236, 240, 241); Studio Fotografico Quattrone (18 bottom); Hisao Suzuki / Archivo Eye Barcelona (133, 135); Fred Thompson (16 top right); Hiroshi Ueda (197–198); VIEW / Peter Cook (58 right, 71, 72, 97–99); VIEW / Dennis Gilbert (179–181); Tim Webster (150); Courtesy of Andrew Wright Associates (238, 239).

摘录项目

Tokyo Gas 'Earth Port' >66
Architect: Nikken Sekkei. Project team: Kiyoshi Sakurai, Kouko Nakamura, Yuki Watanabe; Tokyo Gas Urban Development Co. Ltd (supervisors). Client: Tokyo Gas. Structural engineering: Michio Keii, Hiroshi Yamamoto (in-house team). Installation engineering: Katashi Matsunawa, Fumio Nohara, Sou Takizawa (in-house team). Main contractor: Kumagai Gumi. Sub-contractors: Takasago Thermal Engineering Co. Ltd; Kandenko Co. Ltd; Kanpai, Toshiba.

John Menzies Headquarters >70
Architect: Bennetts Associates. Project team: Stephen Bates, Denise Bennetts, Rab Bennetts, Simon Erridge, David Henderson, Ray Kearney, Julian Lipscombe, Jane Willoughby. Client: John Menzies Wholesale. Management contractor: Bovis Construction. Masterplan architect: Richard Meier & Partners. Liaison architect: Campbell & Arnott. Structural engineer: Curtins Consulting. Landscape architect: Ian White Associates. Acoustics: Arup Acoustics. Quantity surveyor: Banks Wood & Partners. Mechanical installation: Vaughan Engineering. Electrical installation, including lights: Balfour Kilpatrick. Structural steelwork: Pavo Steel Specialists. Curtain wall, atrium glazing and canopy: Structal (UK). Roofing: ERP Elastomeric. Stone cladding: J.W. Smith. Suspended ceilings and dry lining: Carlton Ceilings & Partitions. Raised floors and floor finishes: System Floors. Atrium floor and ceramic tiling: The Tiling Company. Joinery and shop fitting: Swift Horsman. Blinds: Sunrite Blinds. Main entrance hall: Boon Edam. Architectural metalwork: R. Glazzard. Decorations to concrete and general decoration: Pyeroy. Audio-visual

fit-out: In Sight. Sculpture: Keith McCarter. Tapestries: Susan Mowatt.

J. Walter Thompson Headquarters >74
Architect: Schneider & Schumacher. Project team: Till Schneider; Michael Schumacher; Hans Pfefferkorn (project manager); Kristin Dirschl, Marcel Eckert, Karen Ehlers, Heike Heinzelmann, Beate Hoyer, Matthew O'Malia, Petra Pfeiffer, Richard Voss. Client: Michael Loulakis. Collaborators: Arup, Düsseldorf (structural engineering and technical planning). Metalwork: Magnus Müller. Lighting: Erco. Structures: Wayss & Freytag. Glass: Pilkington. Furniture: Vitra GmbH.

Ionica >78
Architect: RH Partnership. Project team: David Emond, Mike Woodbridge, Ray Chudleigh, David Doody, Jack Lewry, Kevin Myers, Tony Stevens, Paul Tyrell, Paul Wells. Client: St John's College, Cambridge. Main contractor: Wates Construction (East). Space planning: Total Office Interiors. Structural engineer: Hannah Reed Associates. Services engineer: Rybka Smith Ginsler and Battle. M&E design consultant: Battle McCarthy. Quantity surveyor: Davis Langdon & Everest. Access floor: Thorsman. Blinds: Hunter Douglas. Brickwork: Latchmore Developments. Curtain walling and windows: Velfac Windows. Entrance desk: Gatewood Joinery. Entrance screen: Colmans. Internal partitioning: Clestra Hauserman. Joinery and carpentry: P. Audus. Landscaping: Tilebrooks Landscapes. Solar shading and louvres: Colt International. Structural steelwork: Caunton Engineering. Suppliers: Milliken, Altro (floor coverings); Elementer (ironmongery); Concord, Erco (lighting).

Advanced Photovoltaic Systems (APS) Manufacturing Facility >82
Architect: Kiss Cathcart Anders Architects. Project team: Gregory Kiss (principal-in-charge); Peter Anders, Brenda November, Colin Cathcart, Keith Hone, John Loomis, Laura Kurgan, Judy Choi, Chuck Felton, Amy Nanni, Susan Gross. Client: EJC Inc. Landscape architect: Bissell & Karn. Structural / mechanical / electrical engineer: Ove Arup & Partners. Civil engineer: Bissell & Karn. General contractor: Devcon Construction, Inc.

Library and Cultural Centre >84
Architect: LOG ID. Project team: Dieter Schempp (partner-in-charge), Fred Möllring (design), Winfried Klimesch, Gerhard Steiner, Walter Gans, Eva Sedelmaier. Client: Town of Herten. Landscape architect: Jürgen Frantz (LOG ID). Main contractor: Assmann. Heating, ventilation and sanitation: PIV, Hesslinger und Baumgartner. Electrical contractor: Dohrmann.

NREL Solar Energy Research Facility >88
Architect and engineer: Anderson DeBartolo Pan, Inc. Lead designer: Jack DeBartolo Jr FAIA. Client: United States Department of Energy. Builder: G. E. Johnson Construction Company. Civil engineering: Drexel Barell. Lab design: RFD. Landscape architect: EDAW Inc. Daylighting: Architectural Energy Corporation.

Matsushita Electronic >92
Architect: Nikken Sekkei. Project team: Kiyoshi Sakura, Teruo Yokota, Kiyotaka Komuro, Mikio Kataoka, Syuzo Yamada. Client: Matsushita Electric Co. Ltd. Main contractors (Joint Venture): Kajima Corp.; Takenaka Corp.; Toda Corp.; Okumura Corp. Structural engineering: Takayuki Teramoto, Haruyuki Kiramura, Yasuhiro Tuneki (in-house team). Installation engineering: Katashi Matsunawa, Ryoshuke Hashiura, Hiroshi Iizuka (in-house team). Collaborator: Toshihiro Katayama (ground-floor landscape). Sub-contractors: Takasago Thermal Engineering Co. Ltd; Dai-Dan Corp.; Toyo Netsu Kogyo Kaisha; Sankou Air Conditioning Co. Ltd (air conditioning and plumbing installation); Kinden Corp.; Kandenko Co. Ltd; Toko Electrical Construction Co. Ltd (high electricity); Futaba Denki Tsushin (low electricity); Masatoshi Izumi (stonework).

Barclaycard Headquarters >96
Architect: Fitzroy Robinson. Project team: Robin Booth, John Vincent, Blaise Coonan, Michael Winter, David Weston-Thomas, Simon Tucker, Martin Scott, David Peak, Pam Walton.Client: Barclays Property Holdings Ltd. Structural engineer: WSP Kenchington Ford. Quantity surveyor: Hart Gilmore Associates. Services engineer: Troup Bywaters & Anders. Landscape designer: Whitelaw Turkington. Acoustic consultant: Hann Tucker Associates. Modelmaker: Kandor Modelmakers.

Science Park Gelsenkirchen >100
Architect: Kiessler & Partner. Project team: Uwe Kiessler, Hermann Schultz, Vera Ilic, Stefanie Reithwiesner, Ursula Baptista, Thomas Brilling, Konstanze Elbel, Andreas Gierer, Klaus Jantschek, Achim Jürke, Markus Link, Klaus Löhnert, Christoph Mayr, Andreas Plesske. Client: Wissenschaftspark und Technologiezentrum Rheinelbe Gelsenkirchen Vermögensgesellschaft mbH. Project management: Norbert Muhlak. Structural engineer: Sailer & Stepan. Heating, ventilation and sanitation: Ingenieurbüro Trumpp. Electrical engineer: Planungsgemeinschaft Riemhofer/Zerull. Landscaping: Planungsbüro Drecker. Energy source consultant: Fraunhofer Institut für Solare Energiesysteme. Solar panels: Flachglas-Solartechnik GmbH. Façade consultant: Institut Schaupp. Office façades: Gebr. Schneider Fensterfabrik. Roof: Fa. Wewers GmbH. Tiling: Fa. H. Linnr. Floor coverings: Fa Häcker.

Vice Chancellor's Office, Académie des Antilles et de la Guyane >104
Architect: Christian Hauvette, Jérôme Nouel. Project team: Rémi Martinelli, Jacques Duflos de Saint-Armand, Lorenzo Pagiaro, Véronique Chapuis. Client: Ministry for National Education. Main contractor: SOGEA. Exterior woodwork, woodwork and casing: SOGEA Martinique. Carpentry: S.E.R.C.A.M. False ceilings: Laguarrigue. Paintwork: E.S.O. Electricity: Camelec. Landscaping: S.I.V.M.A.N.O.

Akira Kusumi's Guest House >108
Architect: Awaji Workshop, Kota Kawasaki. Project team: Shin Aiba, Takuto Hiki, Kazuhiro Hosaka, Kota Kawasaki, Yasuhisa Kikuti, Siro Miura, Keisuke Tamura, Paddy Tomesen, Takeshi Yosida. Client: Akira Kusumi. Main contractor: Hanasaka Dan (Akira Kusumi, Naohiro Kamimura).

Apartment Building, Biel >112
Architect: LOG ID, Dieter Schempp. Project team: Fred Möllring, Jürgen Frantz, Ueli Schmid. Client: Stettler AG. Main contractor: ASP, H. Schmid. Landscape/glasshouses: Jürgen Frantz (LOG ID).

Palmetto House >116
Architect/Builder: Jersey Devil. Project team: Jim Adamson, Steve Badanes, Donna Walter, Fred Montgomery, Les Cizek, Tony Marciante. Client: Jim Adamson (current); Lescizek/Norma Watkins (original clients). Structural engineer: Bob Fasullo.

Marika Alderton House >120
Architect: Glenn Murcutt. Client: Marika Alderton.

Temple of Time or Divided House >124
Architect: Benson and Forsyth. Project team: Gordon Benson, Alan Forsyth, Annabelle Henderson. Client: Fujie San, Arata Isozaki, Local Authority Architects. Sub-contractor: Nabetakogyo Co. Ltd. Building trader: The Zenitaka Corporation. Organizers: Urban Factory Ltd (Tokyo); Life Network Research Institute Ltd (Toyama). Heavy timber: Takahatakogyo Co. Ltd. Glass fibre reinforced cement: Dai-ichi Kouei Co. Ltd.

Women's Humane Society Animal Shelter >128
Architect: Susan Maxman Architects. Project team: Susan A. Maxman (principal); Jeffery Hayes (project architect); Kate Cleveland, Robert Hotes, Rob Rudloff. Client: Women's Humane Society. General contractor: Irwin & Leighton. Structural engineer: Ortega Consulting. Landscape architect: Lager-Raabe Landscape Architects. Civil engineer: MGL Inc. Mechanical engineer: Bruce E. Brooks & Associates, Inc. Electrical engineer: Donald F. Nardy & Associates, Inc. Heating/air conditioning: Energy Products Company. Energy recovery system: Semco. Lighting: Litecontrol; Zumtobel Lighting Inc.; Sim-Kar Lighting Fixture Co.; Lithonia Lighting; SPI Lighting Inc.; Architectural Lighting Systems; Columbia Lighting; Staff Lighting. Outdoor lighting: Stonco. Steel roofing: Smith Steelite. Windows: EFCO Corporation. Carpeting: Collins & Aikman. Floor tiles: GTE Engineered Ceramics. Solid linoleum: DLW – Gerbert Ltd. Floor mats: Belting Associates, Inc. Benches: Santana Products.

Ukichiro Nakaya Museum of Snow and Ice >132
Architect: Arata Isozaki and Associates. Client: Kaga City. Main contractors: Taisei; Yamamoto; Kawamuki; Kaga Setsubi Joint Venture. Installation engineer: Kankyo Engineering and Mach Facility Planning Laboratory. Structural engineer: Kawaguchi Structural Engineering Studio. Collaborators: Nomura Kogei Sha (display); Iwanami Eiga Seisakusho (film); Uejyou Studio (signage); Fujiko Nakatani (snow landscaping).

Hostel for Youth Educational Institute >136
Architect: Prof. Thomas Herzog. Project team: Thomas Herzog, Peter Bonfig. Client: Prämonstratenser-Abtei Windberg. Building planning: Walter Götz. Energy simulation consultant: Institut für Energiesysteme der Fraunhofergesellschaft (ISE). Landscape architect: Anneliese Latz. Heating and ventilation: Zimmermann Lüftungs- und Wärmesysteme GmbH & Co. KG. Timber work: Holzbau Münchsmühle GmbH. Glazing: Okalux.

The Center for Regenerative Studies >140
Architect: Dougherty + Dougherty. Project team: Betsey Olenick Dougherty (partner); Troy Fountain (project architect). Client: California State University. Phase I: Structural engineer: EQE. Civil engineer: RBF. Mechanical/electrical engineer: Store, Matakovich & Wolfberg. Landscape architect: The Peridian Group (now POD/Sasaki). Contractor: Temple Construction. Phase II: Structural engineer: Felix Martin & Associates. Civil engineer: Douglas Bender & Associates. Mechanical engineer: F.T. Andrews, Inc. Electrical engineer: Dale Karjala & Associates. Landscape architect: IDEATE Studios. Lighting consultant: Clanton & Associates. Energy efficiency consultant: The Ensar Group. Contractor: RSH Construction.

Center for Japanese Studies, University of Indonesia >144
Architect: Akihiko Takeuchi/Matsuda Consultants International Co. Ltd. Client: University of Indonesia. Collaborator: Audio-Visual System Planning. Main contractor: Taisei Corporation. Sub-contractor: Kinden Corporation (air conditioning, plumbing and electricity). Structural engineer: Inoue Structural Design Ltd. Installation engineer: ARC System Sekkei Shitsu.

Uluru-Kata Tjuta National Park Cultural Centre >148
Architect: Gregory Burgess Pty Ltd Architects. Project team: Gregory Burgess (design architect); Peter Ryan, Steve Duddy (project architects); Ian Khoo, Phillip Bigg, Robert Lock, Anna Lindstad, Alvyn Williams, Thomas Kinloch. Client: Mifijulu Community and Parks Australia – Environment Australia. Structural/civil engineer: P. J. Yttrup & Associates. Services engineer: W. O. Ross & Associates. Landscape architect: Taylor Cullity. Quantity surveyor: Anthony Prowse & Associates. Display: Sonja Peter & Associates; Form Australia. Design and fabrication of Maruku fit-out: Danton Hughes. Builder: Sitzler Brothers. Site foreman: Roger Starr.

Elizabeth Fry Building, University of East Anglia >152
Architect: John Miller & Partners. Project team: Richard Brearley, Su Rogers, Neil Harkness, Umberto Emoli, John Carpenter, Soraya Khan. Client: University of East Anglia. Main contractor: Willmott Dixon Eastern Ltd. Quantity surveyor: Stockings and Clarke. Structural engineer: F.J. Samuely and Partners. Services engineer: Fulcrum Engineering Partnership. Energy consultant: Energy Advisory Associates. M&E sub-contractor: Matthew Hall

Ltd. Windows: Swedhouse Ltd. Roofing: Gale Construction Ltd. Lecture theatre seating: Haworth (UK) Ltd. Cavity wall and roof insulation: Rockwool Ltd. Canopy glazing: Columbus. Circular windows: Fenlock Hansen. Display cabinets: Preedy Glass. Internal glazing: Wensum Glass. Glass staircase: Design-A-Glass. Antitstat carpeting: Burmatex Ltd. Vinyl tiling: Altro Hyload Flooring. Ceramic tiling: Ceramic Tiles (Contract) Ltd. Floor finishes: Anglia Flooring. Ironmongery: City Fix Architectural Supplies.

Spring Lake Park Visitors Center >158
Architect: Obie G. Bowman. Project team: Obie G. Bowman (architect and principal-in-charge); Fiona O'Neill (project architect). Client: Sonoma County Water Agency. General contractor: Christianson-Williams-Bohn. Structural consultant: Dennis Fagent Asociates. Mechanical and civil consultant: Sonoma County Water Agency. Solar consultant: Larkin & Associates. Geotechnical investigation: Field Engineering. Arborist: John Britton.

Sea Folk Museum >162
Architecture and interior design: Naito Architect & Associates. Client: The Foundation of Tokai Suisan Kagaku Kyoukai. Main contractor: Kamegawa Construction Corporation. Structural engineering: Kunio Watanabe; Structural Design Group Co. Ltd.

Paper Church >166
Architect: Shigeru Ban Architect. Project team: Shigeru Ban, Shigeru Hiraki, Keishin Sakuma, Client: Takatori Catholic Church. Structural engineer: Gengo Matsui; Hoshino Structural Engineering Studio. Installation engineer: Shuichi. Collaborators: TSP Taiyou, Takiron, Taiyou Cement Industry, Matsumoto Corporation, Nishiyama.

Paper Log House >166
Architect: Shigeru Ban. Project team: Shigeru Ban, Takashi Nakagawa, Masao Suzuki, Kitayama Souzou Kenkyu Sho. Client: Nippon Shinpan. Main contractor: Nomura Kougei. Structural engineer: Gengo Matsui; Hoshino Structural Engineering Studio. Sub-contractors: Sanshin Daikin Kisetsu (air conditioning); Takeomi Industry (plumbing installation); Uemura Denki (electricity).

Hall 26 >170
Architect: Herzog & Partner. Project team: Prof. Thomas Herzog, Hanns Jörg Schrade, Sabine Erdt, Nico Kienzl, Stefan Öhler, Christian Schätzke, Bärbel Schuster, Thomas Straub, Brigitte Tacke, Stefanie Zierl. Client: Deutsche Messe AG, Hanover. Structural engineer: Schlaich Bergermann und Partner. Mechanical services: HL Technik. Aerodynamic studies, natural ventilation and energy simulation: Design Flow Solutions. Daylighting and artificial lighting: Bartenbach LichtLabor GmbH. Project planning: Assmann Beraten & Planen GmbH. Heating and cooling: Friedrich Baxmann. Sun protection: Clauss Markisen Projekt GmbH. Wood façade: Kaufmann Holzbaugesellschaft mbH. Air conditioning and ventilation: H. Krantz-TKT GmbH. Roofing: Laue Bedachungen GmbH. Carpenter: Plaumann & Bonifacius GmbH. Technical engineer: HL-Technik AG. Electronics: Höhne GmbH. Fire protection: Hosser, Hass & Partner. Building shell: E. Heltkamp GmbH. Façade: Messehalle 26 Seele-Sassenscheidt; Stahl-u. Metallbau GmbH & Co. KG. Tiling: Klaus-Peter Beverungen. Interior fittings: Rheinold & Mahla Ausbau GmbH. Steelwork: Rüterbau. Concrete: Hochtief AG.

Museum of Wood >174
Architect: Tadao Ando Architect & Associates. Client: Hyogo Prefecture. Main contractor: Shimizu Kensetsu; Maeda Kensetsu Industry; Meisei Kensetsu Joint Venture. Sub-contractors: Tajima Kinki Industry (air conditioning and plumbing installation); Shirabishi Denki (electrical); Fujitec (elevators); Tansei Sha (display); NHK-ES (hi-vision).

BRE (Building Research Establishment) Office of the Future >178
Architect: Feilden Clegg Architects. Project team: Peter Clegg, Bill Gething, Craig White, David Noble, David Stansfield, Andrew Peters. Client: Building Research Establishment Ltd. Main contractor: J. Sisk & Son Ltd. Project management: BWA Project Services. Quantity surveyor: Turner & Townsend. Structural engineer: Büro Happold. Environmental services engineer: Max Fordham & Partners. Landscape architect: Nicholas Pearson Associates. Planning supervisor: Symonds Travers Morgan Ltd. Mechanical & electrical contractor: Norstead Building Services Engineers. Pre-cast wave floor shells and beams: Structural Concrete Contractors Ltd. Recycled concrete: R.M.C. Glass blocks: Pitsburgh Corning. Ventilation stack terminals: Selkirk Manufacturing Ltd. Windows: Velfac. Louvre systems (glass and metal): Colt International. Shading gratings: Thielco Grating Ltd. Glass louvre blades: Pilkingtons. BMS/control systems: Caradon Trend. Photovoltaics: Intersolar. Lighting: Philips Lighting. Recycled brick: Solopark. Timber beams and structural deck: Triad Timber Components. Underfloor heating / cooling pipework: Hepworth Building Products Ltd. Carpets: Sommer UK. Aluminium roofing: Stramit Industries Ltd. Ironmongery: I.G.B. Ltd.

Seed House and Forestry Centre >182
Architect: Samyn & Partners. Project team: Philippe Samyn, R. Delaunoit, D. Mélotte. Gh. André. Client: Ministry of the Walloon region. Structural specialist: SETESCO; FTI. Wood modelling: Koos & Cie sa. Woodwork: Menuiserie Fréson. Contractor: Bouny Construction sprl. Sub-contractors: Gobiet Frères sa; Henneaux sa (electricity); Frédérick sa (heating and ventilation); Duvivier sprl (plumbing); Portal sa (glass cover); Grencobel sa (refrigeration installation).

Toyo Village Mason Museum >186
Architect: Yasufumi Kijima + Yas & Urbanists / Keikaku. Project team: Hirofumi Sugimoto, Takeshi Umeda, Masato Hirose, Syunichi Matsuzaka. Client: Toyo Village. Main contractor: Sakae Kensetsu. Structural engineer: Shigeru Aoki Kenkyu Shitsu. Installation engineer: Kaihatsu Setsubi Kikaku; ME Sekkei (electricity). Sub-contractors: UEDA Shoukai (air conditioning and plumbing); Murakami Denki Kouji (electrical); Nomura Kougei Sha (display).

EDF Regional Headquarters >190
Architect: Foster and Partners. Project team: Sir Norman Foster, Spencer de Grey, Andrew Thomson, Max Neal, William Castagna, Glynis Fan, Chris Bubb, Ismael Juan Khan. Client: Electricité de France. Delegated client: EDF SEISO – Service ERCI. Site architect: Berguedieu-Brochet. Structural engineer: Ove Arup and Partners. Energy consultant: Kaiser Bautechnik. Quantity surveyor: DL&E. External works: Entreprise Malet. Metalwork: Garrigues. Roofing: Smac Acieroïd. Brise-soleil: Atelier d'Agencement. Mechanical: Elyo Océan. Electrical: Electrification Générale. Joinery: Limouzin. Partitions: Clestra Hausermann. Raised flooring: Wanner Isofi. Stone and tilework: Delvaux Combalié. Signage: Graphi-Aquitaine. Plumbing: Guysanit. Painting and decorating: Larrey SA. Dryline and plastering: Sofibat.

Westminster Lodge >194
Architect: Edward Cullinan Architects. Project team: Ted Cullinan, John Romer, Sasha Bhavan, Mary-Lou Arscott. Client: The Parnham Trust. Builder: Hooke Forest (Construction) Ltd. Structural engineer: Büro Happold. Services engineer: Büro Happold. Research: University of Bath, School of Architecture and Engineering.

Water Temple >196
Architect: Tadao Ando Architect & Associates. Client: Honpukuji Temple. Structural engineer: Ascoral Engineering Associates.

Eastgate >200
Architect: Pearce Partnership Architects. Project team: Michael Pearce, Radhan Cumaraswamy. Client: Old Mutual Properties Zimbabwe. Main contractor: Costain Sisk Joint Venture. Project management and building developer: Old Mutual Properties. Retail design consultant: Design Development Group Inc. Structural engineer: Ove Arup & Partners Zimbabwe. Mechanical engineer: Ove Arup & Partners. Quantity surveyors: Hawkins Leshnick & Bath. Electrical sub-contractor: William Steward. Plumbing sub-contractor: Hancock & Ward. Steel sub-contractors: International Construction Zimbabwe Ltd; G. Sepe Metal Fabricators; Confab; Sullivans Engineering. Pre-cast concrete: Precast Concrete. Shopfitting and partitioning: Frederick Sage.

Central Market of Athens >202
Architect: N. Fintikakis. Research team: Synthesis and Research Ltd (Mavrotas Dionysios, Tzaveli Maria). Client: Municipality of Athens. Mechanical engineer: A. N. Sgouropoulos of Talos Engineering SA; Fraunhofer – Institut für Solare Energiesysteme, Freiburg.

Helicon >204
Architect: Sheppard Robson. Project team: Graham Francis (partner); Graham Anthony (project designer); Malcolm McGowan, Andrew Bowles (project managers); Greg Gaylor (cladding). Client: London and Manchester Insurance. Project management: MDA Project Management. Structural engineer: John Savage Associates. Mechanical and electrical engineer: Ove Arup & Partners. Quantity surveyor: Silk & Frazier. Contractors: Astec Projects Ltd (ceilings); Cain Decorators (painting and decorating); Dyer (structural steel); Gormley Marble Specialists Ltd (stonework); Haden Young (M&E); John Rawlson Eng. Ltd (misc. metalwork); Singer & James (metalwork); Thorsman & Co. (UK) Ltd (floor); The Tiling Co. Ltd (tiling); Tyndale Carpets (rubber flooring/staircases). Suppliers: Bligh Boards Ltd (timber/board materials); Elite Architectural Ironmongery (ironmongery); Hills of Shoeburyness Ltd (joinery); William Sharratt & Sons Ltd (timber).

Yasuda Academia >208
Architect: Nihon Sekkei Inc. Project team: Shigeyoshi Saito, Mikitaro Okamoto. Client: The Yasuda Mutual Life Insurance Co. Ltd. Main contractor: Fujita; Kajima; Tobishima; Goyo (Joint Venture). Artwork: Hidenori Aoki. Furniture: Motomi Kawakami. Lighting: LPA. Plant: Tase. Air-conditioning and plumbing installation: Taiki Sha. Electricity: Kanden. Sub-contractors: Hitachi, Toshiba.

Viaduct Refurbishment >212
Architect: Patrick Berger. Project team: Patrick Berger, Janine Galiano. Client: SEMAEST (Société d'Economie Mixte d'Aménagement de l'Est de Paris). Main contractor: CBC Ile de France. Collaborator: BECT.

RWE AG Headquarters >216
Architect: Ingenhoven, Overdiek, Kahlen und Partner. Project team: Christoph Ingenhoven, Achim Nagel, Klaus Frankenheim, Klaus J. Osterburg, Peter-Jan van Ouwerkerk, Imre Halmai, Martin Slawik, Elisabeth Viera, Claudia de Bruyn, Jan Dvorak, Norbert Siepmann, Regina Wuff, Martin Röhrig. Client: Hochtief Project Development. General contractor: Hochtief. Structural engineer: Hochtief AG. Consulting engineer: König & Heunisch. Technical consultants: HL-Technik AG; Ingenieurgesellschaft Kruck. Building physics: Trümper & Overath. Façade consultant: Fa Gartner. Surveyor: Dipl Ing Klein.

The Thames Tower >220
Architect: Brookes Stacey Randall Fursdon. Client: Thames Water Utilities Ltd. Main contractor: J. Murphy and Sons (Contractors) Ltd. Engineer: SMP Atelier One. Glazing and cladding: Charles Henshaws and Sons Ltd. Water specialist: Thermelek Engineering Services Ltd. Water development: Atkinson Chemicals Ltd. Solar panels: Hiltec Solar Ltd. Mast: Proctor Masts Ltd.

City Gate >224
Architect: Petzinka, Pink und Partner. Client: GbR Düsseldorfer Stadttor mbH. Building contractor: Engel Projektentwicklung und Management GmbH. Project controller and energy consultant: Drees & Sommer AG. Structural engineer and façade consultant: DS-Plan. Façade planning: E. Mosbacher. Heating, ventilation and air conditioning: Jäger, Mornhinweg & Partner. Subsoil consultant: NEK Umwelttechnik GmbH.

Commerzbank Headquarters >228
Architect: Foster and Partners. Project team: Norman Foster, Spencer de Grey, Ken Shuttleworth, Mark Sutcliffe, Brandon Haw, Hans Brouwer, David Nelson, Robin Partington, Graham Phillips, Stefan Behling, Winston Shu, John Silver, Paul Kalkhoven, Chris Abell, Arthur Branthwaite, Chris Eisner, Tom Politowicz, Christopher Allercamp, Giuseppe Boscherini, Simon Bowden, Thomas Braun, George Brennan, Caroline Brown, Eckhardt Burling, Angus Campbell, Kei-Lu Cheong, Charles Collett, Penny Collins, David Crosswaite, Nigel Curry, John Drew, Matthew Downing, Alex Gounaris, Pauline Hanna, Ken Hutt, Nadi Jahangiri, Mike Jelliffe, Michael Jones, Joachim Kappeler, Natalie Maguire, Nikolai Malsch, Matthias Massari, Stig Mikkelson, Paul Morgan, Uwe Nienstedt, Sven Ollmann, Donia Parmasche, Stefan Ponur, Logan Reilly, Giles Robinson, Cormac Ryan, Thomas Scheel, Paul Scott, Mandy Bates, Kinna Stallard, Brian Timmoney, Huw Turner, Peter Unkrig, Ken Wai, Andreas Wolff, Robert Watson, Alan Wilkinson-Marten, Louisa Williams, Michael Wurzel. Client: Commerzbank. General contractor: Hochtief Niederlassung. Consultants: J. Roger Preston with Pettersen and Ahrends (mechanical engineering); Schad and Hölzel (electrical engineering). Project management: Weidleplan. Quantity surveyor: Davis Langdon and Everest. Space planning: Quickborner Team. Façades, radar, acoustics and building physics: Ingenieur Büro Schalm. Lighting: Lichtdesign. Landscape: Sommerlad. Structural planning: Ove Arup & Partner; Kreb and Kiefer. Mechanical and electrical engineering: Pettersson und Ahrens. Façade engineering: Ingenieurbüro Schalm.

Menara Mesiniaga >232
Architect: T. R. Hamzah & Yeang. Client: Mesiniaga. Civil and structural engineer: Reka Perunding. Mechanical and electrical engineer: Norman Disney & Young. Quantity surveyor: Baharuddin Ali & Low. Interior designer: T.R. Hamzah & Yeang Designs. Landscape architect: Lap Consultancy. Main builder: Siah Bros. Steelworks builder: Sediabena.

参考书目

This bibliography comprises works from which the author has directly drawn, and material for further reading.

History and Theory of Architecture

S.O. Addy (1933) *The Evolution of the English House*, London
C. Alexander (1979) *The Timeless Way of Building*, New York
H.M. Baillie Scott (1906) *Houses and Gardens*, London
R. Banham (1960) *Theory and Design in the First Machine Age*, London
R. Banham (1969) *The Architecture of the Well-Tempered Environment*, London
K. Bayes (1994) *Living Architecture*, Trowbridge
P. Beaver (1970) *The Crystal Palace*, London
S. and S. Behling (1996) *Sol Power*, Munich and New York
L. Benevolo (1982) *Storia della citta*, Rome and Bari
W. Blaser (1984) *Architecture and Nature*, Basel and Boston
J-L. Bourgeois and C. Pelos (1993) *Spectacular Vernacular: The Adobe Tradition*, New York
S. Brand (1994) *How Buildings Learn*, New York
K. Butti and J. Perlin (1980) *A Golden Thread: 2500 Years of Solar Architecture and Technology*, New York and London
S. Chermayeff and C. Alexander (1963) *Community and Privacy: Towards a New Architecture of Humanism*, New York
K. Clark (1929) *The Gothic Revival*, London
C. Constant (1988) 'From the Virgilian Dream to Chandigarh: Le Corbusier and the Modern Landscape' from *Denatured Visions*, New York
Le Corbusier (1923) *Vers Une Architecture*, Paris; English translation (1927) *Towards a New Architecture*, London
Le Corbusier (1924) *Urbanisme*, Paris; English translation (1929) *The City of Tomorrow*, London
Le Corbusier (1961) *My Work*, London
Le Corbusier (1964) *The Radiant City*, London
S. Denyer (1978) *African Traditional Architecture: An Historical and Geographical Perspective*, New York
J. Farmer (1996) *Green Shift*, Oxford
H. Fathy (1973) *Architecture for the Poor*, Chicago and London
M. Fry (1969) *Art in a Machine Age*, London
J.M. Gandy (1805) *Designs for Cottages*, London
J.M. Gandy (1805) *The Rural Architect*, London
S. Giedion (1941) *Space, Time and Architecture*, Cambridge, Mass., and London
M. Goldfinger (1993) *Villages in the Sun: Mediterranean Community Architecture*, New York
E. Hadingham (1987) *Lines to the Mountain Gods: Nazca and the Mysteries of Peru*, London
D. Hawkes (1996) *The Environmental Tradition*, London
H.R. Hitchcock and P. Johnson (1932) *Functional Architecture: The International Style 1925–40*, New York and London
H.R. Hitchcock (1954) *Early Victorian Architecture*, London
H.R. Hitchcock (1958) *Architecture of the 19th and 20th Centuries*, Harmondsworth
C. Hobhouse (1937) *1851 and The Crystal Palace*, London
E. Howard (1902) *Garden Cities of Tomorrow*, London
A. Jackson (1970) *The Politics of Architecture: A History of Modern Architecture in Britain*, London
C. Jencks (1977) *The Language of Post-Modern Architecture*, London
C. Jencks (1988) *Architecture Today*, London
E. Kaufmann (1955) *Architecture in the Age of Reason*, Cambridge, Mass.
E. Kaufmann (1983) *From Ledoux to Le Corbusier*, Vienna and Leipzig
S. Kidder Smith (1950) *Sweden Builds*, Stockholm
Y. Kodama, J. Cook and S. Yannas (1991) 'Passive and Low Energy Architecture', *Process Architecture*, No. 88, Tokyo
C. Knevitt (1994) *Shelter*, London
S. Koppelkamm (1982) *Glasshouses and Wintergardens of the 19th Century*, London
W. Lam (1986) *Sunlight as Formgiver for Architecture*, Atlanta
R. Lamb (1996) *Promising the Earth*, London
M.A. Laugier (1752) *Essai sur L'Architecture*, Paris
D. Leatherbarrow (1993) *The Roots of Architectural Invention*, New York
W. Lethaby (1892) *Architecture, Mysticism and Myth*, London
D. Mackenzie (1991, 1997) *Green Design*, London
S.T. Madsen (1967) *Art Nouveau*, London
J. Malton (1798) *An Essay on British Cottage Architecture*, London
J. Meller (Ed) (1970) *The Buckminster Fuller Reader*, London
W. Morris (1878) *The Decorative Arts*, republished in *The Lesser Arts* (1822), and (1880) *The Beauty of Life*, in *Collected Works*, Vol. 22 (1910–15), London
H. Muthesius (1979) *The English House*, New York
G. Naylor (1971) *The Arts and Crafts Movement*, London
D.G. Noble (Ed) (1984) *New Light on Chaco Canyon*, Santa Fe
J.B. Papworth (1818) *Rural Residences*, London
P. Pearson (1994) *Earth to Spirit, In Search of Natural Architecture*, London
N. Pevsner (1936) *Pioneers of the Modern Movement*, London
N. Pevsner (1943) *Outline of European Architecture*, London
N. Pevsner (1960) *Pioneers of Modern Design*, London
N. Pevsner (1976) *A History of Building Types*, London
U. Price (1794) *Essay on the Picturesque*, London
H. Repton (1795–6) *Red Book for Blaise Castle*, City of Bristol Museum and Art Gallery
J.M. Richards (1958) *The Functional Tradition in Early Industrial Buildings*, London
J.M. Richards (1965) *Modern Architecture in Finland*, London
P.G. Rowe (1991) *Making a Middle Landscape*, Cambridge, Mass.
B. Rudofsky (1964) *Architecture without Architects: A Short Introduction to Non-Pedigreed Architecture*, London and New York
B. Rudofsky (1977) *Prodigious Builders*, London
J. Ruskin (1835) *The Poetry of Architecture*, London
J. Ruskin (1849) *The Seven Lamps of Architecture*, London
J. Ruskin (1853) *The Stones of Venice*, London
J. Ruskin (1854) *Lectures on Architecture and Painting*, London
J. Ruskin and H.W.O. Acland (1859) *The Oxford Museum*, London
V. Scully (1961) *Modern Architecture*, London
V. Scully (1962) *The Earth, the Temple and the Gods*, New Haven and London
D. Sharp (1966) *Modern Architecture and Expressionism*, London
A. and P. Smithson (1991) *Die heroische Periode der Modernen Architektur*, London
J. Summerson (1949) *Heavenly Mansions*, London
M. Tafuri (1976) *Teoria e Storia dell'Architettura*, Rome
B. Taut (1914) *Alpine Architecture*, (Ed D. Sharp, 1972), New York
D. Turrant (1997) 'Time and Energy', *RIBA Journal*, London
R. Unwin (1909) *Town Planning in Practice*, London
R. Venturi (1966) *Complexity and Contradiction in Architecture*, New York
Vitruvius (trans. M. Hicky Morgan, 1914) *The Ten Books on Architecture*, Cambridge, Mass.
C.F.A. Voysey (1915) *Individuality*, London
D. Watkin (1986, 1992, 1996) *A History of Western Architecture*, London
F.L. Wright (1939) *An Organic Architecture: The Architecture of Democracy*, New York and London
F.L. Wright (1954) *The Natural House*, New York and London
F.L. Wright (1958) *The Living City*, New York and London
B. Zevi (1950) *Towards an Organic Architecture*, London
R. De Zurko (1957) *Origins of Functionalist Theory*, New York

Architectural Biography

G. Baird (1970) *Alvar Aalto*, London
D.B. Brownlee and D.G. De Long (1992) *Louis I. Kahn: In the Realm of Architecture*, New York
G. Collins (1960) *Gaudí*, London
B. Goff (1970) 'Forty-four Realizations', in David
G. De Long (1988) *Bruce Goff: Towards Absolute Architecture*, MIT
P. Inskip (1979) *Architectural Monographs 6: Edwin Lutyens*, London
E. Kaufmann and B. Raeburn (1960) *Frank Lloyd Wright: Writings and Buildings*, New York
C.N. Ledoux (1874) *Architecture*, Paris
J. Lobell (1979) *Between Silence and Light*, Boulder, Colorado
M. Pawley (1990) *Buckminster Fuller*, London
C. Roland (1970) *Frei Otto: Structures*, London
J. Rosenburg (1963) *The Darkening Glass: a Portrait of Ruskin's Genius*, London
J. Steel (1988) *Hassan Fathy Monographs*, New York
S. Tarrago (1974) *Gaudí*, Barcelona
F.L. Wright (1932) *An Autobiography*, New York and London

General Theory and Philosophy

D. Albrecht (1995) *World War II and the American Dream*, Cambridge, Mass.
M. Bender (1992) *Miracle of Life: Discover Patterns of Behaviour in the Living World*, London
N. Calder (1991) *Spaceship Earth*, London
I. Calvino (1974) *Invisible Cities*, London
F. Capra (1982) *The Turning Point*, New York
R. Carson (1951) *The Sea Around Us*, Oxford
R. Carson (1965) *The Silent Spring*, Boston and New York
'Energy: Facing up to the Problem, Getting down to Solutions', Special Report, *National Geographic* (February 1981)

R.B. Fuller (1963) *Nine Chains to the Moon*, New York
R.B. Fuller (1963) *Operating Manual for Spaceship Earth*, Arkansas
R.B. Fuller and R. Marks (1973) *The Dymaxion World of Buckminster Fuller*, London
R.B. Fuller (1981) *Critical Path*, New York
J. Gleik (1987) *Chaos: Making a New Science*, New York
A. Gore (1992) *Earth in the Balance: Forging a New Common Purpose*, London
H. Greene (1976) *Mind and Image*, Lexington, Kentucky
E. Haeckl (1904) *Art Forms in Nature*, Leipzig
W.M. Harlow (1976) *Art Forms from Plantlife*, New York
P. Harrison (1993) *The Third Revolution – Population, Environment and a Sustainable World*, London
F.E. Hulme, S. Mackie, J. Glaisher and R. Hunt (1872) *Art Studies from Nature as Applied to Design*, London
F.E. Hulme (1874) *Plants, their Natural Growth and Ornamental Treatment*, London
I. Illich (1973) *Tools for Conviviality*, New York
J. Lovelock (1988) *The Ages of GAIA: A Biography of Our Living Earth*, Oxford
M.H. Nicholson (1959) *Mountain Gloom and Mountain Glory: the Aesthetics of the Sublime*, Ithaca, New York
W. Patterson (1990) *The Energy Alternative: Changing the Way the World Works*, London
F. Ritterbush (1968) *The Art of Organic Forms*, Washington
S. Schama (1995) *Landscape and Memory*, London
H.G. Schenk (1966) *The Mind of the European Romantics*, London
F. Schumacher (1974) *Small is Beautiful*, London
R. Sheldrake (1990) *The Rebirth of Nature: the Greening of Science and God*, London
M. Singh (1993) *The Sun and Myth in Art*, London
K. Thomas (1983) *Man and the Natural World 1500–1800*, London
H.D. Thoreau (1849) *A Week on the Concord and Merrimack Rivers*, Boston
H.D. Thoreau (1854) *Walden*, Boston
R. Todd (1946) *Tracks in the Snow*, London

Contemporary Architecture

M.J. Crosby (1994) *Green Architecture*, Gloucester, Mass.
T. Herzog (Ed) (1996) *Solar Energy in Architecture and Urban Planning*, Munich and New York
S. Holl (1989) *Anchoring*, New York
L. De Luca and C. Gallo (1992) *Bioclimatic Architecture*, Rome
B. and R. Vale (1991) *Towards a Green Architecture*, London
K. Yeang (1994) *Bioclimatic Skyscrapers*, London

Technology and Economics

C. Alexander and M. Jacobsen (1974) 'Specification for an Organic and Human Building System', *The Responsive House*, MIT
T.C. Barker, Pilkington (1994) *An Age of Glass: The Illustrated History*, London.
Bisschop et al (1995) *Building with Photovoltaics*, Utrecht
J. Connaughton (1990) *Building Services Magazine: Life Cycle Energy Costing*, London
E. Danz (1967) *Sonnenschutz*: *Sun Protection*, Stuttgart
B. Edwards (1996) *Towards a Sustainable Architecture*, Oxford
H. Fathy (1986) *Natural Energy and Vernacular Architecture: Principles and Examples with Reference to Hot Arid Climates*, Chicago
A. Fruhwald and G. Wegener (1996 conference paper) *Ecological Potential for Building Timber*
J.W. Galston (1994) 'Life Process of Plants', *Scientific American Magazine*, New York
J.R. Goulding, J.O. Lewis and T. Steemers (1992) *Energy Conscious Design: A Primer for Architects*, Brussels
D. Hancocks (1973) *Masterbuilders of the Animal World*, London
T. Herzog (1977) *Pneumatic Structures: A Handbook for the Architect and Engineer*, London
N. Howard (conference paper) *Economics of Reducing Greenhouse Car Emissions*
N. Howard (1991) *Building Services Magazine: Energy in Balance*, London
N. Howard and D. Butler (1992) *Building Services Magazine: From the Cradle to the Grave*, London
N. Howard and H. Sutcliffe (1994) *Building Magazine: Precious Joules*, London
R. Howard and E. Winterkorn (1993) *Building Environmental and Energy Design Survey*, Watford
O. Humm and P. Toggweiler (1993) *Photovoltaics and Architecture: Protovoltaik und Architektur*, Basel, Boston and Berlin
M.S. Imamura, P. Helm and W. Palz (1992) *Photovoltaics System Technology*, Brussels
O. Lewis (1986) *Energy in Architecture: The European Solar Passive Handbook*, Brussels
J. Loudon (1833) *Encyclopedia of Cottage, Farm and Villa Architecture*, London
C. Lyell (1830) *Principles of Geology*, London
V. Matus (1988) *Design for Northern Climates: Cold Climate Planning and Environmental Design*, New York
A. and V. Olgyay (1957) *Solar Control and Shading Devices*, Princeton, NJ
V. Olgyay (1963) *Design with Climate*, Princeton, NJ
V. Olgyay (1963) *Design with Climate: Bioclimatic Approach to Architectural Regionalism*, New York
Pacific Domes (1971) *The Dome Book*, California
D. Pearson (1989) *The Natural House Book*, London
H. Plummer (1987) *Poetics of Light*, Tokyo
H. Rostvik (1992) *The Sunshine Revolution*, Stavanger
M. Sala and L.N. Ceccherini (1993) *Technolgie Solari*, Florence
P. Scheerbart (1919) *Glass Architecture*, (Ed D. Sharp, 1972), New York
F. Sick and T. Erge (1996) *Photovoltaics in Buildings*, London
Solar Architecture in Europe: Design, Performance and Evaluation (1991), Brussels
R. Spurgon and M. Flood (1990) *Energy and Power: A Practical Introduction with Projects and Activities*, London
The Whole Earth Catalogue (1971), London
S. Willis, M. Fordham and W. Bordass (1995) *Avoiding or Minimizing the Use of Air-conditioning*, Watford

Sociology

J. Allen (1991) *Biosphere 2, The Human Experiment*, London
W. Bordass, A. Leaman and S. Willis (1994 conference paper) *Control Strategies for Building Services: The Role for the User*
Commission of the European Communities: Environmental Ethics (1990) Brussels
D. Cruickshank and N. Burton (1989) *Life in the Gregorian City*, London
S. Curwell, C. March and R. Venables (Eds) (1990) *Buildings and Health*, London
S. Eber (Ed) (1992) *Beyond the Green Horizon*, Godalming
J. Fraser (1968) *Village Planning in the Primitive World*, London
P. Oliver (1969) *Shelter and Society*, London
P. Oliver (1987) *Dwellings – The House across the World*, Austin, Texas
J.J. Rousseau (1761) *La Nouvelle Heloise*, Lausanne
J.J. Rousseau (1762) *Emile, ou de l'Education*, Amsterdam